谢店 CHEERS

与最聪明的人共同进化

HERE COMES EVERYBODY

人生除此
无大事

一份告别清单，
帮助我们和家人从容渡过生命的转场

[美] B. J. 米勒　肖莎娜·伯杰　著
B. J. Miller　Shoshana Berger

王新宇　王索娅　译

Practical Advice for Living Life and
Facing Death

A Beginner's
Guide to the End

中国纺织出版社有限公司

献给

斯坦利
斯塔雷特
丽莎

关于无可躲避的人生告别，你了解多少？

- 照顾病患面临的潜在风险包括：
  A. 钱包被掏空
  B. 饮食不规律
  C. 全年无休
  D. 以上都是

- 死亡临近的迹象有：
  A. 谵妄
  B. 回光返照
  C. 无意进食
  D. 以上都是

- 只要患有严重疾病，无论病情处于何种阶段都适用缓和治疗吗？
  A. 是
  B. 否

扫描左侧二维码查看本书更多测试题

时刻准备着

王一方

北京大学医学部教授

一听到"时刻准备着……"，就会联想到儿时的眺望。其实，它是中国人"预则立"意识的张扬，凡事都要布下先手棋，所谓"有备而无患"。但是，对于生死别离，人们却是怀着十万个不愿意的心情去触碰，更不会提前发力准备。虽说出生入死，向死而生，但对人生唯恐躲之不及的死亡事件摆出"时刻准备着"的姿态，还是于心不忍。其实，人生无常，死期难料，人生别离的悲切与苦痛的确彻骨扎心，却是人生难逃的宿命，若能在思绪上提前入场，未雨绸缪，谋划"有准备的别离"，就可实现"预则安"的心理期许。

举目当下，安宁疗护的困境是"预之不立"，为什么？我们面对的是一个观念的黑洞，要穿越过去还真不容易。首先要跳脱出现代医学所塑造的"永不言弃"的意识，告别"药（术）到病除"的神话，然后才能转身去接纳安宁疗护（临终关怀、宁养医学）的基本观念。唯有观念转身，才能去发力，为不能治愈的病人提供积极的、全面的照顾；才能尽可能地肯定生命的价值并承认死亡是人生的一部分，承诺不会提早结束生命，也不会勉强延续生命，肯定疼痛和症状控制的重要；才能为患者提供身（生理）、心（心理）、社（社会）、灵（精神）的照顾，协助患者积极地活到最后一刻，并帮助患者家属度过丧亲痛苦。

其实，古人早就用文学的范式为我们设计了一种虚拟别离的场景，那就是陶渊明笔下的《桃花源记》。这部亦真亦幻的经典游记原来是一部想象死亡，解放自我的劝世之作：樵夫一旦穿过"秦人洞"，眼前就是"桃花源"，时间丢失（不知有汉，无论魏晋），身份丢失（无须缴税），一切将重新开始，翠竹青山，炊烟袅袅，又是一派耕读恬静的景象，死亡犹如人世间（生命）的"转场"，原来如此优雅，优美。

当人们对死亡有几分接纳，有几分豁达之后，我们在打开案头这本关于终末期生命预期与死亡辅导的新书之前，要率先树立"清单革命"[①]的意识，这是有品质阅读的必要准备，唯有心中有清单，眼中有问题，手中才会有办法，脚下才会有新路。

好了，好了，我们可以进入打开"任务清单"的阶段了。

要论第一份清单，自然是当下安宁疗护的境遇与照护类型清单，其中蕴含着医生的战略思考。照护资源总是有限的，动员更多的社会资源来应对日益复杂的安宁疗护事业，要立足于"精细化"思维谋篇布局，大处着眼，小处着手，

①《清单革命》一书的作者阿图·葛文德（Atul Gawande）是美国白宫最年轻的健康政策顾问、影响奥巴马医改政策的关键人物，他曾受到金融大鳄查理·芒格的大力褒奖，也是《时代周刊》评出的全球 100 位最具影响力人物榜单中唯一的医生。《清单革命》是其继畅销书《阿图医生》之后的又一力作，该书不仅掀起了一场观念革命，更是横扫美国 7 大畅销书排行榜，造就了北美畅销 30 万册的神话。该书中文简体字版由湛庐引进、浙江人民出版社出版。——编者注

切不可"只见树木，不见森林"。如谚语所言，魔鬼总是藏在细节里，而安宁疗护的精粹总是缠绵在故事的叙说之中。

当下安宁疗护的境遇与照护类型清单包括六个大类，切不能混沌不清：其一，老而失养，贫病交加，养老物质资源极度匮乏，需要经济救济和社会平权援助。其二，老而失亲，老来丧子（失独）、丧偶、慈孝关系断裂（父不慈，子不孝或父慈，子不孝），思亲不得，孤独绝望，需要亲情滋润与心理抚慰。其三，老而罹患恶病（失康、失序、失活），如罹患恶性肿瘤等严重消耗性慢病，不仅疾病痛苦（癌痛）难忍，还出现严重的心理危机（恐惧），因病返贫，或与贫困叠加，造成身心社灵交叠性困苦。需要疗、康并进的全人照护、呵护。其四，老而失能（失聪、失明），深度衰老，器官退化，活动半径急剧缩限，生活无法自理、自持，生活品质严重下降，需要全程、全要素的照护与康养料理支持。其五，老而失智，如罹患阿尔茨海默病，智力退化，言语、行为失控，常常是智能先于体能丧失，需要全时、全程的身心照护，也需要强大的经济支撑。其六，老而失尊（失意、失落、失望），原有社会身份丢失，社会地位骤降、社会支持系统崩解，需要尊严（疗法）维护。

第二份清单是患者（将逝者）与家属（遗属）"此时此刻"的多元、立体祈求。这份清单的背后是长期照护境遇的复合使命、复杂任务，更是患者权利的伸张。实事求是地讲，目前的安宁疗护临床并不能满足这份清单的全部要求，但医护必须全数知晓，才能为之而努力。但对这份清单的深入研判也是安宁疗护专业化、精细化、本土化，临终关怀与哀伤关怀、医疗-殡丧一体化工作的基础。

　　此时此刻，我需要适时决定转入长期照护模式及舒缓医疗阶段，而非保持紧急救助模式，不再追求目的性疗愈，转而追求过程疗愈（缓和诉求）。

此时此刻，我需要与医护坦诚地沟通，全方位回应患者的疑问，并承诺整体应对患者（将逝者）的身心社灵困境，而非只是躯体困境。

此时此刻，我依然需要被当作一个活生生的人来看待，而不是一个会喘气的瘤子，或者植物人。

此时此刻，我需要优先解决躯体的症状困扰（如疼痛、腹胀、呕吐、失眠、谵妄）。

此时此刻，我依然需要对病中生活抱有希望，而非失望、无望，或绝望。无论情况如何不测。

此时此刻，我需要一位内心富有同理心、同情心和慈悲之心的帮助者来照护，无论境遇如何糟糕。

此时此刻，我需要受过系统安宁疗护训练的医护人员提供服务，服务模式体现技术与人文二元性。

此时此刻，我希望用自己的方式表达身心痛苦，以及痛苦的感受与情绪，并用自己的文化来解读痛苦并寻求帮助。

此时此刻，我希望用自己的文化、信仰、社会身份和言语方式表达对于死亡的态度（包含厌生意愿的表达），无论这种态度如何不符合医学、科学的价值观。

此时此刻，我希望本人自主决定生前预嘱，参与安宁疗护方案的制定与决策，有权选择不积极抢救，有条件让渡，并严格限制家属的代理决策权。

此时此刻，应尊重患者的灵性张望，尽可能地提供灵性照护（尊严疗法与信仰疗法）。

此时此刻，我需要家人或特定的友人参与陪伴、见证、抚慰、关怀等环节，有时间跟亲友在一起度过最后的时光，允许亲友参与道别、道情、道谢、道歉的别离仪式。

此时此刻，我需要给予死亡预期的告知，以便适时安排最后的人生节目，尽可能不留下遗憾。

　　此时此刻，我希望有一个安详的、有尊严、有品质、无痛苦、无牵挂的死亡过程。

　　此时此刻，我希望有机会对自己的丧葬环节提出自己的意见，举办一个符合自己心意、风格的葬礼。

　　此时此刻，我希望有机会表达自己的遗体或器官（如角膜）捐献意愿。

　　此时此刻，我希望自己的遗体在从临床死亡到生物学死亡、入殓火化的全过程都得到尊重与呵护。

　　此时此刻，我希望身后的社会学死亡过程平稳、和谐，不因医疗资讯（如艾滋病等污名化诊断）泄露而出现名誉危机。

　　……

　　此时此刻，安宁疗护团队要满足患者、将逝者的种种诉求，仅有既往的诊疗技术是不够的，还需要技术人文双轨并进的陪伴、见证、抚慰、安顿、追思、慎远，其核心是善终境遇中良善人性的灌注，即究竟应该以怎样的素养和胜任力去迎接这场临床谱系的大变迁。如何识别、培育这些素养，关涉到安宁疗护人员的职业热情如何持久，如何抗击共情耗竭的冲击，不可言之泛泛，必须要缔结第三份清单："安宁疗护从业者素质养成清单"。安宁疗护的先驱者西塞莉·桑德斯（Cicely Saunders）凭着自己多年的服务体验，提出了近乎完美的八项素养：

- 其一，正向思维，积极心态；
- 其二，情绪稳定，性格成熟、有自我反省能力；
- 其三，乐于与人合作；
- 其四，好学上进、渴望与事业一起成长；
- 其五，对他人的生命（存在）意义有感；
- 其六，对别人的痛苦与需要都敏感；

- 其七，与人交往有喜感与乐感；
- 其八，敬业、尽责、热情不衰，并重视临床伦理问题的探讨。

平心而论，桑德斯眼中的八项素养并不容易达成，它分明是一道人性修炼的长坡，苦乐兼程，非一日之功，更不乏慈爱信念的执着，"**你重要，因为你是你；你重要，即使在生命的最后一刻**"。诺贝尔和平奖得主特蕾莎修女曾经深描良善人性塑造的历程，它始于语言，成于行动，定格于习惯，终于人格。

接下来要打开的第四个清单、第五个清单……不过，它们不在序言之中，而在正文之中，在读者的精读细思之中，包括许多特异性的问题，如三高人群（高知、高管、高干）即使社会地位优越、认知敏锐、财务自由也并不能抵御、缓解所有的老龄困局。在安宁疗护境遇中，金钱并不是万能的，有些照护元素金钱买不来，如共情。要知道人是社会性动物，照护关系的建构比照护行为的强化更重要。要明白，衰老与疾病的困境是多元的，也是复合的，需要社会与医疗的多元支持系统（MDT），但多元支持系统的协同、统筹十分困难，一旦失灵，很难彰显其功效，甚至出现负效应。更大的难题是文化、是意志。无论是医者，还是患者，都要知晓照护文化比照护技能更重要，在技术时代、消费社会的讥老文化（无用）、厌老文化（废物），惧（拒）死文化亟待改进，生命末期也需要意志的完整与强大。

时刻准备着，让我想到史铁生的"天眼"之窥："死神每天都蹲守在我的家门口。"这使得"生寄死归"意识成为人生常识。时至今日，现代医学的进步可喜可贺，但人类依然无力征服死亡，也无法消灭痛苦，只能让死亡有品质、有尊严，让躯体与心灵的痛苦降低到最低限度。我期望，每一个人都像史铁生一样，打开"天眼"，洞悉"无常"。

目 录

第二部分　应对病痛

第三部分　一路相助

第四部分　　临近死亡

第五部分　　逝后

"我在消磨时间，等待生活赐予我意义与幸福。"

———

比尔·沃特森

漫画书《凯文的幻虎世界》（*Calvin and Hobbes*）作者

死亡并不突然，而是人生必然

你即将离去，但这并不是你的错。

如果按照人们平常谈论死亡的方式去理解，你永远不会明白这一点。我们常把离世默认为失败，总说"她的健康每况愈下""他的治疗失败了"之类的话。如果你相信广告，就会觉得那些与养生相关的推荐都值得尝试：吃羽衣甘蓝、喝红酒、每天走一万步等。甚至你还会觉得，如果这样做也不能战胜死亡，那只可能是因为你的性格、意志或信仰不够坚定。

至于那些斗志昂扬的口号，诸如"对抗衰老""决战癌症"等，根本就是注定失败的战斗。

死亡是我们所拥有的仅次于出生的、最为深刻的人生经历。我们难道不应该多谈论它，为它做好准备，用它指导我们的生活吗？

我们写本书就是为了帮助大家更好地了解死亡。这并非意味着你或者其他人可以控制生命结束的走向。在走向生命尽头的过程中，颇具挑战性的恰恰是如何放下自己的掌控欲。

坚持与放手，皆死亡一途常涉。死亡非独偏向其中一方，而是多重选择的结合。死亡并不是一个简单的话题，临终的过程也不是毫无痛苦。我们不会作出与之相悖的承诺。无论谁提出这种不切实际的承诺，我们都建议你避而远之。不过，我们还是相信本书会让生命终结变得少些痛苦，多些意义。

你的护理目标

只有 10%～20% 的人会毫无征兆地突然离去，大多数人都有时间去了解自己的生命将如何结束。尽管这种情况会让人不安，但这也确实给了我们时间去适应，去习惯，并作出应对。关于如何走向注定的结局，我们确实是有一些选择余地的，比如，在哪里离去，在谁的身边离去等。而其中最为重要的，是如何度过最后的时光。为了明确这些选择，你需要弄清楚自己的"护理目标"是什么。

"护理目标"是源自缓和治疗（palliative care①）领域的概念，现在已逐渐广为人知。你通盘考虑过自己生命的最后该如何度过后，就会明白这一路上所需要面对的抉择该如何应对。确定护理目标并不仅仅是列出一张优先事项清单那么简单，而是在经历衰老或病弱的过程中，想清楚你当下需要作出的

---

① palliative care 最初被翻译为"姑息治疗"，在 2017 年 7 月 31 日《英国医学》期刊（BMJ）中文版编委会和编辑部组织的关于"姑息治疗"的圆桌讨论会上，该领域专家一致认为"姑息治疗"过于消极，且不能完全涵盖 palliative care 的完整意义，故更名为"缓和治疗"。与 palliative care 紧密相关的 hospice care，最初被翻译为"临终关怀"，后来中国台湾的赵可式老师将其更名为"安宁疗护"。以上说明由泰康事业生命关怀部提供。——编者注

抉择。这意味着你既要倾听内心的声音，也要采纳他人的建议，与周围的人交流你的感受和想法。这样你肯定能作出让自己以及周围的人都可以接受的决定。

你的护理目标将根据你对以下问题的回答而定：现在对你来说什么是最重要的？在不影响生活的前提下你可以失去什么？你想要接受什么程度和类型的治疗？你想在哪里离去？你希望人们如何记住你？你的这些愿望还需要符合你的实际情况，包括细节安排和成本花费等。这并不是说你的目标是固定的，它们会随着时间的推移而改变，就像你的生活一样。但如果你能把目标表达清楚，它们就会变成你人生的指南针。

在本书中，我们会按时间顺序讲述生命如何一步一步走向终点，而你可能处于其中某一个阶段。我们不是来给你增加工作量的，所以无论你从哪里开始都没关系。我们会帮助你完成即将到来的工作，你可以用任何适合你的方式来使用本书。

绝大多数人在人生的某个时刻都会遇到与医疗护理相关的问题，而这很可能会对你的患病体验和临终过程产生重大影响。我们的医疗体制有着明显的弱点，也有着惊人的优势。在体制的弱点和优势中穿行，可能是一种违背直觉、令人烦恼的体验。造成这种情况的原因有很多，但无论如何，它们都源于这样一个事实，即医疗体系的核心设计是为了解决疾病而不是为人服务。这种情况在未来可能会有所改变，但本书旨在帮助你利用我们现在拥有的体系，而不是去畅想我们希望拥有的体系。这也是为什么在医疗护理中，"护理"的核心必须回归你自身，回到以人为本的立场，而你也需要始终捍卫这一立场。

虽然不能保证解决所有问题，但我们还是会尽量解释清楚你需要面对的事情，包括你可能会有的感受和想法、细节方面的安排和所需要的成本等，并给出切实可行的建议。我们必须承认：文化、宗教和其他信仰体系，在我们体验生命与死亡的过程中起着至关重要的作用。我们无法在此客观地评价这些观念的力量，但我们可以在下面的章节中为你留出空间来考虑这类特定的问题。本书的深度因人而异，取决于你的身份和你遇到的具体情况。

谈到死亡的话题时，你感到恐惧是很正常的。我们都害怕死亡。事实上，我们得提醒你，读了这本书，或者哪怕只是拿起这本书，都可能让人感到心情沉重。至少我们写这本书的时候确实有这样的感觉。没人会要求你放下对生命终结的恐惧，但是在本书的引导下，你可能会发现你对生命终结的恐惧在淡化或减轻。我们的最终目的不是帮助你离去，而是让你在生命终结之前尽可能多地享受生命的自由。

一些术语

书中我们会交替混用第一人称，"我"有时指的是肖莎娜，有时指的是B. J.。我们一起写了这本书，所以觉得没必要作出区分，这样对读者来说也不那么麻烦。

虽然我们在书中经常提到"患者"一词，但请记住，这并非意味着你只能被动听从医生的安排。从词源上来说，"患者"（patient）的本意是忍耐者，你应该重新认识一下这个词，明确你自身也是护理工作的参与者。同样地，"写给照顾者"这一标题中的"照顾者"指的是那些已经或将要承担照护他人责任的人。我们还会使用包括"家庭、朋友和爱人"在内的其他词汇。我们相信你能在其中找到自己的定位。无论你是自愿自发还是不情不愿，无论哪个词对你来说更为贴切，我们都向你致敬——这是一项艰难的工作，即便你心甘情愿。

米勒的故事

医学博士。全球知名安宁疗护专家、缓和治疗师，TED 演讲人。目前就职于加州大学旧金山分校，担任该校缓和治疗项目组主任。

米勒 22 岁就读大学期间遭遇横祸，虽从死神手里捡回一命，却永远失去了双腿与一只胳膊，可以说是游走于生死之间的人。他希望在本书中就此沉重的话题带出正面的讨论与思考。

2018 年，米勒参与奈飞出品录制的纪录片《生命终局》（End Game），并凭借此片获得了 2019 年奥斯卡金像奖提名。

我之所以想成为一名医生，部分原因在于，我一度濒临死亡。我从没有预料到自己会在那么年轻的时候，就以一种充满戏剧性的方式面临死亡。但是我别无选择，只能重新审视生命的意义。

那是我上大学二年级时的一个晚上，我和几个朋友在城里玩了一两个小后，准备去便利店买三明治吃。去便利店要穿过一条老旧的铁路，那里停着一辆两节车厢的小火车，是从普林斯顿站到普林斯顿枢纽站的通勤火车，车厢后面还挂着一个梯子。当这一幕落在我们眼里时，我们就好像一群精力旺盛的熊孩子发现了一棵特别好爬的大树。我第一个跳了上去，刚站起身，电弧就击中我手腕上的金属手表，11 000 伏的高压电流经过我的手臂，一路向下，从我的脚底穿出。

因为一时贪玩，我失去了半条胳膊和膝盖以下的双腿。我被送到了新泽西州利文斯顿的圣巴纳巴斯医院烧伤科。我接受了气管插管，而我的意识还清醒着，能听到创伤治疗小组的成员在打赌我能不能活下来。有人直言："这家伙没救了。"其他人则打赌说："我们能把他救回来。"后来一直照顾我的护士乔伊，当时一定是看到了我睁大的双眼，所以她让其他人安静，然后来到我身边。她告诉我，虽然还没完全脱离危险，但是我在那里是安全的。在好友、家人以及烧伤科医护人员的陪伴下，我开始体会到被照护的感觉，体会到依赖他人生存的恐惧和感激。

在接下来的 4 个月里，病房就是我的家。一天晚上，外面下雪了。我记得护士们在谈论开车进医院时看到的景色。我的房间里没有窗户，但我想象着外面的风景，感觉非常美好，同时又非常沮丧。第二天，我的朋友皮特偷偷给我带进来一个雪球。那个一点一滴逐渐融化的小东西简直让我欣喜若狂。雪、时间、水，这一刻，我领悟到，变化的两端①都是世间万物的一分子，而我的生或死，就显得没有那么重要了。刹那间，死亡出现在了它的位置上：近在眼前、普普通通、温良无害。

我与死亡之间的亲密关系由此正式开始。

秋天的时候，我回到了大学。我试着做一名看起来正常的大学生，但很多事情都没有回归常态。我放弃了轮椅，换了一辆二手高尔夫球车。不过，由于推了好几个月的轮椅，我的右臂非常粗壮，身体其他部位却很瘦弱。好几个月来，这件事一直困扰着我。我穿了一件棕色的医用压缩背心盖住疤痕组织，以防止组织增生。我皮肤蜡黄，手臂残端有一个钩子，但我很少使用它，它只是挂在那里。

说真的，我当时的样子相当丑陋，总是汗流浃背。我用散发着异味的双腿"咯吱咯吱"地走来走去，不管坐在哪里都会留下一摊"水"。我总是用膝盖"走"进宿舍淋浴间，坐在一堆毛发和脚癣死皮中间沐浴，所以我不确定洗澡

---

① 指从雪到水的变化。——译者注

是不是真的能让我变得干净。但这并不重要，水流过我的皮肤时，我终于感觉不到疼了。那种感觉真的太美妙了。我的假腿上裹着肉色的尼龙套，与无样式的矫形鞋连接在一起。我用一只手和一只钩子系鞋带，每系好一只鞋，大约要花 20 分钟，所以我从不把鞋子从假腿上脱下来。经过几次雨天后，我的鞋带也就固定成形了。当一个人刚开始戴假肢的时候，需要不断地增强自己的耐受力，每次都多走几步，皮肤就会逐渐长出厚厚的老茧。我就像新生儿一样学习和改变，努力把不自然变为自然。

我有一只名叫佛蒙特的服务犬，它救了我无数次。只要和它玩上 5 分钟的叼球游戏，就能让我从任何可能陷入的负面心理旋涡中脱身。只要看着他奔跑和跳跃，就能让我摆脱痛苦，感觉就好像我自己在田野里来回奔跑一样。我看它总是享受当下的快乐，从不浪费时间思考它的生活和以前有什么不同。我希望自己能够活得像它一样快乐。而且，它也需要我，而我残存的身体里的每一个细胞里都充满了对它的爱，这已经足够了。

我发脾气的次数越来越少了。我缩减了自己的需求，对于"不能"和"不想"的区别也越来越明确。我现在是真的不能使用自动扶梯了吗？还是我过于担心需要依靠别人的帮助呢？我是真的不能去购物了吗？还是我自尊心太强不想外出使用轮椅呢？我是真的不能跳舞了吗？还是我害怕自己会出丑呢？这种自问的练习很乏味，但也让我一次又一次地振作起来。

不过，看起来与众不同也有好处。如果我的伤不是那么明显的话，我可能会一直假装我是正常人。但正因为伤口如此明显，所以我反而获得了自由。小时候，我很爱干净，尤其在意自己的外表。现在我穿得破破烂烂，让头发长得很长。我一有机会就穿短裤，有一段时间，我的裤子都短到有点滑稽可笑的程度。这感觉就好像必须要让一些皮肤接触到空气一样。我需要让别人看到我不害怕的样子，这样我才真的不会害怕。我学会了不再总拿我的新身体与我的旧身体或别人的身体作比较。取而代之的是，我会去从事创造性的工作来度过我的每一天。

我曾经无比接近死亡，看见它的样子，又从死亡的边缘回来，这才意识到，其实死亡一直都在我们身边，是我们生命的一部分。现在，我又在我的患者身上看到了死亡的真相，而他们却希望立刻改变现状，做回原来的自己。

肖莎娜的故事

世界顶级创意公司 IDEO 编辑部主任、《连线》杂志前高级编辑、《现成》（*Ready made*）杂志联合创始人及主编，并担任《纽约时报》《连线》《石英》《大众科学》《嘉人》等知名报刊撰稿人。

肖莎娜·伯杰的父亲是一位阿尔茨海默病患者，她陪父亲走完了人生最后的阶段。肖莎娜曾在"创意早餐（*Creative Mornings*）"中分享关于"如何设计我们的生前清单和临终体验"的主题演讲，深受观众欢迎。

我常想，要是我在照护垂死的父亲斯坦利之前就参与本书的写作就好了。父亲小时候可以说是一个数学天才。相对于他和我祖父母一起住在布鲁克林的拮据生活来说，计算宇宙中无穷无尽的谜题是一种解脱。我的祖父母是移民，只上过小学。我的父亲 24 岁时被加州大学伯克利分校聘为工程学教授。在此后近 50 年的时间里，他一直用温柔而坚定的板书，教授学生们流体流动和喷气尾流的相关原理。

我 13 岁时，父母离婚了。父亲总是在下班回家后，独自坐在厨房的角落里，一边吃着沙丁鱼和三明治，一边同时看 4 份报纸。他没有爱好。对他来说，最重要的是他的孩子和他的思维。直到 25 年后，父亲遇到了贝丝，才结束了这样的生活。有一天晚上，贝丝问我有没有注意到父亲变得健忘了。我突然发现，他健忘的迹象其实已经很明显了。有一次在外面吃完饭后，他居然算不出那顿饭的小费，还匆忙讲了一些俏皮话来掩饰尴尬。还有一次他在电梯里僵住了，电梯门不停地开关，他却不知道该按哪个按钮，最后同事们只能把他从电梯里拉出来。没过多久，同事们就礼貌地建议他退休。那年，他73岁。

在接下来的5年里，父亲几乎退化到了婴儿的状态，他在医院里出出进进，却只得到了一个模糊的诊断，他并没有患上阿尔茨海默病，而是患了某种程度上的失智症，而且病情因抑郁而恶化。在记忆与衰老中心的一位年轻住院医师的办公室里，他尝试着回答一系列愚蠢的问题：今天是几号？你住在哪个州？他知道这些问题简单到侮辱智商，但大部分问题他还是答错了。父亲的所有知识都将消失在凋亡细胞堆积而成的墓穴里，这是我从没有料到的结局。

他的驾照到期了，但是他没有通过续期考试，于是我们把他的汽车钥匙拿走了。所有让他感到自信、独立、自由的东西都被一点点地剥夺了。我们看了无数次医生。有一次在路上，他对自己虚弱的膀胱非常恼火，拍着仪表盘，非要我们把车停在桥上。我们到医院的时候，他浑身剧烈颤抖，说不出话来。我陪他穿过大厅，走进卫生间，站在他身后，在隔间里扶着他的腰，帮助他小便。这时我不禁自问：我是谁，是女儿还是护士？

我们缠着医生追问该怎么办，他们就滔滔不绝地说出了一连串可能的原因（可能是大脑积水）和治疗方法（或许可以植入支架）。每次当我们试图治疗父亲的不治之症时，他都需要再次住院。有一次去医院看望他时，我发现他的胳膊和腿被绑在病床上。他不停地挪动身体，想要擦鼻子。我恳求护士给他松绑，但她说他会给自己带来危险。在开车回家的路上，我哭了一路。

有时候，他康复得还不错，可以坐在沙发上看我的孩子们玩耍，这给我们带来了极大的希望。我握着他的手，告诉他我最近在做什么，他会微笑着说：

"哦，太棒了！"他还记得我是他的女儿，那些孩子们是他的外孙。我儿子长得非常像他。我们催促他的妻子贝丝去为他寻求安宁疗护服务，但这个选择对她来说，意味着放弃救治，而她渴望能有更多时间和他在一起，所以她告诉医生，我父亲希望不惜一切代价延长他的生命，而且他曾经把这一意愿写在了一张不知道哪去了的餐巾纸上。一位社会工作者向她解释，他再也不会回到以前的状态了。贝丝终于让步了，我们把父亲接回了家。

照护生命即将终结的父母时，角色互换是最困难的事情之一。因为你还是会觉得自己是那个人的孩子。所以，当你建议你的父亲穿尿不湿的时候，场面会很尴尬。而且当这类问题出现的时候，通常就已经太晚了。父亲教会了我们生命是如何运行的，流体、空气和能量是如何流动的，但他无法教会我们如何给他一个他想要的死亡方式。我记得他最后的那些日子充满了焦虑和哀痛，但那也是我们最为亲密的时光。我的父亲一直是个理性的知识分子，虽然我们知道他爱我们胜过一切，但他在情感上和我们还是有距离的。最后的时候，他的理性消失了，语言交流对我们来说也毫无意义。但只要牵着他的手，我们的感情就能联通为一个世界。

现在你对我们两位作者已经有了一些了解。无论你是谁，无论你是患有严重的疾病，还是你的亲人正在慢慢变老，抑或是想让你的离世对于家人而言更为轻松，或者只是想要充分享受剩余的生命，本书都是为你准备的。

我们可以告诉你一个好消息：关于死亡，你已经知道的比你想象的更多了。

第一部分

提前计划

也许你已经开始做一些关于生死的重要抉择了。如果还没有，现在就是一个开始的好时机。在理想情况下，你应该早早地开始计划未来将要发生的事情，并且持续思考，与人交流，而不是在遇到紧急情况时才发现自己没有时间去做计划。如果按照我们的想法，除了安全驾驶教育和性教育，所有人都应该在高中毕业前学习一门生命教育课程。在这一部分中，我们将介绍所有必须提前考虑好的事情。

第 1 章
别留下烂摊子

清空你的阁楼；
秘密和谎言不会随你而逝；
说出最重要的话。

无论怎么努力整理，我们的生活还是会乱七八糟的。到了生命的尽头时，这些烂摊子更是影响深远。我们留下的东西，有一部分是物质的：财产、书籍、衣物——这些是我们一生所获得的东西。还有一些是非物质的、情感的东西。只有在离开之前处理好这一切，才能确保你的亲友能够把注意力放在你身上，而不是想着要花多少时间和精力来清理你的住所。正如拉比悉尼·明茨（Sydney Mintz）所说："就我所见，某人离世后，其住所内是井然有序还是乱七八糟，对于追思哀悼的过程有着迥异而深远的影响。"

值得庆幸的是，你可以做一些事情来控制这种影响，如修复损坏的东西，只留下你希望被记住的东西等。如果你早早开始准备身后事，提前修复、清理那些烂摊子，确定对你来说真正重要而且希望传给后人的东西，你就能整理好思绪，给自己更多的空间。

清空你的阁楼

除非你想按照埃及法老的风格处理身后事，否则你离世的时候除了一身衣服相随，并无他物。在瑞典语中有一个表示"死亡清理"的词——döstädning。瑞典人希望随着年龄的增长，会逐渐扔掉不必要的东西，把剩下的收拾整齐。简约的生活需要不断投入时间和精力，不要指望一夜之间就能实现。但这个过程可以给你带来巨大的满足感，甚至还有一点自豪感。

在你离世后，对你的亲友来说，整理遗物永远都不可能是一件轻松的事情，不过你可以让这个过程变得容易许多。这就是为什么说提前把自己的东西整理好，是你能留给所爱之人的一份最好的礼物。这将为他们节省时间和金钱，也会让他们少受很多痛苦。我当然很乐意收下父亲收集的杂志《全球概览》（*Whole Earth Catalog*），但是当我看到他留下的，装满好几个文件柜的一大堆十几年前的电话账单和纳税申报单据时，就没有那么高兴了。

杂物如此多

问问自己为什么要保留这些东西，它们很重要吗？你仍然在使用这些东西吗？这些东西能带给你快乐吗？还是你有一些记忆铭刻在这些家具或者厨具上？或者是你在努力抗拒去思考自己即将离开的事情？也许你是被这些物品的体量所吓倒，知道自己没有足够的时间和精力来整理？腾出时间来清点你的物品，反思每一件物品对你的意义，放弃你不再需要的东西，这也可以是一种宣泄。不用着急，这种清理可以在你的生活间隙偶尔为之。

你的孩子可能并不想要它

有一件事是可以预见的：你的家人并不一定需要或想要你的大部分东西。人们会形成自己的品位，尽管他们可能会对伴随自己成长的东西有些许感情，但他们可能不会想要完全重复成长时的感觉。如果他们真的拿走了什么，那多半是一些古怪、感伤的东西。也许是来自拉斯维加斯某个夜总会的俗气的杯垫，一个橙色的胶带分割器，或者一个需要翻新的中世纪丹麦风格梳妆台。很少有人会选择大件物品，比如某件你以为是古董的棕色曲边的家具，或者某次去佛罗里达州旅行时买的用来铺木板路的艺术品。你的孩子很可能并不愿意带走它们。虽然可能到不了拒绝这些东西的那一步。因为他们可能都没有准备好去讨论你即将离世的可能性。

悲伤心理治疗师朱莉·阿格斯有一个患有晚期认知障碍的患者，她把家里所有的东西都贴上了标签。但是她的孩子们一进门就懵了，他们哀叹道，为什么母亲这么早就准备身后事了？阿格斯说："对她的孩子们来说，接受她以后将不再出现在家里的想法真的很困难。"不过当他们理解了母亲的用意是出于对他们的关爱，他们就把东西拿走了。母亲也很高兴。

如何处理传家宝

时不时问问你的亲人和朋友是否愿意来你家里参观一下，然后告诉他们那些对你来说很重要的物品背后的故事。是否了解某件珠宝背后的故事，决定了他们是否会把它带回家，时常穿戴，并把物品背后的故事传递给下一代。这里有一些简单的方法，可以把那些富有意义的物品传下去。

每个继承人轮流选择。萨斯曼手头曾有这样一个案子，在这个案子中，母亲有一些珠宝，有些很值钱，有些很普通。这位母亲的女儿们那时都不怎么来往，也不记得是因为什么闹翻的。于是，萨斯曼和其中一个女儿的律师把这位母亲所有的东西列了一份清单，然后按顺序让每个姐妹轮流挑选一些东西，直到没有东西剩下为止。

小贴士

如果你有某件物品想要留给某个孩子，现在就告诉所有孩子，这样你离世后，这件物品的去向就不会引发兄弟姐妹的争吵。

拿着纸胶带在房子里走一圈。一位客户邀请萨斯曼到家里，客户的两个孩子也在。这次会面的目的是让每个孩子选择他们想要的东西。萨斯曼在每件物品后面贴上一张纸胶带，并询问谁想要，然后在胶带上标注名字。在客户去世后，萨斯曼和这两个孩子回到家里，把他们标记过的画作、雕塑和其他贵重物品分成了两堆。每个人都是怀着感激的心情离开的。

卖掉你的东西

即便你认为你毕生所收集的东西（艺术品、珠宝、书籍、家具）具有很高的经济价值，我们也不建议你花费大量的时间来寻找买家、讨价还价和安排交接。大多数古董交易商和拍卖行在收购物品时都非常挑剔。即使是一件罕见的有着签名和印数等防伪标记的中世纪印刷品也会很难出手。如果你选择亲自来打包运输，并在网上进行销售的话，这件事情几乎会变成一项全职工作。但是，如果你选择把这些东西送到当地的慈善组织的话，那你只需要几分钟就可以完成交接，而且你丢弃的东西可能会变成别人客厅里的宝贝。

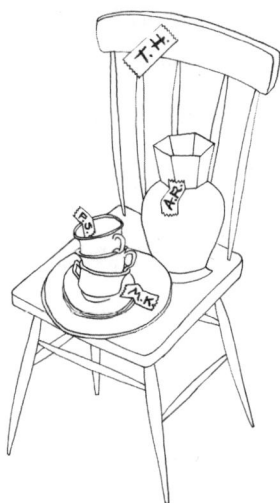

没有什么比家人在你离世后为遗产而争吵更让人痛心的了。提前梳理和分配家庭物品将有助于避免日后的冲突。

你需要勇气把一些东西扔进垃圾桶，并且需要注意整理的方式方法。你并不需要疯狂地扔掉所有无法再给你带来快乐的东西。这种整理只是为了让你爱的人能够管理好你留下的烂摊子。

共同所有

这一建议适用于住在一起的所有家庭成员。有一种烂摊子会在你死后持续扰乱亲人的生活，那就是各类账户账单。如有线电视、互联网、手机、俱乐部会员卡，以及其他任何持续计费的服务等。如果这些账户不是由你和伴侣或者家庭成员共同拥有的，那么他们就要花很长的时间，通过复杂的申请程序，绕过诸多消费陷阱，才能注销这些账户，或者转到他们的名下继续管理。他们可能需要好几年时间才能解决所有的账户问题。说真的，好好想想你给手机运营商打电话投诉时的沮丧无力感，然后再乘以 10，你就知道上述问题带给伴侣的感受了。现在就打电话给这些公司，把你的家人加入进来，让他们成为共同所有者，确保你的家人在你离世后处理这类事情时会感到轻松而不是恼怒。

清空你的情感账户

即便亲人有所抗拒，你也要在活着的时候争取更多与他们谈心的机会。这里说的谈心不是讨论你下一步该如何治疗，或者他们在你离世后该如何处理你收藏的帽子。这一阶段你要理顺与亲友的关系，要说该说的话，以免临终之时后悔。这些对话决定了别人在情感层面上会如何回忆你。当然，在实际生活中，这一步并不总是那么容易，尤其是会遇到一些情感上还有伤口尚未愈合的情况。

秘密和谎言

人们有秘密是很普遍的情况，几乎每一个和我们交流过的悲伤心理咨询师都处理过相关的问题。研究悲伤心理的社会工作者汤姆·翁贝格说："我遇到过一些青春期的孩子，他们知道大人对他们有意隐瞒了一些事情。家里没有人告诉他们事情的细节，这样更糟糕，因为他们就只能靠想象去填补其中的空白。"

秘密总是会以各种各样的方式被暴露出来，特别是在如今这个技术发达的年代，有很多可以检测 DNA，查找家谱的机构。有些检测结果会揭示出未知的亲生父母、隐藏的兄弟姐妹、失落的民族血脉和被隐蔽的宗教身份，颠覆了许多测试者长期以来以为真实的血缘关系。如果你不想让家人发现秘密的痕迹，现在就处理好，以免在你离世后延长他们的痛苦或造成新的创伤。

如果你在某处保存了一盒情书或不想别人看到的照片，最好假定它们在你离世后一定会被人发现（而且那个时候你也没法解释了）。

修复破裂的关系

如果你已经和亲友疏远了很长一段时间，并且感觉负面情绪像是有毒垃圾填埋场里的有害物品一样亟待清理，你该从哪里开始呢？我们是缓和治疗先驱艾拉·毕奥格（Ira Byock）的忠实粉丝。他在《最重要的四件事》（*The Four Things That Matter Most*）一书中提到，他发现大多数人在关系破裂时都渴望听到一些话，这些话甚至有助于修复长期破裂的关系。

"请原谅我。"
"我原谅你了。"
"谢谢你。"
"我爱你。"

毕奥格的这本书是 2005 年出版的，所以我们问他现在是否还需要补充些什么。他告诉我们说："'我为能成为你的母亲（父亲）感到骄傲'，这样的话从父母口中说出来真的非常好，是一种代代相传的美好礼物。我安慰过一些60 多岁的人，他们从来没有听父母说过这样的话。在这种情况下，即使他们年岁增长，也并不会慢慢释怀。"不过这里的建议并不仅仅是指导你该说些什么以及告诉你该做些什么，你要真正去爱那些你爱的人，真诚地寻求宽恕。如果可以的话，花点时间让你周围的人得到解脱，让他们继续生活，之后就可以顺其自然了。

与亲人和解

虽然你的痛苦可能会随你一起消失，但你给别人造成的痛苦却不会。韦恩在他的婚姻中有过多次外遇。作为一位杰出的作家和大学教授，他忙于自己的事业，却对家庭中的其他成员保持距离。虽然妻子怀疑他不忠，但从未公开提及。在他的妻子、大部分同龄人以及 3 个孩子中的 2 个都去世后，韦恩在 94 岁时被诊断出晚期心脏病。他这才开始坦诚地和他唯一在世的儿子谈论起他的婚姻，以及他多么希望过去能对妻子多一分珍惜，多一些尊重。他以前从未道过歉，现在，随着年龄的增长和一次次的生离死别，他变得心软了，想寻求家人的原谅。当他的家人从他的道歉中得到安慰时，他也从羞愧中解脱了出来。

尽管你不能保证在生命的最后时刻一定能与所爱之人达成和解，因为有时候，临终道歉并不能弥补过错，但是，你一定要做出尝试。

最 / 好 / 的 / 告 / 别

不给爱的人留下烂摊子，这不是一件容易的事情，但清理好烂摊子可以给你和你爱的人带来很多自由，摆脱整理遗留之物（包括情感和实物）的那种不必要的痛苦。甩掉你的杂物堆，尽力说出你想说的话，减轻你的心理负担，这样你就能更好地享受余生了。

第 2 章

留下你的印记

> 遗赠财产；
> 记录你的人生故事；
> 写一份道德遗嘱；
> 留下一封信。

　　遗产是一个很"重"的词，带有一种自负的意味，就好像我们必须有所成就，比如发明出冷聚变 [1]，或者以我们的名字命名一座建筑等，才值得被世人铭记一样。不过，我们对于"遗产"的定义只是在这个世界上留下一个印记，一个代表了我们曾经是谁的印记。对一些人来说，这意味着用资产为孩子们创立一个奖学金或者基金。有些人可能没有很多物质财富，但同样会把富有价值的事物传递给后人。

　　在被问及遗产问题时，人们更关心的其实是人生故事和价值观的传承，而不是物质财富。北美安联人寿保险公司对婴儿潮一代 [2] 进行过问卷调查，只有

---

① 冷聚变（Cold Fusion）：常温或低于热核聚变温度下发生的核聚变反应。——编者注

② 婴儿潮一代：指在 1946—1964 年出生的美国人，他们是美国历史上人数最多的一代，大约有 7 800 万人。——译者注

10% 的受访者认为从父母那里继承"金融资产或房产"非常重要，而 77% 的受访者认为继承和传递"价值观念和人生教训"非常重要。

你不必把留下遗产当成是负担。如果你感到无法承受，没有精力去做与之相关的事情，也大可放心。要知道，你的遗产其实已经被世界上的某个人继承了。只要你活过，就不可避免地会留下印记。一位女士曾告诉我们，每次她微笑的时候，都能感觉到父亲的笑容在她身上洋溢着。

整理你所能赠予的

留下一些有价值的东西

你可以留下一些有价值的东西。也许是你多年来收集的名人名言、最喜欢的食谱、艺术品、幻灯片、电影、诗歌，或者是你自己的小发明。简是一个博览群书的图书管理员，每天她都会手拿一本书，以阅读来结束一天的生活。她在整个职业生涯中，一直努力确保图书馆对每个人都开放。她的父亲也是一名图书管理员，而她母亲是家里阅读速度最快的人。在母亲去世后，父亲发现了一份打印好的清单，上面有 500 多本她最喜欢的小说，包括作者、书名和每本小说的简介。这是一份意外的礼物。父亲把它分发给母亲的朋友和家人，鼓励他们挑一些书来读。这份清单既让简与已故的母亲建立了联系，也提供了一种致敬母亲阅读热情的方式。

留下你的金钱

你的遗产并不一定是金钱，但慈善捐款确实是一种表达你的价值观的高尚选择。这种长期以来为人们所践行的回馈社会的传统，可以突显出对你的人生影响至深的人或者事。你的深思熟虑与关爱之举将有助于改善你所在意的或者认为最有意义的组织机构，比如你常去的宗教场所、当地的动物收养中心、安宁疗护机构和流浪者之家等。

如果你有意向和资源去给组织机构捐款，就会接触到"遗赠"的概念。这个词的意思是，在你离世后，通过遗嘱或信托将有价值的事物捐赠出去。你可以遗赠现金、证券（股票）或财产，而遗嘱或信托等文件将确保你的资产在你离世后转移至你所选择的组织机构。你也可以指定你最喜欢的组织机构作为你遗嘱或信托的受益者。

小贴士

大多数非营利组织、学术机构和公司都有一套现成的接受遗赠的程序。

你所能赠予的

- 现金（可以是一次性支付，也可以是"年金"，每年支付一次，直到全部付清。更多有关年金及其税务优惠的信息，请参见下文）。
- 股票和债券。
- 退休金计划和个人退休账户。
- 人寿保险保单。
- 你的车或其他贵重物品。

关于赠予的各种可能方式，都可以写一本书了。向理财规划师咨询，你可以获得更多的信息。在制定遗嘱时，你最好向财务规划师或房产规划师咨询如何捐赠财产。最后，我们必须重申一下，如果你想趁还活着的时候，把赚到每一分钱都花在让自己快乐的事情上，也是可以的。

记住我

收藏品和纪念品

祖传菜谱

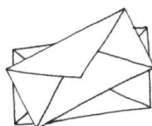

信件

冠名纪念椅

家藏

植物种子

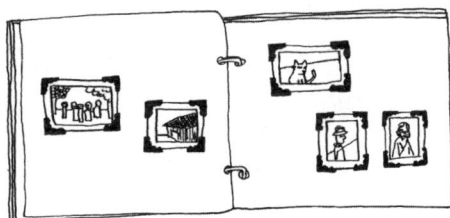

纪念相册

那些你日常接触的东西，无论是你读的书、煮的饭菜、穿的衣服、收集的照片，都承载着你的故事，值得传承下去。它们过去对你来说很重要，将来对别人来说也很重要。

留下你的故事

是什么让你成为现在的你？讲讲你的人生故事，留下你人生中重要的经历、对你影响深刻的人和想法的记录，给那些爱你的人一种薪火传承的感觉。

苏珊·特恩布尔（Susan Turnbull）说："当你坐下来开始想这件事的时候，你的脑海里就会有各种各样的声音，比如'没人真的在乎''你还没老到那种程度呢'等。"苏珊是马萨诸塞州曼彻斯特市个人遗产顾问公司的创始人兼负责人。有一种办法可以摆脱这些声音的影响，那就是想象你手里有一本曾曾祖母所写的人生故事。通过她的眼睛看世界会给你什么样的启迪呢？一旦你把自己的人生故事重新定义为一份穿越时空的，融入家庭价值观的，送给后代的礼物，你可能就不会那么抗拒了。

你的初恋是谁，你的第一份工作是什么，你还记得第一次让你感到害怕的场景吗？你第一次遇到麻烦是什么时候？你小时候的房间是什么样的？你的父母怎么样？你在哪里最快乐？你崇拜谁？这里有两种简单的方法可以为后代记录你或者你的至亲的故事。

> **小贴士**
>
> 讲述你的故事可以很简单，只需要列出一系列能引发回忆的问题，然后记录下你的回答就可以了。

使用故事记录服务。例如，有专门的故事记录公司会记录你和你选择的人之间的对话，并将记录存放在国会图书馆的档案中。你也可以下载相关的APP，自己录制故事。有些故事记录公司会每周向你或你的亲人发送问题。你可以回复一个简短的故事，然后将保存的记录与他人分享。每一年的故事都会收集成册并印刷出来。

制作一份家谱。注册在线制作家谱网站，你可以和别人共同完成追踪家谱的工作。你还可以要求下一代在你离世后，继续在上面添加他们的后代分支。

你可以腾出一个小时的时间来写你的故事，或者用手机或摄像机拍摄音频或视频。我最近一次和母亲旅行时，就趁着在酒店吃早餐的时间，问她在纽约的成长经历，并把她的回答存在了我手机上的语音备忘录中。她给我讲了一个小时。无论你用什么方式记录你的故事，最好用书面形式记录下来，或者在你标注为"待我离世后"的文件夹中留下电子音频文件的链接。下面你会读到更多相关内容。

留下一封信

弗里希·勃兰特在当地一家安宁疗护机构做志愿者时常为别人抄写信件，以之作为留给所爱之人的遗言。她提供的这项服务很受欢迎，所以她设立了"永别之信"为更多人提供服务。

勃兰特问我是否愿意写一封这样的信，于是，我决定把信写给我 11 岁的女儿克利奥。我不知道该从何写起，于是她提示我说："如果无法当面告诉女儿，你想给她留下什么话呢？"然后那些我没有想过要说的话就开始涌了出来。她不停地问我问题。我感到喉咙发紧，好几次不得不停下来。结束以后，她花了 10 分钟整理笔记，并以信的形式读给我听。信是这样写的：

> 克利奥：
> 你是一个非常坚强、不怕任何挫折的孩子。在你的生命中，有时可能会受到各种挑战。你可能会觉得全世界都在考验你、怀疑你，别人看待你的方式也与你对自己的看法不同。但是你要记住一点：你是无所不能的。
> 如果你能把世界看成是一扇扇敞开的门，而不是紧闭的大门，那就没有什么是你做不到的。
> 我从我的母亲那里学到了勇敢，她的眼里从来没有"不能"这个

词。这是一种母女相传的"疯劲"。只要你用心去寻找，生活的艺术无处不在。你的曾祖母波拉随便拿起一块奇形怪状的黏土，就可以将之塑造成形，赋予灵魂。我相信，你会把这个精神发扬光大。

当我还是个孩子的时候，常常有一种被人追赶的恐惧感，你可能也有过同样的恐惧。这种恐惧是有价值的，因为我们的时间不是无限的。从某种程度上来说，我们都在被死亡追赶，而且我们的一生只有非常有限的时间，所以尽你所能做你想做的事情吧。

有时候我觉得，我们家有很多矛盾。我很担心……担心没有给你做好榜样，没有给你营造一个充满爱的家庭氛围。我希望你知道你父亲和我有多么爱你。

克利奥，我们生活在浩瀚宇宙中的一个蓝色的"小弹珠"上。哪怕生活让你感到疲惫不堪，也要抬起头来向上看，要记住我们只是世界万物中很渺小的一部分。

生活真的是一场宏大的实验，我相信你已经准备好了。

爱你的妈妈

我把信打印出来，折叠好，塞进我和丈夫保存遗嘱和信托的文件夹里。当我确信这封信会在那里等着女儿去发现时，我感到心里轻松了很多，不过她很可能会先在本书中读到它。我很好奇，当我离死亡越来越近的时候，写给孩子的信将会发生怎样的变化。你可能总是觉得，还没到需要去讲述你的人生故事，让别人知道他们对你有多重要的时候，直到某一天你突然发现，已经太晚了。

你也可以自己做这件事。不过，与其拿起一张白纸，满怀期待地坐下来写，不如试着用你习惯的，没有压力的方式来写点什么。比如给自己发电子邮件或短信，然后打印出来。你要回答的问题是：我想让他们知道什么？你可以现在就把信交给你的亲人，或者将这封信和你的遗嘱以及其他重要的文件放在一起，或者委托一个朋友在你离世后将信交给你的亲人们。

留下一份道德遗嘱

我们都知道遗嘱在法律意义上的作用，对吧？那么道德遗嘱又是什么呢？这是一种把非物质的东西传递给你的亲人的方式，比如你的人生教训和价值观。

道德遗嘱是对遗嘱的补充，而不是替代。《道德遗嘱：把你的价值观写在纸上》（*Ethical Wills: put your values on Paper*）一书的作者巴里·贝恩斯（Barry Baines）博士是双子城一家安宁疗护医院的医疗总监，他说："我喜欢把道德遗嘱称为具有价值的物品之外的价值观念。"道德遗嘱可以解释为什么你在法律遗嘱中做出的某些选择：为什么你把车给了最小的女儿，因为其他的孩子已经有了一辆车。此外，设立道德遗嘱的过程对你自身也有好处。贝恩斯发现，在完成一份道德遗嘱后，77% 的患者感觉他们的情绪健康获得了改善，85% 的患者感觉他们的身体健康获得了改善。他们觉得自己与亲人的关系更深入了，感觉自己变得更加积极，还觉得生活有了更多的目标。

苏珊·特恩布尔的工作是帮助人们准备道德遗嘱。她的一位客户拥有一处奢华的房产，希望能传给他身后的好几代人。他想在自己的道德遗嘱中讲述他的祖先移民的故事。他写道："当你 25 岁的时候，会从我这里得到一些钱，你要知道钱是从哪里来的，那才是真正的财富。"他希望自己的子孙能够理解那些驱使他坚持不懈并获得财富的价值观。

小贴士

道德遗嘱已有 3 500 多年的历史。据说历史上第一个道德遗嘱是雅各①口述给儿子们的，后来还载入了《圣经·旧约》之中。

要记住，立一份道德遗嘱并不是什么难事。它可以包括一些你已经在做的

---

① 雅各（Jacob）：西庇太的儿子，使徒约翰之兄，当时被称为"大雅各"。是第一位殉道的使徒。——编者注

事情，比如收集你喜欢的名言警句。下面有一些小技巧可以让这个过程变得更简单。

从自问价值观和信仰开始。我做了什么来践行我的价值观？我从祖父母、父母、配偶和孩子身上学到了什么？我对什么心存感激？我对未来的希望是什么？我从生活中学到了什么人生教训？对我来说，关爱家人意味着什么？我从祖先那里承袭的价值观是什么？

决定你要留下的道德遗嘱的形式。使用你的手机或电脑是可以的，但要确保数据的安全。不要让遗嘱的载体像磁带一样在未来被淘汰，最好留下一个打印的版本。

阅读一些别人的道德遗嘱，作为学习案例。贝恩斯博士的网站"纪念逝者"（Celebration of Life）上就有不少。

最 / 好 / 的 / 告 / 别

你曾来过这世间。即使你从不写信，身上没有特别的故事，未创立奖学金，甚至身无分文，你也会因为某些事情而为人所铭记。你的个人遗产可能仅仅取决于你和别人的互动和交流。我们遇到过的一些人，他们留下了丰富的遗产，却没有任何事物被记在他们名下，只留下了他们自身和别人都曾汲取过的仁爱之井。

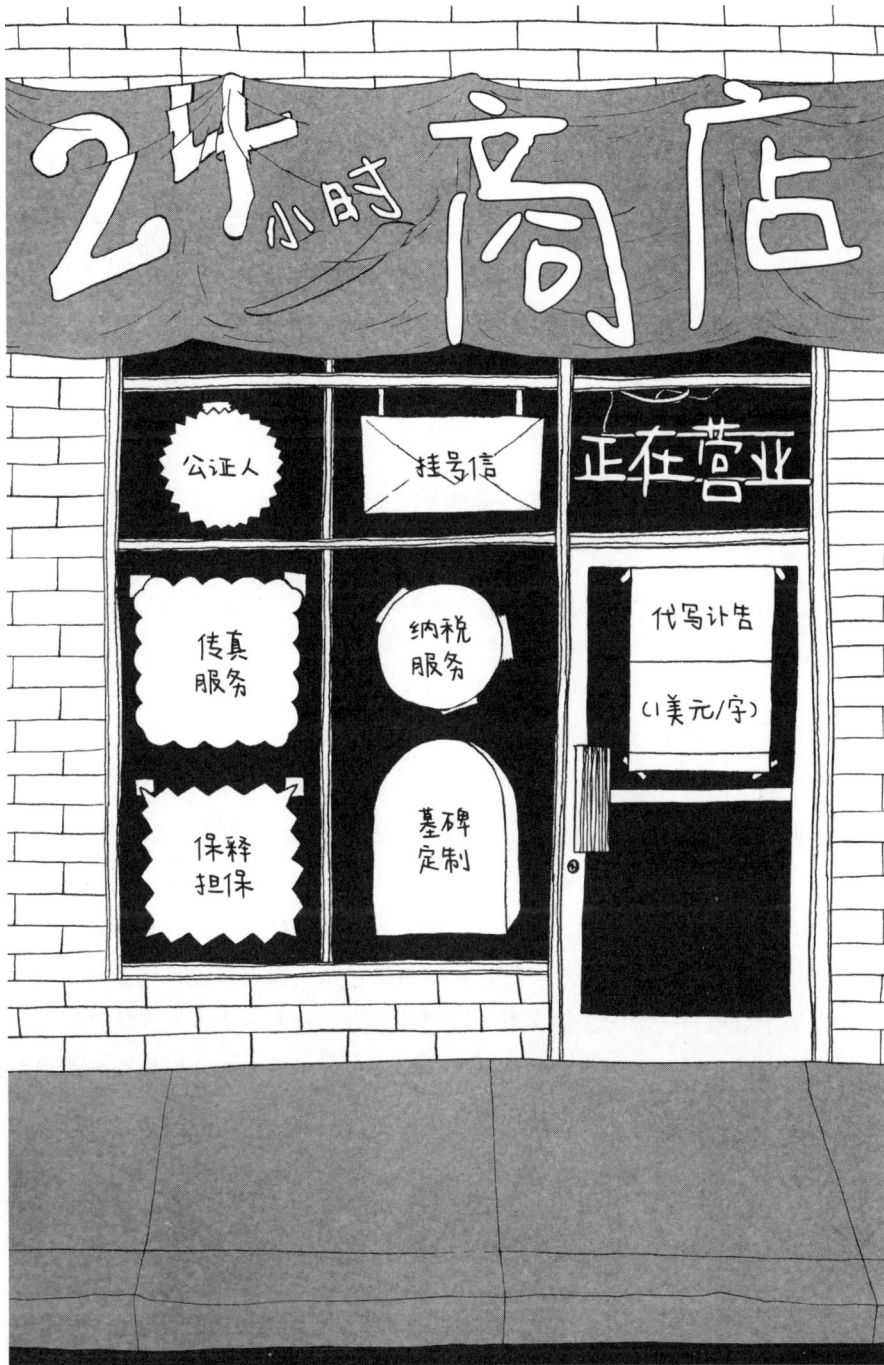

第 3 章

少不了的文书工作

如何准备遗嘱和信托；
哪些需要放进你的"待我离世后"文件夹中；
选择一个人管理你的医疗和财务计划。

死亡，是需要做一些文书工作的。

我们希望你已经找到一种快速而明确地制订临终计划的方法。但事实是，无论在个人感觉上还是在实际操作中，这都很难做到。从情感上来说，接受自己即将面临一系列生死抉择，设想自己到时候有什么样的感觉，并明确表达自己那时将需要些什么，并不是一件轻松的事情。从实操上来说，你需要使用晦涩的专业术语填写一堆的法律文书，同时还得有一些专业人员在现场见证，以确保文书合法有效。虽然我们并不能让这个过程变得更轻松，但是至少可以把这些文书条目阐述清楚，告诉你需要面对的是什么。

你要记住填写这些表格是有用的，也是有好处的。这个填写表格的过程会引导你去处理那些重要的事情，并且给你一个行使控制权的机会。当生活脱离掌控的时候，这是让生活重回正轨的方法。做好这些文书工作可以很好地捍卫你自身的意愿，也能让你的继承人在你离去时，过得更轻松一些。下面这些文书可以帮助你明确自己在生命结束时想要什么。

- 预立医疗指示。
- 持续性财务代理权文书。
- 遗嘱。
- 可撤销的生前信托。

所有这些文书都是为了记录一些重要的谈话内容。但是文书并不能取代你与医生和亲人进行的讨论。而你的亲人基于对你的个性和信仰的全面了解，可以更好地表达你的意愿，胜过任何制式文件。总的来说，随着时间的推移，你的健康状况发生变化，你需要参与一系列的谈话，并留下相应的文书。在生命的不同阶段，你可能会对这些文书的部分或者全部细节有不同的想法，所以还可能会有很多次修改。

预立医疗指示 [①]

这是一份法律文件，记录了你自己提前做出的医疗护理决策，以备你处于重病晚期无法自己做决定。当你无法自主思考和表达时，这份文件能够用来指导你未来的医疗护理。

---

① 我国目前处于预立医疗指示推广的发展阶段，国内学者结合国外的相关经验，基于我国文化下的个体需求探索实施它们的发展路径，以不断推动和完善我国预立医疗指示的发展。该部分涉及我国预立医疗指示的相关内容由泰康生命关怀事业部提供。——编者注

预立医疗指示中的医疗问题

有一些预立医疗指示文件会让你回答一些关于你想不想要接受某种专业医疗干预措施的具体问题。

当死亡迫在眉睫时，你希望医生给你装上生命维持系统吗？比如呼吸机。当你失去生命体征时，你是否希望医生尝试对你进行抢救？还是你更愿意顺应生老病死的自然规律，并让所有医疗专业服务都用来确保你的舒适？这些都是沉重的问题，而且会给你和家人带来一系列后果。除非你绝对确定自己的选择，不然这些问题都是根据具体情况而定的。你需要和医生详细讨论，并且随着你的健康状况的变化而进行调整。《我的 5 个愿望》使得上述问题迎刃而解。

《我的 5 个愿望》最终版本由北京生前预嘱推广协会根据中国法律环境和使用者的特点做出修改后形成。它是一份容易填写的表格文件。当你因为伤病或年老无法对自己的医疗问题做出决定的时候，它能帮你明确表达一些重要的医疗意见。

愿望 1：我要或不要医疗服务，要哪些医疗服务。 当我不能为自己的医疗问题做决定时，我希望以下这些愿望得到尊重和实行。(请勾选，可复选)

- ☐ 我不要疼痛。希望医生按照世界卫生组织的有关指引给我足够的药物解除或减轻我的疼痛，即使这会影响我的神智，让我处在朦胧或睡眠状态。
- ☐ 我不要任何形式的痛苦，如呕吐、痉挛、抽搐、谵妄、恐惧或者有幻觉等，希望医生和护士尽力帮助我保持舒适。

□ 我不要任何增加痛苦的治疗和检查，如放疗、化疗、手术探查等，即使医生和护士认为这可能对明确诊断和改善症状有好处。

□ 我希望在被治疗和护理时个人隐私得到充分保护。

□ 我希望所有时间里身体保持洁净无气味。

□ 我希望定期给我剪指甲、理发、剃须和刷牙。

□ 我希望我的床保持干爽洁净，如果它被污染了，请尽可能快速更换。

□ 我希望给我的食物和饮水总是干净和温暖的。

□ 我希望在有人需要和法律允许的情况下捐赠我的有用器官和组织。

（如以上内容不能表达您全部的愿望，请在以下空白中用文字补充或进一步说明。如果没有，可空着不填。）

愿望 2：我希望使用或不使用生命支持治疗。 当我的存活毫无质量，生命支持治疗只能延长我的死亡过程时，我要谨慎考虑我是否使用它。当我要求不使用生命支持治疗时它只包括：（请勾选，可复选）

□ 放弃心肺复苏术。

□ 放弃使用呼吸机。

□ 放弃使用喂食管。

□ 放弃输血。

□ 放弃使用昂贵的抗生素。

以下是在 3 种具体情况下我对要或不要生命支持治疗（我已经在上面规范了它的范围）的选择。

a. 生命末期。如果我的医生和另一位医疗专家都判定我已经进入生命末期（生命末期是指因病或因伤造成的，按合理的医学判断不管使用何种医疗措施，死亡来临时间不会超过 6 个月的情况），而生命支持治疗的作用只是推迟我死亡的时间。(请勾选，不可复选)

> ☐ 我要生命支持治疗。
> ☐ 我不要生命支持治疗，如果它已经开始，我要求停止它。
> ☐ 如果医生相信生命支持治疗能缓解我的痛苦，我要它，
> 　 但要求我的医生在认为对我已经没有缓解痛苦作用时停
> 　 用它。

b. 不可逆转的昏迷状态。如果我的医生和另一位医疗专家都判定我已经昏迷且按合理的医学判断没有改善或恢复的可能，而生命支持治疗的作用只是推迟我死亡的时间。(请勾选，不可复选)

> ☐ 我要生命支持治疗。
> ☐ 我不要生命支持治疗，如果它已经开始，我要求停止它。
> ☐ 如果医生相信生命支持治疗能缓解我的痛苦，我要它，
> 　 但要求我的医生在认为对我已经没有缓解痛苦作用时停
> 　 用它。

c. 持续植物状态。如果我的医生和另一位医疗专家都判定我由于永久严重的脑损害而处于持续植物状态，且按合理的医学判断没有改善或恢复的可能，而生命支持治疗的作用只是推迟我的死亡时间。(请勾选，不可复选)

> ☐ 我要生命支持治疗。
> ☐ 我不要生命支持治疗，如果它已经开始，我要求停止它。

☐ 如果医生相信生命支持治疗能缓解我的痛苦，我要它，但要求我的医生在认为对我已经没有缓解痛苦作用时停用它。

（如以上内容不能表达您全部的愿望，请在以下空白中用文字补充或进一步说明。如果没有，可空着不填。）

愿望 3：我希望别人怎样对待我。我理解我的家人、医生、朋友和其他相关人士可能由于某些原因不能完全实现我写在这里的愿望，但我希望他们至少知道这些有关精神和情感的愿望对我来说也很重要。（请勾选，可复选）

☐ 我希望当我在疾病或年老的情况下对我周围的人表示恶意、伤害或做出任何不雅行为的时候被他们原谅。

☐ 我希望尽可能有人陪伴，尽管我可能看不见、听不见，也不能感受到任何接触。

☐ 我希望有我喜欢的图画或照片挂在病房接近我床的地方。

☐ 我希望尽可能多地接受志愿者服务。

☐ 我希望任何时候不被志愿者打扰。

☐ 我希望尽可能在家里去世。

☐ 我希望临终时有我喜欢的音乐陪伴。

☐ 我希望临终时身旁有人陪伴。

☐ 我希望临终时有我指定的宗教仪式。

☐ 我希望在任何时候不要为我举行任何宗教仪式。

（如以上内容不能表达您全部的愿望，请在以下空白中用文字补充或进一步说明。如果没有，可空着不填。）

愿望 4：我想让我的家人和朋友知道什么。请家人和朋友平静对待我的死亡，这是每个人都必须经历的生命过程和自然规律。你们这样做可使我的最后日子变得有意义。（请勾选，可复选）

☐ 我希望我的家人和朋友知道我对他们的关切至死不渝。

☐ 我希望我的家人和朋友在我死后能尽快恢复正常生活。

☐ 我希望丧事从简。

☐ 我希望不开追悼会。

☐ 我希望我的追悼会只通知家人和好友（可在下面写出他们的名字）。

（如以上内容不能表达您全部的愿望，请在以下空白中用文字补充或进一步说明。如果没有，可空着不填。）

愿望 5：我希望谁帮助我。我理解我在这份文件中表达的愿望暂时没有现行法律保护它们必然实现，但我还是希望更多人在理解和尊重的前提下帮我实现它们。我以我生命的名义感谢所有帮助我的人。

我还要在下面选出至少一个在我不能为自己做决定的时候帮助我的人。之所以这样做，是我要在他 / 她或他们的见证下签署这份《我的 5 个愿望》，以证明我的郑重和真诚。建议选择至少一位非常了解和关心你，能做出比较困难决定的成年亲属做能帮助你的人。关系良好的配偶或直系亲属通常是合适人选。因为他们最适合站在你的立场上表达意见并能获得医务人员的认可和配合。如果能同时选出两个这样的人当然更好。

他们应该离你不太远，这样当你需要他们的时候他们能在场，无论你选择谁成为能帮助你的人，请确认你和他们充分谈论了你的愿望，而他或她尊重并同意履行它们。你在由你选定的能帮助你的人的见证下签署下面这份文件。

　　我申明，在这份表格中表达的愿望在以下两种情况同时发生时才能被由我选定的能帮助我的人引用。①我的主治医生判断我无法再做医疗决定；②另一位医学专家也认为这是事实。

　　如果本文件中某些愿望确实无法实现，我希望其他愿望仍然能被不受影响地执行。

　　被我选定的能帮助我并作见证的两个人是：

　　见证人 1：

　　姓名　　　与我的关系　　　电话　　　　　地址

　　见证人 2：

　　姓名　　　与我的关系　　　电话　　　　　地址

　　　　　　　　　　　　　　　签署人确认　　　日期

如果你没有准备预立医疗指示文书

　　如果你没有选择医疗代理人，而又遇到丧失决定能力的情况，医生们一般会听从家属的建议，或者自行决策。在一些复杂或者有争议的情况下，则由法律来决定谁是决策人。

　　如果你发现自己不具备选择医疗代理人的条件，或者没有可以信任的、能够替你做决策的人选，那么你就应该和医生好好讨论一下你的临终意愿，并且确保医生记录了下来，或者存入了你的电子档案。

如果得了阿尔茨海默病或痴呆症

　　你有权利告诉你的医疗代理人，并记录下来：如果你将来得了阿尔茨海默病或痴呆症的话，你希望自己能够接受什么样的照护和治疗。

你也许会说："如果我因为患有阿尔茨海默病或者其他认知障碍病症（尽量具体一点，以免引起误会），使我没办法对自己的健康做决定的时候，请不要给我任何治疗或者药物，比如抗生素之类的。如果我生病了，只要保证我没有疼痛，身体舒适就好。请不要强迫我进食、喝东西。我不想因为条件反射导致的张嘴，被解读为'同意被喂食'。"

这段话听起来可能有一点倾向性，事实上也确实如此。因为我在医院工作的那些年，看到过太多患者眼神里充满痛苦，他们的身体器官已经破碎不堪，无法修复。他们不知道自己在哪里，也不知道身上发生了什么。但我们仍然为了履行医护职责来回折腾他们。从他们的表情和我们的感受来看，我们的做法更像是一种虐待而不是一种治疗。

提前把临终意愿写下来，以防某一天患上阿尔茨海默病，这样做看起来似乎有些计划过度。但是如果你了解，世界上有 1/3 的老年人在死亡时患有阿尔茨海默病或者其他形式的认知障碍，而且其中许多人更是直接死于相关症状，你就会明白提前规划是很明智的。尽管有关研究正在不断进步，但我们目前还没有任何治疗方法可以缓解或者治愈阿尔茨海默病。正因为如此，对大多数人而言，在认知障碍病症的最后阶段，最好的做法就是不要对即将死去的人做过多的无谓的干预，确保他们舒适才是最重要的。

你和家人还可以做这样的声明：只要你感觉舒适，有一个安全的环境，并能够得到缓和医疗和安宁疗护，那么下次你身体出现问题时，就不要再把你送进医院了。所有这些内容都可以在预立医疗指示中做好规划。

写给照顾者

并不是所有人都渴望谈论自己生命的终结，如果在日常茶歇时，突然提起这个话题，对方可能会感觉猝不及防。有一种方法可以开启这类话题，那就是先提及某位已经去世的家人或者朋友，问问对方经历这样的事情时有什么样的感受。通常这时候我们能够更容易说出平时不愿提及的事情。

你也许可以这样说："还记得我们上次去重症监护病房看望简妮阿姨吗？她当时身上有 5 根管子，而且她好像都不知道自己身在何处。看着她那样真的很难受，不过也许那就是她想要的。你怎么觉得呢？如果你也病重了，你希望像她那样吗？"还有一种方法是利用节日聚餐的机会。你不必在像感恩节这种正餐场合提出来，也许可以等到正餐之后的甜点时间再说。如果这是一场全家参与的大讨论，那你就得事先和兄弟姐妹们沟通好，避免导致家庭不和。下面是一些可以参考的开场白：

- 不要以诸如"我们需要谈谈你快死的时候会需要什么"之类太过直接的话作为开场白，这样会让大家都不想说话导致冷场。试着让父母分享一个自己的人生故事。一旦开启回忆模式，话题就很容易转向关于价值观和临终意愿方面的讨论了。
- 你还可以用自己的临终意愿做引子："妈妈，我得告诉你，假如我遭遇一些意外事情，那时候可能会需要你为我做一些选择。这对我来说很重要。"首先分享你的想法，然后问父母有没有考虑过他们自身的临终意愿。

把你的文书放在安全、显眼的地方

当你完成记录临终意愿的艰难工作后，要确保你的文书不会被放在某个盒子里，搁在高高的架子上。这种地方没人能找得到。你可以参考以下操作。

其一，将填好的表格复印，或者把表格的电子版发邮件给你的医疗代理人和其他家庭成员，以及你的所有医生。大多数情况下，你的医生及其所在医院使用的电子医疗系统都可以上传你的文书，并将其加入你的医疗档案中。

其二，在遗嘱库相关机构注册登记，并把文件存储在共享的云端。这样人们可以在任何地方通过网络获得这份文件。

持续性财务代理权文书

如果你失去行为能力，你可能会需要有人来管理你的财务。这个人将为你签发支票和其他的财务文件，并为你支付账单，所以要确保他是你信任的人，而且最好是对财务问题有着敏锐嗅觉的人。你的代理人有权在你活着的时候支配你的财物，但前提是你丧失了表达和行为能力。

你可能会觉得把所有的账户都交给别人是一件很恐怖的事情。这确实很难想象，也不是一个小的决定。你是否有朋友或者家人平时很认真负责地打理自己的财务，甚至本人就是银行从业人员或者会计师呢？去找他们咨询！

遗嘱

遗嘱是关于如何处置你的资产的说明，也就是谁会获得你的什么东西，以及何时获得。如果你拥有什么东西，遗嘱就很重要。但是你只能在遗嘱里分配那些只属于你一个人的东西。如果某项资产是你和伴侣或者孩子共同拥有的，那么当你去世之后，它将自动转让给共同拥有者。你也可以在活着的时候，就签订一份离世后转让契约，把财产交给一个特定的受益者，即你所选择的个人或者组织。

一般来说，设立遗嘱没有设立信托那么复杂和昂贵（我们后面再讨论信托）。在遗嘱中，你会指定一个人在你离世后为你处理遗嘱事务，即遗嘱的执行人。这个执行人会通知你健在的亲友，告知他们遗产的分配方式和对象。执行人在这个过程中可能需要做一些调查工作，所以你最好选择一个你信任的人来做这件事。此外，你还需要为 18 岁以下的孩子挑选监护人。

为什么遗嘱做不到万无一失

尽管遗嘱设置了很多保护措施，但是人类的行为是很难预测的。随着家庭状况的改变，可能会出现各种复杂的干扰因素。

虽然我们不能把所有意外的可能都列出来，但有一点是肯定的，每当家里有人将要离世时，总会有乱七八糟的事情冒出来。不管是在父母或者配偶的决定中感到被轻视的家人，还是积怨已久的亲戚之间，所以总免不了诉诸公堂。就算兄弟姐妹们都已年逾花甲，也并不意味他们童年的心理创伤已经痊愈。尤其是当人们感觉受到压迫或者悲痛不已的时候，这些已经结痂的伤口就好像重新撕裂开来一样。因此，尽管设立遗嘱的目的是防止纠纷，但是即便最神圣权威的文书也无法迫使家人们团结一心，反而有可能会扩大分歧。一份欠妥的遗嘱也可能引发争端。

你是否遇到过这样的情况？你有一个相伴 20 多年的伴侣，而且你指望对方在你老了以后能够照顾你，但是你们并没有结婚。弗吉尼亚·帕默是一家律师事务所里从事遗产规划和信托的律师。她说，如果你没有结婚，没有把你的伴侣放在遗嘱或者信托里，也没有授予对方任何形式的受益权或者联合所有权，那么当你去世后，对方很可能会备受冷落。帕默在 35 年的职业生涯中只遇到过一个案例，是死者的家属遵从其临终前的心愿，同意赡养死者的女友。

你也许会觉得你的孩子是世界上最慷慨、最周到的人，但是当他们付清了你的所有账单后，可能并不想分遗产给别人，并且会辩解说："如果爸爸真的想要保护你，他就会把你放在遗产规划里。"以下是一些需要注意的事项。

姻亲。主导遗嘱协商的通常不是身为血亲的兄弟姐妹，而是他们的配偶姻亲。得克萨斯州布伦汉姆市的房地产律师劳拉·厄普丘奇表示："如果我的委托人有 4 个关系融洽的孩子，若他们的配偶能置身事外，那么我可以很快就完成房地产的调解和分配。但是一旦他们的配偶参与进来，所有的调解都会土崩瓦解。无数案例都是如此。"

混合家庭。如果你结过两次婚，有两个不同家庭的孩子，做决定的过程就会发生变化。假如你选择第一段婚姻中的孩子作为遗嘱的执行人，就会看起来有所偏袒。

若涉及混合家庭，有同父异母和同母异父的兄弟姐妹时，父母可以选择遗嘱的主要执行人、第二执行人和第三执行人，这样就不会有人觉得自己被完全隔绝在外。你也可以选择给孩子们分配不同的角色：一个负责管理财务，一个选作你的医疗代理人，还有一个做你遗嘱的执行人。你可以直言不讳地向他们解释为什么你会给他们分配这些角色，比如吉娜擅长理财，查克知道如何与医生打交道等，或者你也可以立一份道德遗嘱。

话虽如此，即使你平等地分配任务，也不能证明你平等地爱每一个人，尤其是当你多年以来表现并非如此的时候。你的目标是要避免发生一场旷日持久的冲突，不管是在你临终之时还是离世之后。只有你自己知道怎样才能更好地实现这一目标。

和孩子们谈谈你的遗嘱

你可以提前和孩子们聊一聊，你在遗嘱里做出了怎样的决定。你还可以给他们写信来解释原因。即便他们不同意你的决定，这也是你所能做的最真诚，也最能传达爱意的事。如果你的孩子们知道接下来会发生什么，他们就不会太过于惊讶。他们可以有所准备，问你一些问题，并坦然接受结果。如果不满意，他们至少可以向你直接表达，而不是之后和兄弟姐妹们对簿公堂。如果你觉得这将是一场艰难的谈话，你可以不用谈论遗产分配的具体细节，但至少要告诉他们遗嘱分配背后的原则，这样他们就能够理解你这么做的原因。

凯伦·M.斯托克马尔是宾夕法尼亚州伯温市一家律师事务所的房地产律师，她的一位客户就遇到过这样的问题。这位客户再婚已经 25 年，是家里的顶梁柱。他的妻子在之前的婚姻中有已经成年的孩子，他自己也有两个来自第一段婚姻的孩子。他将把遗产分给他的两个孩子和第二任妻子。他指定了第一段婚姻中的儿子作为遗嘱执行人，并且和他的孩子们一起讨论了他的计划。

家里所有人都对遗嘱内容知根知底，直到他被确诊为一种晚期疾病。就在这个时候，他和现任妻子修改了遗嘱。他的现任妻子成了联合执行人，并且将分得更多的遗产。而他并没有告诉自己的孩子。当他去世后，他的孩子们哀痛地聚在一起，去查看遗嘱。结果这时他的现任妻子告诉孩子们："哦！那不是正确的遗嘱了，我们已经修改过了。"他的孩子们很生气，起诉了他们的继母，

一份遗嘱是怎么组成的？

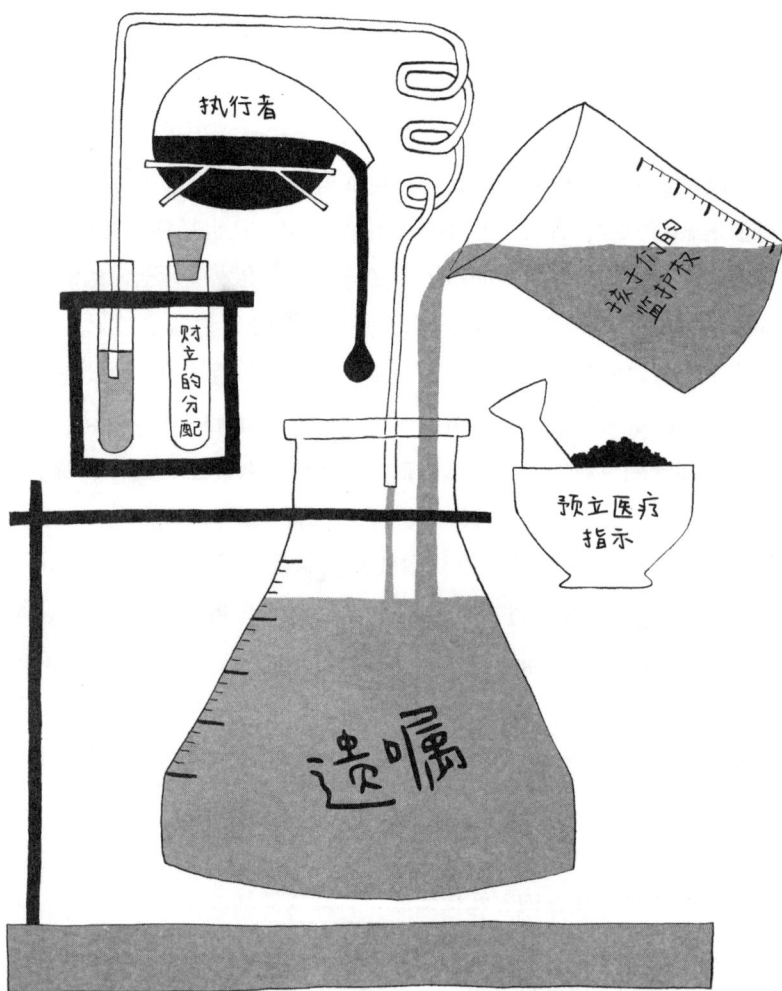

执行者

财产的分配

抚养孩子们的监护权

预立医疗指示

遗嘱

人们往往会混淆遗嘱和信托。最好能和懂行的人聊一聊，了解不同文书的法律效力，以便做出正确的选择。

声称他们的父亲当时并没有足够的心智能力做出决定，是他的现任妻子操纵他修改了遗嘱。如果他们的父亲能在死前和孩子们聊一聊这件事的话，他们和继母之间也许会有一些折衷的余地。但是他们的父亲没有那样做，这感觉就像遭遇了逝者的背叛。

为人父母的责任是终身的。如果你做了一些孩子们不喜欢的改变，想让他们理解你确实不容易。但是，坦白告诉他们实情仍然是你作为父母的责任。无论孩子们多大年纪，他们总是把自己当成你的孩子，和你在一起时，就会希望你永远承担"大人"的角色。如果你能做到坦诚相待，那么就让孩子们决定他们是否愿意接受这个改变。但是有一点可以肯定，如果你欺骗了他们，又离开了人世，让他们自己来处理，那就多半没那么容易得到原谅。

雇用律师

如果你想同时处理好你的遗产规划和其他生前预立文书，例如遗嘱、生前信托、预立医疗指示、持续性授权书等，我们强烈建议你找个律师。要想制定合适的规划，花费并不便宜。但是如果你不提前做好这些文书工作，等你离世后，家人往往会付出更大的代价。

可撤销的生前信托 ①

生前信托是用来处置你的资产如银行账户、房产等的一种法律文书。这些资产在你活着的时候属于你。在你离世后，你所选择的代理人，又称继承受托人，如家人、朋友或者律师会将这些资产转移给你的受益人如配偶或孩子。

---

① 由于各国生前信托和遗嘱相关机制不尽相同，我们增加了部分中国生前信托和遗嘱的相关内容，供读者了解。增设内容均由泰康生命事业关怀部提供。——编者注

因此，一份信托往往涉及三方：你、管理你资产的受托人，以及受益人。受益人会成为你资产的新一任所有者。信托是"可撤销的"，也就是说只要你意识清醒，就可以在任何时候以任何理由改变信托。一旦你死亡，信托就无法撤销。

生前信托与遗嘱

关于你是需要生前信托、遗嘱，还是两者都需要，我们也希望能够给你一个明确清楚的答案。但麻烦的是，这取决于你财产的多少，以及你所在地的法律规定。如果你有一处单独所有的房产，此外还有其他重要财产，那么最好同时准备生前信托和遗嘱。虽然处理遗产方面信托似乎比遗嘱效率更高，但是遗嘱具有一些信托所不具备的重要作用。例如，你有未成年的孩子，想要为他们指定一个监护人。如果你在孩子们满 18 岁之前去世的话，监护人可以照顾他们。在很多地方，你必须通过遗嘱规定这类事项。

如果你的财产不多，也不复杂，你可能会想要省掉准备生前信托的费用。任何共同拥有的财产如果所有权在你和配偶或者孩子的名下，将在你离世后自动转移给另一个所有者。但是如果你有一个以上的孩子，可能还是需要信托，来保证他们都成为受益人。

小贴士

人寿保险、养老保险或者个人退休账户，一般都会写明死后自动转让给受益人。

为你的信托注资

在中国，信托的发展时间还不太长。从第一单家族信托出现，距今不过十余年的时间。但在 2018 年之后，信托已开始逐步被越来越多的高净值人士所关注和使用。

如果你在中国做信托，同样能保证你的资产可以更加快捷高效地转移到受益人的账户中。与美国类似，中国也有着一整套完善的遗产继承程序，这套程序需要所有继承人一起办理，且需准备好繁琐而复杂的法律文件，一旦出现继承人的纠纷，还需要通过司法程序来处理，让财产转移面临更加不可控的局面。而信托可以简化上述手续，让你的受益人更方便地获得资产。

当你准备在中国成立信托时，也需要借助专业人士的力量。但除了找律师，更常见的情形是，你可以找一家金融机构，比如银行、保险公司、信托公司，来帮你处理相关事务。相较于律师事务所，中国的金融机构客户数量更多，资金管理能力更强，且具有稀缺的受托人资质（这方面与美国不同），是大家做信托的主要选择。

在中国做信托，你同样也要考虑把哪些资产转入其中。如果你计划转入的是现金和保单，那么你只需要找对应的金融机构，向信托账户打款，或者完成保单的变更手续就可以。但如果你计划转入其他类型的资产，比如房产和股权，则需要先经过受托人的评估，且手续会比较复杂。另外一点需要注意的是，你在中国以外的资金和资产，是没法转入在中国成立的信托的。

提早为自己安排生前契约

前面说到可以作生前信托为自己的财产作分配，或是利用保险分担部分医疗费用与照护费用，但事实上，关于身后事也是一笔不容小觑的支出，却往往被忽视。特别是在当事人没有任何安排的情况下，子女或是配偶是很难在面对亲人死亡时还有心力去思考关于非常琐碎繁杂的殡葬相关事务，结果往往不尽如人意。而生前契约有如下优势：

- 为自己做决定跟安排，由自己选择想要离去的方式。

- 让子女或另一半知道自己倾向的殡葬安排。

- 提前将费用专门准备，避免遭遇无预期的支出或浪费。

- 可挑选专业服务公司，减少操办人的繁琐压力与事务。

- 自己的意愿不会被变更，会有专业服务公司案合同约定提供指定
  服务。

中国的父母总是会替子女操心，不愿他们承担太多经济压力与心理悲伤，若有生前契约，则除了有专业服务公司负责操办后事，让子女省心之外，也能提供相当程度的心灵抚慰，更因为提前安排了费用，不会产生无预期的或额外的支出。如果是丁克族，或是不愿意麻烦他人的人，更能通过生前契约减少很多纠纷。

每年报税时趁机回顾一下文书

确立遗嘱和生前信托都不是一劳永逸的事情。在每年报税的时候趁机回顾一下文书，是个比较好的办法。如果相关文书不符合最新情况，就要立即进行更改。比如你把老房子卖了，买了一套公寓，而你的遗嘱里写的是老房子，这就会产生复杂的问题，导致需要法院介入解决。还有，不要忘记在你又生了孩子，或者因为结婚有了继子女的时候，更新一下受益人名单。

将文件集中放置

缓和治疗医师伊拉·毕奥格的母亲露丝突然去世了，他和妹妹在母亲厨房旁边的柜台上发现了一个小小的文件盒。在这个小盒子里，母亲细致地收纳了各类文件、账号、未完成的交易，以及办理后事和分配遗产所需的其他所有东西。在母亲去世后的情绪动荡时期，这对他们来说是一份不可思议的礼物。伊拉和妹妹都觉得妈妈好像从天上伸出了慈爱之手来帮助他们。毕奥格说："这

不是洞察生死的佛教智慧，而是一位犹太母亲对她孩子的爱。"把所有的文件都放在一起，可以方便着手后事，节省亲人的时间和金钱，避免他们经受不必要的痛苦。

在"待我离世后"的文件夹里需要放些什么：

- ☐ 已签署的预立医疗指示（必要情况下也可进行公证）
- ☐ 律师及会计师的联系方式
- ☐ 出生证明
- ☐ 遗嘱及生前信托（附信托证明）
- ☐ 持续性财务代理权文书
- ☐ 人寿保险单及代理人姓名和联络资料
- ☐ 服役证明
- ☐ 银行账户及保险箱资料
- ☐ 投资信息
- ☐ 不动产文书及契约
- ☐ 债务人资料（信用卡、贷款、会费）
- ☐ 驾驶证及社会保障卡（或号码）复印件
- ☐ 结婚或离婚证明
- ☐ 家中保险箱的位置及密码
- ☐ 税务信息
- ☐ 手机、电脑、电子邮件和社交媒体的密码（我们建议使用在线密码管理器保存所有密码，将主密码分享给你信任的人，然后在程序中指定允许访问的紧急联系人）
- ☐ 留给所爱之人的信

什么时候该重新检查
你的预立医疗指示文书

买卖房产

成年

生小孩

结婚或离婚

退休

生病

养成定期检查相关文书的习惯，以确保文书仍然能代表你的意愿，且符合目前的情况。

□　丧葬计划书及丧葬保险

□　关于葬礼和遗体处理的说明

□　有用的家庭资料：车钥匙位置、大门密码、藏钥匙的位
置和车库开门器

最 / 好 / 的 / 告 / 别

　　把你的临终计划付诸书面，需要投入很多时间和精力，但是完成以后你会感到一身轻松，就好像你终于放下了随身携带多年的行李箱。虽然无法避免生命走进终点，但这是一个你可以控制的环节，决定权完全属于你。

整理好"待我离世后"文件夹

你的至亲之人知道你的账号和密码吗？把你的文件放在一起，方便他们找到。

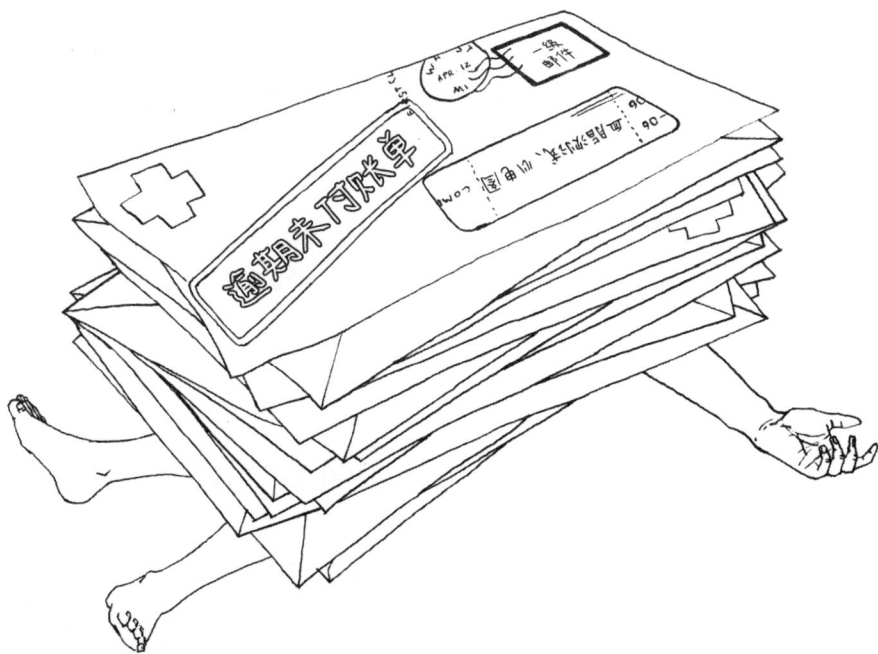

第 4 章

我死得起吗^①

生命结束时的花费；
债务怎么办；
长期护理保险和医疗补助。

我们来谈谈钱的问题。

身患绝症可能会花费一大笔钱。即使你已经存了很多钱，有了顶级的医疗保险，账单也会越堆越多。反复接受手术、在医院里休养好几个星期、去做康复训练，这些都比选择在家里接受医疗支持、控制病情症状的处理方式要昂贵得多。当然，没有人愿意在选择治疗方式时受到预算的限制。而且在涉及健康的情况下，也很难说有什么"选择"。但是你所有的医疗保健决定，不管是不是大动干戈，都要有经济上的支持。所以你还是得和保险公司讨论费用划分，弄清楚哪些是保险可以报销的，哪些是需要个人自付的。

---

① 由于各国医疗保险相关机制不尽相同，我们增加了部分中国医疗保险获取途经及长期护理保险相关信息，供读者了解。增设内容均由泰康生命事业关怀部提供。——编者注

祸兮福所倚，福兮祸所伏。我们要么因为钱太多而没有资格申请保障服务（如医疗补助），要么因为钱太少而无法维持生活。虽然无法预测你最终需要支付多少医疗费用，但如果你早点开始了解相关事项，你就可以在花销激增之前做好准备。第一个障碍是弄清楚哪些项目是保险报销范围内的，而哪些不是。

医疗保险会报销哪些费用

这个问题的前提是你一开始就有保险，而实际上很多人都没有保险。如果你突然发现自己得了重病，没有保险就会成为一个很大的问题。即使你决定不去接受治疗，哪怕只是为了得到一个诊断结果而去做检查和看病也要花费巨大的医疗费用。

如何获得医疗保险

首先可以选择保险公司保险代理人，其次是保险经纪人，第三就是互联网保险。保险代理人更适合高净值客户，保险经纪人更适合中产阶级和白领，互联网保险则更适合一些喜欢自己去研究和对比以及喜欢上网冲浪的年轻人，但是这都不是一概而论的。还有就是通过私立医院、健康管理中心和体检中心，这些地方也会有专门推荐医疗保险的渠道。比如私立医院的一些保险的专属柜台，以及体检机构的一些后续的对接健康管理部门，都是我们比较容易了解及购买医疗保险的渠道。

一开始你就要弄清楚你的保险报销范围有哪些，这一点很重要。即使你有一份高端医疗保险，也不意味着就能报销所有的高额手术费用。如果你的保险公司认为这种治疗方式在医学上是非必要的，或者这种治疗方式太倾向于"试验"，他们可能会裁定不报销或不把治疗费用计入你的免赔额。你想开的处方药或者想找的医学专家往往总是被保险排除在报销范围之外，或者需要你自付一部分极为高昂的费用。所以在采用任何新的治疗方式时，最好先咨询你的保险代表。有些医院会有专人负责替你咨询。这会让你现在就安心，而不是以后被账单吓晕。

隐性成本

除了那些医疗保险不报销的大额支出，还有一些在考虑整体财务状况时也要注意的日常开销。虽然其中很多都是零碎开支或日用品，开销也可能会迅速累积。以下是一些应该注意的隐性成本：

- 营养补充剂，有机和特色食品。
- 尿布、床垫、新床单。
- 助听器电池和其他自适应设备。
- "替代性"治疗方案，如顺势疗法、针灸、按摩等。
- 因缺勤而损失的工资。你自己的工资或你的主要看护人的工资可能会因为缺勤而被削减，甚至全部扣除。

如何支付医疗费用

让我们从一个最简单的方法开始：节约。对于一些人来说，现在开始可能有点晚了。但对那些还有时间的人来说，请尽可能多地为医疗相关的费用留出资金。以下是一些支付的方式：

医保。医保指的是社会医疗保险，是国民基础保障的重要组成部分。医保是国家给每一个公民的基本福利，也是最基础、最划算的医疗保障。每人每年只需缴费数百元，即可报销 60% ~ 90% 的医疗费用。中国政府承担了许多。在中国，大部分的公立医院都是跟医保挂钩的，一般的工薪阶层，以及农民都是有医保的，如新农合（农村合作医疗）。但是，医疗保险报销覆盖面广、门槛低，但水平相对不高。报销有起付线和封顶线，分自付自费；对于一些进口药，医保能报销的范围也相对有限。

商业医疗保险。它是对医保的一个非常好的补充，能够帮助做到看病、住院、手术等医疗费用的报销。一些高端医疗保险还可以覆盖到私立医院或者是三甲医院的特需和国际部，这是商业医疗保险的优势。它突破了医保的报销范围，比如医保报不了的那些自费药、靶向药，还有一些高端病房的使用费用，在商业医疗保险的高端医疗中都是可以报销的。

健康险，又称为重大疾病保险。它是医疗保险的另外一个补充，解决的是医疗费用以及康复费用，以及大病之后的收入损失的补偿。

对于一些富裕家庭，它还能够解决优质的高端医疗资源的问题，作为医疗保险的补充，做到了跟医疗保险非常好的结合。

长期护理保险（LTCI）

2016 年，中华人民共和国人力资源和社会保障部出台《关于开展长期护理保险制度试点指导意见》，探索建立以社会互助共济方式筹集资金，为长期失能人员的基本生活照料和与基本生活密切相关的医疗护理提供资金或服务保障的社会保险制度。

通过长期护理保险（简称"长护险"）制度来为人们提供保障。目前累计筹资达 760 亿元，累计支出超 400 亿元，参保人数达到了 1.4 亿人，累计享受长护险待遇人数为 160 万人。长护险推广情况如表 4-1 所示。

表 4-1 长护险推广情况

要素	基本内容
参保人群	城镇职工基本医疗保险和城乡居民基本医疗保险对象（暂不含学生、儿童）分步实施。2022 年先覆盖城镇职工
筹资规模	北京长护筹资规模约 40 亿元
保障对象	丧失基本生活自理能力持续 6 个月及以上，经评估认定为重度失能的参保人员
支付标准	以按天、按服务包为主进行支付，基金支付水平总体控制在 70% 左右
服务项目	医疗保障局暂定为 40 项，其中 26 项为基本生活照料服务，14 项为与基本生活密切相关的医疗护理

北京长护险试点情况：①历经石景山试点，北京长护险在未来两年全面推广，整体筹资规模约 40 亿元，长护服务规模约 15 亿元。②目前只保障重度失能人群，未来将逐步延展至中轻度失能人群。因为各个地区经济发展并不平衡，目前各地长护险服务内容差距比较大，但是整体上对于人们的居家养老给出了更好的支持。

最 / 好 / 的 / 告 / 别

当你看到高得吓人的医疗费用时，很可能觉得自己注定要破产了。即使你目前没有急需治疗的疾病，也有很多其他的事情可能掏空你的银行账户，比如住疗养院或者雇用保姆。不过希望还是有的。读完这一章，你已经在筹备临终事项的工作中遥遥领先了。如果你在为退休存钱，那么是时候把临终费用也算进去了。

第二部分

应对病痛

这一部分的内容涉及死亡从抽象走向现实的一段时期。这一时期的你可能会身患无法治愈的疾病，甚至会度日如年。我们将带你走过从接到诊断的那一刻，到跨越现实和情感上的挑战，最终下定决心制订治疗计划的全部过程。

医生们经常使用"护理目标"这个词来描述你的计划。但是我们希望你了解的，并不仅仅是决定要不要进行如第四轮化疗这类小事。在患病的整个过程中，你不得不做出很多选择。在做出这些决定时，你需要有坚实的原则作为基础。这个过程并非只是关乎治疗方式的细节安排，也与你的个人生活密切相关。

第 5 章
我病了

得到消息；
如何应对这一切带来的冲击；
与医生讨论预后情况①。

有时疾病来得很快。可能你正坐在一间小诊所里或躺在医院的病床上，然后医生开始说话了。也可能你接到了一通电话，然后天就塌了。不过更多的时候，情况是逐渐恶化的，你会先经历一系列的常规治疗，最后才意识到自己所面临的局面。

从"健康"到"病重"是一个过程。首先是得到患病的诊断，然后，在某个时刻，你会听到所患疾病无法治愈的消息。或者某个时刻你突然意识到自己已经不再想尝试去治愈疾病了。在这个过程中，你会经历惊慌失措、垂头丧气、接受现实、调整身心、了解状况的心理变化过程，并最终想出应对办法。但是现在，你得接受负面消息的洗礼，一次性经历上述全部过程。

---

① 预后情况是指疾病发生后，医生对疾病发展的病程和结局的预测。——译者注

得到消息

这感觉就像糟糕的迷幻体验

这些年来，我在我的患者和他们的家属脸上看到过各种怪异的表情，有困惑，有扭曲，有突然爆发的大哭，有猛地低头或抬头，也有惊人的平静或礼貌。在他们脸上，可以看到浅黄色、卡其色、绿色和红色的阴影。他们目光涣散、表情茫然，就好像有一个紧急关闭阀阻止了信息的流动，只有刚才听到的话在他们脑海里回荡。

60多岁的安德莉亚身材娇小，金发碧眼，这是她第三次被诊断患有癌症。最近，我们坐在诊所的小检查室里聊天。她回想着第一次听到坏消息的那一刻，说道："那时我的世界就垮塌了，再也回不到正常状态，感觉就像一次糟糕的迷幻体验，完全是不真实的。第二次听到后我还好，然后第三次听到就不行了。我无法理解听到的内容，也不知道如何处理。"

震惊之中

一个熟练的临床医生会多次陈述重要的信息，并要求你重复刚刚听到的内容，以增加你理解的概率。但即使你的医生尽心尽力，你的大脑也可能会扭曲事实，帮助你逃避那些你还没有准备好去面对的真相。这时候，奇怪的情绪和想法也会悄悄浮现。也许你会开始审视你的过去，寻找任何可能导致这一结果的原因，给自己一个理由。这是人类的一个老习惯：找一个责备对象。你也许会归咎于环境、生活的压力、父母的基因。你可能会想，也许是因为酗酒和抽烟吧。如果我当初多吃点西兰花、多爬爬楼梯就好了。又或者你曾经活得像模范标杆一样，做了所有"正确"的事情，现在却纳闷为什么自己会得病。

也许当你想通的时候，你会有一种极大的解脱感，至少明白了为什么会感觉不对劲。当然也许你什么感觉都没有，只有一片空虚。总而言之，你需要给你的思想和情绪一点时间，去与你目前的身体状况同步。

如何应对这一切带来的冲击

先过完今天

一旦医生告知完你的病情，他就会起身离开房间去找下一个患者。在理想情况下，你不会被迫离开，也不会被要求做太多事情。你处于一个脆弱的状态，你会希望自己能瞬间飞到其他任何地方，只要不在这里就好。但现在最好的做法可能就是什么都不做。如果你感觉身体不稳或者脑子转个不停，那就待在原地，打电话叫人来接你，或者让工作人员帮你打电话。问问能否找一个安静的地方坐下来休息。不夸张地说，听到这样的消息，无异于是一次创伤，所以要比照创伤的标准，寻求安慰与照护。草率决策是一种逃避方式。如果可以的话，不要做日后会后悔的事情。第一要务是感受、观察和倾听，试着让自己冷静下来。这里有一些建议。

要做的事

- 找一个你觉得舒适的地方，如公园、电影院、家里等，任何你觉得安全的地方都可以。
- 打电话给能够支持你的人。
- 尽情享受任何让你感觉熟悉和舒服的东西，如喝口啤酒，或者吃点冰激凌，或者两个都要。
- 如果你想上网了解更多关于你的疾病的信息，也不是不可以，但眼下最好还是抑制住这种欲望。你并不需要立刻就去了解每一个

确诊之日

要做的事

慰劳自己

打个电话

啤酒

冰激凌杯

公园散步

不要做的事

酒后驾车

广而告之

饲养老虎

FLUFFY

你所感受到的必须要做点什么的紧迫感只是一种"战斗或逃跑"的本能反应。这其实是你应该冷静下来的信号。寻求安慰是正确的，但是不要做一些日后会后悔的事情。

细节，不妨等到头脑清晰的时候，再去网上获取有用的信息。

不要做的事

- 戒烟戒酒。也许你可以明天再戒，但今天先不要放弃你惯常的解压方式。
- 离婚、买房子、买船、买兰博基尼、买只老虎。
- 在朋友圈发布你得病的消息。不管怎么说，你现在还没到那个阶段。
- 把希望完全寄托在某种特定的治疗方法上，不管是传统的方法，还是激进的实验。

与医生讨论预后情况

"狼来了"

对于那些之前就患有慢性疾病如心力衰竭或肺部疾病的人来说，可能听过很多次"这次可能真的不行了"，结果在短暂的住院或接受一些治疗后，他们又重新回到了日常的生活中。如果你经常听到一些坏消息，那么你可能已经习惯了，感受不到冲击了。这就是为什么碰到坏消息最好的做法是不要过度重视，也不要轻易忽视。总的来说，在与疾病搏斗的漫长旅程中，轻松而专注的心态是比较有益的。不认真对待疾病预后的危险在于，你可能会推迟做一些对你来说其实很重要的事情，比如告诉孩子你为他们感到骄傲、放下往日怨气、处理好你的遗嘱等。不然最后等你突然意识到的时候，一切都太晚了。

诊断不明

有些人从来没有得到正式的诊断。他们在网上没有什么可查的，也没有互助小组，不知道该关注什么。这本身就是一种折磨。如果我们知道要面对的是什么，我们似乎就可以应对任何情况。一份诊断报告可以提供一系列信息：如何治疗，是否可以治愈，你还能活多久。诊断也是一种背书，让你确定自己的感觉并不是错觉。

医生应该列出所有已知的、可能导致你的症状的原因。除非有明确答案，否则你可能会听到他们将"发育迟滞"作为结论，其实就是"你的身体状况不太好，但我们不知道原因"的另一种说法。或者，如果你已经超过 70 岁，医生可能会把你的状况归结为"年迈"。对于诊断状况不明的人来说，未来的道路与那些被确诊的人是一样的：掌握你的身体状况。不管有没有明确的诊断，你和你的医生都应该随时监控你的身体功能，并且需要长期坚持。

回顾过去的几个星期或几个月，你觉得走路变困难了吗？你最近呼吸变急促了吗？你是否觉得比之前更难控制大小便？你是否有不明原因的体重变轻？你是否时常感觉脑子一片混沌？你清醒的时间是否越来越短？像这样的变化，在治疗进程中需要随时报告。这也许意味着你的"治疗方式"要转为住疗养院，或者雇用护工看护。也许你只需要简单地治疗症状，即使不知道症状背后的原因也没关系。无论如何，你的目标就是长期关注身体状况。

为什么医生不说"死"字

当你的医生向你解释"坏消息"时，如果你试着集中注意力去理解医生说的那些话，你可能会注意到医生不会提到一个非常重要的词：死亡。如果可以选择的话，医生一般会避免提到"死"字，转而使用委婉语，无论这样做是出于减轻对患者或患者家属的打击，还是出于减轻自身的压力。

许多人都怀有一种迷信，觉得说出来了就一定会发生，如果不说，就不会发生。很少有人愿意谈论疾病会如何一步步击垮我们的身体，这对患者和他们的家人来说是毁灭性的打击，对医生来说也是一种悲哀。医生通常不谈论死亡，是因为他们不想毁掉希望。希望是一种强大的力量，会驱使我们从床上爬起来，忍受艰难的治疗，忍受作为患者的辛苦，继续生活在一个无法完全理解和控制自身状况的世界里。

尽管希望是一种力量，但虚假的希望也会带来伤害。鼓励人们去追求不可能的结果，或者使用间接的语言往往会使事情变得更糟。用模糊的语言与患者交流，往往会让患者意识不到他们的病已经到了晚期。类似"我们要战胜它"这样的话语，可能会让人感到困惑，这是要我战胜疾病，战胜痛苦还是战胜恐惧？或者类似"总有可以尝试的办法"这样的话语，可能会让人疑惑，到底是要尝试治愈疾病，尝试延长寿命？还是别的什么？事实上，没有证据表明对患者坦言临终的病情会摧毁其希望。倒是有很多证据表明，直言不讳可以让患者和医生走得更近。事实上，医生以开放积极的心态与患者讨论坏消息，通常会让患者感到轻松。大多数人对自己的处境是有一种直觉的，避而不谈反而会给他们造成负担。因此，问题不在于是否说出真相，而在于如何去说。

最 / 好 / 的 / 告 / 别

当得知自己被诊断出患有某种可能会影响寿命的疾病时，你会经历一个心神动荡的时刻。你需要时间来适应新的状况。你才刚刚知道有这样一种疾病会在未来某一天带你走进生命的终点，所以别指望自己马上就能平静下来。事实上，现在不要对自己期望太多。你才刚刚处于开始阶段。

第 6 章

盘点人生

问问自己：
现在对我来说什么是最重要的？
我的情况怎么样？

现在是时候考虑一下最新的状况，弄清楚你目前的优先事项是什么了。话虽如此，你也不用立刻做出治疗决定。因为通常情况下，你会有时间通盘考虑。先接受现实，然后问问自己的内心，看看周围的人，想想你现在是什么状况，未来想要怎么样，以及你需要靠什么来实现未来的目标。

现在对你来说什么是最重要的

我经常看到人们一遇到上述情况时，就想把选择权交给他们认为比自己更懂的医生。这种绝望心情是可以理解的，但要注意不能太过轻易地交出选择权。即使你想让医生为你做决定，医生也需要先弄清楚什么对你来说是最重要的，这样医生才能在尊重你的基础上，为你量身定制治疗方案。

第一次会见某个患者及其家属时，我会问一系列问题，以便跳出疾病的框架，站在患者的角度去理解患者，了解患者的过往、信仰、个人原则与喜怒哀乐。只有更深入地了解患者，我们才能真正帮助到患者。思考下面的问题，来增进对自身的了解，这是制订个性化治疗方案的第一步。最好在不同的时间节点，以对话的形式，反复回答这些问题。你也可以把这些问题作为与家人和医生讨论的起始话题。

你最近都在做什么。当我们感到压力时，会倾向于做一些最基本的、自己最熟悉的事情。注意一下你现在是如何应对压力的，然后想想过去你是如何应对困难的。你可以从中总结一些经验，看看接下来你想要怎么做。你既要注意积极的、建设性的方面，也要注意消极的、破坏性的方面。比如，你最近喝酒多吗？你在工作中是否专注而快乐？了解这些信息有助于医生帮助你判断日常生活中哪些行为值得培养和维护，哪些行为应该减少和控制。

你最关心的是什么。一般来说，冒上心头的担忧会促使你关注一些重要的事情。也许你会止不住地去想如果自己去世了，伴侣的身体会不会出什么问题。或者你会想化疗那天要如何送孩子上学，那么下一步你最好让你的伴侣去做一次体检，或者为孩子制订一个拼车上学的计划。再比如，如果你一直想拜访某人或去某个地方，那么你可以优先考虑这个旅行计划。你的大脑试图告诉你一些事情，不管是什么，你都可以从这件事情开始。这样就可以尽可能地减轻你的负担，给自己更多的时间和空间。

什么会让你感觉最好。你的日常生活模式是什么？你想要尽量避开哪些人、哪些事和哪些地方？你又想要接触哪些人、哪些事和哪些地方？

你最近心情怎么样。如果你生气了，你的愤怒来自何方？如果你感到悲伤，你会如何处理？如果你有一种奇怪迷糊的感觉，那要么就是一切正常，要么就是你在抗拒表达情绪。你的情绪其实是在告诉你自己和你的亲人，需要注意些什么以及应该如何回应。这个问题的意义就在于提供一条发泄情绪的途径。

你最自豪的是什么。你的强项和兴趣是什么？确定这个问题的答案，能够帮助你在排除恐惧或虚无感的情况下做出决定。你还可以发掘自己的抱负是什么。我想成为谁？有什么特点或习惯是我想改掉的吗？改变和成长的空间总是有的。

你身边是否曾有人去世。如果答案是肯定的，回想一下他们最后的日子是如何度过的，将有助于你做出自己的选择。你是否因过去的经历至今仍心怀悲伤或恐惧？过去的经历会影响你的选择，所以要花点时间感受一下内心深处的想法和感受。如果答案是否定的，那么你可能有一堆问题要去问医生，也可能根本不知道该从何问起。最好先把这些疑问弄清楚。

你现在的情况怎么样

你的病情目前发展到了哪个阶段？"阶段"的描述对你来说有意义吗？其他方面的生活现状呢？你的整体健康、家庭生活、财务、社交状况如何呢？在治疗方式上，你有哪些选择呢？现在是时候和亲近的人一起好好考虑一下这些问题了。你未来还有很多重要决定要做，必须和身边的人包括医疗团队保持沟通，步调一致。

你对于诊断结果是怎么理解的。这基本上是受过培训的缓和治疗医师在见到患者时首先会问到的问题。通过问与答，患者和医生可以很好地达成一致。

你有哪些症状。疼痛、恶心、失眠、便秘？或者其他什么方面"不舒服"？如果是的话，那么这些症状在临床上就是应该采取行动的信号。如果你感觉特别糟糕，是很难自己做出最佳决定的。无论效果如何，你都要尽早去控制这些症状，这也是当务之急。

你是否跟别人说起过自己的状况。你的社交状况如何？你有可以求助的人吗？你身边有哪些可以依靠的人？你是否愿意向他们求助呢？

你能否坦诚地跟医生交流。如果你无法信任你的医生，那么你就得想办法增进信任或者找一位新的医生。你可以在网上找，或者让朋友推荐一位。你也可以询问诊所工作人员，是否可以转诊别的医生。医患之间的相互信任与合作是非常重要的，你之前的医生也只会支持你找到最适合你的医生。

你的居住环境如何。你是否有基本的生活保障？目前是否有栖身之处？该住处在可预见的将来是否能保障你的需求？你的住处附近是否有医疗机构和可以帮助你的人？尽量让自己住在有安全和保障的环境中，保证自己能得到照护和支持。

你有哪些资产。你有哪些财产和保险可以依靠？核对一下你对医疗费用的预算。提前考虑好自己的财务状况可以避免日后出现严重的问题。无论财产多寡，你都可以从现有的资源入手。

回答上述问题可以帮助你掌握自身的情况，明确哪些地方需要做出改变。如果你觉得自己知道的不够多，拥有的资源不够多，也不用过分担心。每个人都会有这样的感觉，无论他们拥有多少或知道多少。充分利用你所拥有的东西，才是最重要的。

现在对你来说最重要的是什么

这一问题的答案应该是你的护理计划的核心指导原则。这个问题乍看似乎很简单，但其实就像"你是谁？"一样难以回答。下面是一些能帮你找到答案的问题：

- 你更重视的是剩余生命的长度还是剩余生命的质量？
- 你想花多少时间与家人和朋友在一起？
- 你对医疗保健系统有多少信心？对你的医生呢？
- 你有需要照顾的家人吗？他们需要你做什么？
- 采取可能的治疗以及完全不采取治疗，两者经济成本各是多少？
- 你想在哪里死去？
- 你对生命维持措施有什么看法？
- 你是想自己做出医疗照护的决定，比如选择采取哪种治疗方式，以及是否需要生命维持措施，还是想让别人代表你来做这些决定？
- 你想要什么样的葬礼或纪念仪式？
- 你希望如何处理你的遗体？

现在对你来说最重要的事情可能与治疗无关。一位安宁疗护护士给我讲了一个故事，讲的是她的父亲，一个终身从事学术工作的人，最后的人生只想待在家里，舒舒服服地看红袜队的棒球比赛。这位护士对父亲的选择感到很惊讶，因为他在生活中一向文质彬彬。不过她知道父亲得到了真正想要的东西，所以她感觉如释重负。请记住，你选择的治疗方式将会影响上面列出的所有事情，因为无论何种治疗方式，都会无可避免地占用你的时间。

　　27 岁的兰迪患有转移性间皮瘤，我和他有过两次关于护理目标的谈话。他很年轻，其他方面也很健康，所以我们着力于为他缓解疲乏，控制疼痛，然后说服他做好准备接受长期的治疗。在第一次脑部放疗几天后，兰迪接受了第一次化疗。这是他第一次试图战胜癌症。尽管他的癌症在被发现的时候就已经到了晚期，但这些治疗还是有机会能延缓疾病的发展，打退癌症的攻势。这是他的第一个护理目标。不管机会有多大，人们还是倾向于对疾病采取进攻姿态的。

　　几天后，兰迪疲惫不堪地回到了医院。第一轮治疗就已经把他击倒了。只有面对现实，才能寻找新的出路。于是我问兰迪，什么能让他感到骄傲，他所认为的最好的自己是什么样子的？他回答说，他想让每个人都知道他有多爱他们，他希望死亡能证明他对生命的热爱。现在我们有了这个指导方向，就能做出相应的治疗决定了。兰迪决定放弃后续的化疗或其他强力干预手段，他报名参加了安宁疗护项目，并从狭小的公寓搬到了安宁疗护中心。在那里，他被家人和朋友簇拥着，终于有余裕去感受并表达自己的爱意。他沉浸在爱的世界中度过了生命最后的日子。

　　这里有一个简单的练习，可以帮助你从整体上把握你的护理目标：

　　在一张纸上画 4 条竖线。

　　在第一列的顶端写上"我的现状"。详细写明你对自身状况和可用资源的理解。

　　在第二列的顶端写上"我的目标"。写下你想做的事（可以是任何事）：尽可能活得久一点，在家里安详地死去，旅行或与亲人和解等。

　　在第三列的顶端写上"权衡代价"。你愿意付出什么样的代价呢？例如，如果接受一项手术能延长你的寿命，但是会剥夺你吞咽食物的能力，你是否愿意接受这项手术呢？如果知道做完手术后要使用

简单的快乐

看棒球比赛

音乐

鲜花

填字游戏

一本好书

甜美的食物

也许你认为生命的结束是一个重大庄严的时刻，但其实我们所热爱的往往是日常生活中的一些小事。

进食管，你的想法会改变吗？如果选择治疗意味着需要在医院而不是在家里度过大部分最后的时光，你愿意吗？

在第四列的顶端写下"后续计划"。你下一步打算做什么？外出旅行？治疗？待在家里？选择安宁疗护机构？

我的现状	我的目标	权衡代价	后续计划

何时应该重新考虑你的护理目标

每当你身处人生的十字路口，或者生活发生重大变化时，都是重新考虑什么对你来说最重要的好时机。比如下列情况：

- 你需要决定是否进行特定的治疗。
- 你的疾病已经恶化或转移，并且被告知病情进入了一个新的阶段。
- 你的生活细节发生了改变。你失去了住所或正准备搬家、新投保了一份保险或之前的保险到期了、有了孩子等。
- 你的生活自理能力发生了变化。你的基本生活比如起床、梳洗、个人卫生等，已经变得要依赖他人，或者家里的其他人因为生病或残疾而需要依赖你维持生活。
- 你的人生观念发生了重大转变。宗教进入或离开了你的生活，或者你对自己真正重要的事物突然有所顿悟。

最 / 好 / 的 / 告 / 别

现在是时候思考人生了，而不是盲目行动。要先明确你是谁，你想做什么，因为你将会遇到各种状况的考验和条件限制。既要洞察内心深处的想法，也要关注外在条件的变化，这样才能为即将到来的关乎治疗方案和临终体验的决定做好准备。每当你走到人生的十字路口时，一定要停下来，好好反思一下。

第 7 章

现在怎么办

疾病预后及相关信息；
主要慢性病及其模式；
主导医疗决策；
与医生齐心协力；
学会说"不"。

　　你越是清楚自己的原则立场，就越容易做出选择。下面的内容是护理目标转化为决策的关键点。人生最后的路上有很多十字路口，其中一些最重要的路口与你的医疗决策密切相关，包括决定开始或者停止某种治疗。这些决策是你按照自身意愿度过最后人生的关键。

疾病预后及相关信息

我还有多少时间

　　当你进入这个阶段，面对未来的人生，考虑到之后要做的各种决定，你可能会很关心你的预后情况。预后指的是对某种疾病未来走向的预测。我们自然都希望医生给我们一个确定的未来，告诉我们：我还有多少时间？此后余生是什么样子？但是，无论你的医生多么训练有素、和蔼可亲、富有经验，都不可能针对这些问题给出明确的答案。生命比确定的答案更加有趣而多变。医生也只能依靠最新的医学技术，基于临床经验，做出有一定根据的推测而已。

尽管医生偶尔会低估患者的寿命，但是高估的可能性更高。多年来，这方面已经有了广泛的研究。医生认识患者的时间越长，见患者的次数越多，其推测就越可能乐观。这就好像是医患关系越亲密，医生的判断就越乐观。

如果医生的判断既是基于检查结果，同时也考虑到你的功能状态，如日常生活中能做什么和不能做什么的话，预后会更准确。也就是说，你起床活动的时间，以及吃饭、穿衣和上厕所这类的基本活动的效率都需要纳入考虑范围。比如，你每餐的食量和每餐间隔就能在很大程度上反映出你的身体功能状况。医生会综合考虑这些变量和你的疾病以及生活情况。

如果你是多次间隔地观察到生活功能的变化，而不是在某一次看病时回顾过去的整体变化，医生的预后判断会更可靠一些。你需要留心的是基本能力的变化。例如，假设你 3 个月前每天慢跑 8 千米，而现在你大部分时间都躺在床上，这就是一个非常显著的变化。这种情况与那些长期不动的人显然是不同的。

尽管医生的预后判断并非绝对正确，但是对你来说正确的选择还是相信医生会掌握所有能够掌握的情况，为你提供最新的治疗，并且处理任何你可能出现的不舒服的症状。当你发现自己需要面对那么多无法避免的未知因素时，你就会明白为什么一个好医生会是一个陪伴者和引导者，而不仅仅是一个技术人员。你应该专注于提升和医生的关系，这是在临终阶段贯彻自我意志的好办法，也是比较容易实现的目标。

没有人会说得太具体，而且也不应该说得太具体。在安宁疗护和缓和治疗领域，医生接受的训练是，不要贸然提供过于精确、没有把握的信息。你可能会听到医务人员使用比较模糊的表达方式，如说"几个小时到几天""几天到几周""数周到数月"等。

你想知道多少

有的患者想知道关于病情的一切，有的患者却什么也不想知道，还有些人则介于两者之间。

斯蒂芬·西契尔的妻子艾米·多佩在 2010 年因癌症去世。在她生命的最后阶段，我是她的医生之一。在我们团队参与的大部分时间里，艾米都处于病危和沉睡状态。因此，我和患者家属的关系比和患者的关系更亲密，这也是在缓和治疗和安宁疗护工作中偶尔会遇到的情况。

史蒂夫后来意识到，让艾米自己来决定什么时候知道多少与自己病情相关的事情，是个值得庆幸的选择。重要的不是她希望获知多少信息，而是她在这个过程中具有掌控权。艾米知道如何运用个性的力量，通过坦率清楚的沟通来掌控这个过程。她明白，这些信息可能会对她有所帮助，但如果她还没有准备好去听这些信息，也可能会因此而受到伤害。她会告诉史蒂夫和医疗团队，她什么时候愿意了解基本的诊断和治疗方案以外的信息。相关研究也证实了这一点：除非你做好准备要解决面临的问题，否则了解预后情况的细节很可能让你感觉更糟，甚至失去有效决策的能力。同样的消息，某天乍听之下可能会觉得天昏地暗，第二天有所准备之后再听，反而会觉得未来可控。

在艾米去世后的一年里，史蒂夫想出了一个方法。他希望有一天可以帮助其他人掌握艾米临终时所使用的沟通技巧，患者和临床工作人员都将因此受益。

与你的护理团队签订一份合同

以下是史蒂夫撰写的草稿。你可以使用这个提纲与你的医生进行交流。你甚至可以把它打印出来，带着它去和你的医生面谈。

我希望能参与到治疗过程之中，并始终在"知情同意"的前提下做出选择。话虽如此，我也能理解医生有时很难提供关于预后的某些信息，而患者可能也很难接受某些信息。为了方便与医生沟通，我选择了以下四个选项中的一个。

□选项 1

告诉我一切。我想知道我可能的预后情况，包括建议的治疗方式、我的预期寿命，以及我选择的治疗方案可能会遇到的困难。

请与我直接友好地交流，不要漏掉任何重要的细节。我想知道你基于经验和训练能告诉我未来会发生什么。

□选项 2

不要认为我想知道我的预后情况。当我在治疗过程中需要做出各种决定时，再问我是否想了解预后信息。

□选项 3

我希望能参与到我的治疗过程之中，但我不想了解任何与预后相关的信息。

□选项 4

我不希望知道任何关于我的预后的信息，但我授权_____与医疗团队谈论我的情况，并提出与我的预后和治疗相关的任何问题。

一旦你明确地告诉医生你想知道多少信息，在医生同意你的请求之前，不要让他走开。这是你和你的家人需要坚持的时刻。

主要慢性病及其模式

老年病和缓和治疗医生会使用"衰退轨迹"一词来描述患者的身体功能随着时间推移而变化的规律。这个词听起来确实很可怕，但是它可能有助于你认识到，我们的身体随着疾病发展和年龄增长而变化的过程是存在一定规律的。很多医生都在患者身上观察到了这种衰退轨迹。不过你也不必将之奉为金科玉律。这些规律所代表的只是一般情况下患者的身体功能发展趋势，而我们的感觉和思考并不一定会受到这种趋势的影响。认识规律可以帮助你预测未来病情大致会如何发展，从而帮助你在这一过程中做出相应的决策。

这些模式规律只涉及你的身体机能变化，与你的精神或情感无关，后两者的变化可以向各种可能的方向发展。

癌症

第一种模式类型常见于晚期癌症。具体情况取决于癌症的类型和发现的早晚。不过在目前的治疗条件下，人们就算得了无法治愈的转移性癌症，也可以长时间地控制住病情，并维持日常工作生活。这个时间可能长达数年，直到病情发展到一个临界点，情况迅速恶化，同时身体功能直线下降。到了这一阶段以后，几乎没有什么手段可以控制疾病的发展。

突降模式

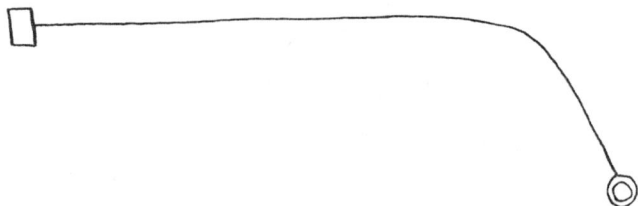

心脏、肺、肝或肾脏疾病

　　第二种模式类型是心、肺、肝或肾疾病。这些疾病往往变化多端，导致你反复进出医院，在濒临死亡到恢复正常之间来回折腾。随着时间推移，你的身体日益疲惫，恢复能力也随之减弱，病情就会越来越重。

过山车模式

阿尔茨海默病、失智症以及其他神经退行性疾病

　　第三种模式多见于进行性神经疾病，比如阿尔茨海默病和其他类型的失智症。这一模式的特征是认知和身体功能的缓慢下降、生命能量逐渐消退。这一

模式的轨迹类似于自然衰老的缓降曲线，即"自然死亡"的模式。最后导致死亡的往往是一些简单的事情：摔倒时髋部骨折，或者无力吞咽导致的吸入性肺炎。换句话说，那些原本看起来并不严重的问题将成为最后一根稻草。

缓降模式

主导治疗决策

需要多少治疗

这是一个老大难的问题。因为治疗方式的选择、治疗产生的副作用、治疗过程的细节安排，以及治疗后的病情变化，都会对你的日常生活产生极大的影响。这就是为什么在选择治疗方案前，需要对照你自己的优先事项进行检查。而你的优先事项肯定会随着时间的推移而变化。你要反复叩问内心，同时也要和治疗团队协商沟通，才能为自己找到"正确的"答案。

要记住的另一件事是，你的功能状态（详见本章前文）既是判断预后情况的依据，也是衡量你的身体能够承受何种治疗的关键。在选择治疗方式时，确定你的功能状态将有助于分辨治疗的积极与徒劳、明智与鲁莽的界限。人们往往过于看重检查的结果，却忽视了身体想要传递给他们的信息。

小贴士

在实践中，大多数治疗决定都是基于医生的判断，而不是患者本人的需求，所以你确实需要坚持自己的意见。

这种忽视恰恰会导致"过度治疗"。换句话说，就是治疗带来的伤害大于帮助。这就是为什么在治疗过程中必须密切关注自身症状的原因之一。要尽可能地保证良好的身体感受，这样才能保持更活跃的身体状态，进而拥有更多的治疗选择。当然，保持良好的身体感受本身就是好事。

一般来说，任何一种疾病都有多种可选的治疗方式。大多数人都会取中间值，选择接受某种治疗，拒绝另一种治疗。在两种极端中选取中间值，你终会找到适合自己的选择：一端是选择不治疗，意味着停止治疗或根本不开始治疗；另一端则是选择实验性治疗，意味着"我愿意尝试任何治疗方式"。

停止治疗（或者一开始就不治疗）

首先，不要看到这个标题就想到"放弃"。选择不治疗只是意味着走上一条不同的道路，向即将发生的、无法控制的事情妥协。这与放弃是不同的。

伊迪丝和蒂姆都 80 多岁了，他们在一起已经好几年了。他们的生活是同步的：他们在同一家养老机构里生活，房间就在一条走廊的两头，还经常一道去教堂。他们几乎在同一时间被诊断出患有同样的重度心脏病。伊迪丝在得知病情以后，变得越来越热爱交际。考虑到手术的风险，尤其是在她这个年纪，所以她拒绝了手术，选择花更多的时间与朋友和家人一起享受生活。她的朋友卢克·杰纳根有一次拜访她时，问她是如何保持如此良好的状态的。她笑着说："因为我知道我的命运掌握在上帝的手中。"她的信仰给了她释怀和自由，使她的生活充满了信任和善意。

她的男朋友蒂姆，则正好走上了另一条路。他觉得诊断结果根本不准。

他原来待人友善，常去教堂，虔诚祈祷。所以蒂姆不明白，为什么上帝要惩罚他呢？他选择了手术，并且期待手术结果使他的麻烦得到解决。随着治疗的深入，他的期待也越来越高。他觉得受到了亏待。因为期望的结果没有出现，所以他变得越来越愤怒和粗暴。据卢克回忆，伊迪丝和蒂姆的住处完全是不同的场景。从伊迪丝的房间里传来的是笑声和歌声，而从蒂姆的房间走出的却是被无端责骂得泪眼汪汪的护工。伊迪丝感到满足，而蒂姆却感到痛苦。伊迪丝和蒂姆几乎是同一时间去世的，但他们有着完全不同的经历。

如果你不想继续治疗，却得到了一些坚持下去的建议，因而感到茫然无措，那么你可以停下来，好好听一听内心的声音。也许你已经不堪重负，需要休息一下。事实上，你可能很痛苦，或者受到诸如失眠、便秘或疲乏等症状的折磨。也许你真正需要的是减轻治疗给家庭带来的负担，只要和家人以及医生坦诚地聊一聊就能做到。

我们的医疗系统旨在延长生命，只要患者的心脏仍然在跳动，就要尽一切可能延长他的生命，不管采用的方式有多么让人难受。你可能已经从医生跟你说话的方式中感觉到了这一点。医生总是默认你是想要做手术的，不管手术的好处有多小或代价有多大。

医疗系统并不会告诉你：什么样的生活是值得过下去的。这是你要自己思考的问题。就算医生或家人认为你应该做什么，也不代表你就必须这么做。同样地，就算你有能力做什么，也并不代表你就应该这么做。

小贴士

虽然你不能要求某种特定的治疗，但你有权拒绝某种治疗，或者在你确定自己想要接受该治疗之前，暂缓开展治疗。

我遇到过很多这样的患者，尽管他们的本心是希望在家里舒舒服服地死去，或者去全国旅行，做任何想做的事情，总之只要不待在医院里就行。然而他们却无法选择最能满足自身愿望的照护方式。因为这样做的话，看起来有点像是放弃。实际上，拒绝治疗是一种很需要勇气的抉择。这种抉择可以让你腾出时间和精力去做各种有意义的事情，否则你的生命就可能会在往返化疗室、急诊科或重症监护室的过程中消耗殆尽。

实验性治疗

梅尔巴现年 61 岁，在被诊断出患有转移性胰腺癌之前，她和丈夫伊恩一直在加利福尼亚的海滩边过着悠闲的退休生活。转移性胰腺癌的预后是残酷的：不管她选择哪种治疗方案，她可能都只剩下 6 个月的生命了。但她决心穷尽一切可能，不论找谁，不论去哪儿，只要能找到新的治疗方法，她就能够有更多时间陪伴丈夫和孩子。她去休斯敦注射一种试验药物；她飞到墨西哥去见一位医生，因为这位医生号称用咖啡灌肠会有奇迹般的疗效。她花了宝贵的时间在飞机上周游全国，寻找更有希望的第三和第四治疗方案，或者寻找某个人，至少能告诉她一些她想听到的消息。在这个过程中，她的身体一直处于崩溃边缘。

伊恩和孩子们被她的这些努力弄得筋疲力尽。伊恩想念他从前的妻子，孩子们想念他们从前的母亲，他们恳求她采取一种新的应对方式。他们极力主张她去接受安宁疗护，但她认为接受安宁疗护就是接受了死刑的判决，坚决不听。她的行动能力和乐观精神反倒助长了她着魔般的试验。在她生命的最后几个月，梅尔巴一直在各种门诊和治疗室间来来去去，而这些时间她本可以待在家里与丈夫和孩子一起度过。她曾经说，和丈夫和孩子待在一起是她最关心的事情，结果她在医院度过了生命的最后一周，无法控制的痛苦让她神志不清，而那时她的家人却还没有谅解她所做出的选择。

当你尝试了医生最初推荐的治疗方法，而病情并没有得到改善时，你可能会越来越想要尝试其他的方法。实际上，在可能起效的药物和疗法清单上，选项有很多。而且随着医学科学的进步，这个清单会变得越来越长。对你来说，知道什么时候该适可而止会变得更难。顺着列表往下看，治疗方式往往更加激进，治疗结果更加不确定，而且副作用也会变多。在这个列表的最后，出现的是一些实验性治疗方式。一定要记住，临床试验和其他实验性治疗只是实验性的，更多的是为了科学研究，而不是专门为你服务。研究者会通过你的经验来推动研究进步。

即使这些新疗法已经进入市场，而且不再被认为是实验性治疗方法，你的医生也不会对这些新疗法的治疗过程有很多的经验。这就导致我们很难知道该疗法会带来什么结果，也很难解释它会对你产生什么样的影响。

小贴士

请记住，更激进的治疗方式通常意味着在医院待的时间更长。如果你非常希望远离医院，或者在家里离去，你就有充分的理由说："不用了，谢谢！"

当然，有一些人想为推动科学进步做贡献，这也是一个尝试新疗法的完美理由。而有时候，人们需要越过一定界限，才会知道自己能承受的边界在哪里。我的很多患者，他们经过多番研究讨论，对于可能的结果已经了然于胸，却还是要尝试下新的治疗方式，并亲身体验治疗效果。直到他们对治疗效果不太满意，才会停止治疗。但这种方式并不适合每个人。对于身体已经很虚弱的人来说，贸然尝试可能会精疲力竭，甚至有生命危险。不过对于有一些患者来说，试遍每一种选择，会给他们带来急需的信心。这样他们就会知道，自己真的已经尽力了。

不过，如果你的医生知道实验性治疗对你没有帮助，甚至可能会伤害你，她就有责任义务不给你提供这种治疗。考虑到医生通常很晚才划出这条红线，而且过度治疗也是常态，一旦医生说"不能再继续治疗了"，你就一定要认真对待。

矛盾纠结是很正常的

你是不是很纠结，是要继续治疗还是放弃治疗？你最后一次百分之百肯定的事情是什么呢？内心的矛盾冲突并不是优柔寡断或者脆弱的表现，恰恰是符合理性和常态的。当你开始考虑各种不确定的治疗效果，以及所有需要权衡的选项时，要确定自己是做出了最正确的选择，几乎是不可能的。最好和你信任的人聊一聊。即使你认为自己已经很确定了，我们也建议你先睡上一觉再做决定，这是一种非常老套但是也很有效的处理方法。除了通过列事实、做权衡进行判断之外，还要相信你的直觉。直觉是一种能够帮助你渡过难关的强大工具。

惯性的问题

惯性可能会成为有力臂助，也可能会招致危险。如果选择一条路然后不回头地走下去，或许可以帮助你渡过生活中的难关，但要注意偶尔也要停下来看看。你的每一个决定都像推着轮子往前走，而且涉及医疗决策时，这些"轮子"可能又大又重，上路以后会形成惯性，一种治疗会接连催生另一种治疗，接着又是另一种。在这个过程中，你可能已经筋疲力尽，却还低着头继续前进，甚至可能注意不到自己已经走上了一条无法回头的路。

当你和你的医疗团队忙于处理治疗方案的细枝末节，只想着如何扛过这一天的时候，很可能会忽略死亡来临的微妙迹象。你可能心想，也许明天你的努力就会得到回报，治疗终于开始起效，然后情况就会好起来。全力投入可以帮助你集中精力来配合治疗，但也有可能你会突然发现，自己已经把剩余的生命消耗殆尽。最为艰难的是从一种激进的、对抗疾病的模式，转变为一种以舒适为主的模式。后者正是安宁疗护的核心。我们很难知道什么时候该改变状态、该退而求其次，所以我们常常一条路走到黑。

如果"坚持治疗，直到生命的最后一刻"就是你的真实愿望，那也绝对没问题，就这么去做吧！你有医护人员的支持。医疗系统有着专业的医疗技术和服务体系来帮助你。只是你要明白，中途选择停止治疗比一开始就选择不治疗要困难得多。

有时候，对于患者及其家属以及医生来说，应对这种压力的方法之一就是共同决定不再治疗。对此，医生会这样说：不升级护理。这句话其实是画下了一条红线，表示我们将沿着目前的治疗方案继续下去，尽我们所能去改善病情。但若是即将陷入必须升级治疗手段或者转移到重症监护病房的境地，那就立刻终止治疗。这条红线可能是不再去医院，或者不再接受静脉注射治疗以及其他侵入性治疗。一定要和你的医生好好讨论这个问题。当然，你和医疗团队可以随时权衡这一决定。但是，当你决定要划定治疗的界限时，你已经保护了自己，以免不知不觉地陷入你不想面对的境遇。

与医生齐心协力

如何与医生相处

随着死亡的临近，你的治疗选择会越来越少，治疗效果也会越来越差，你对专家意见的态度也会发生转变。即使是世界著名的专家或者治疗中心给出的建议，也不再是你做决定的唯一参考准绳。虽然专家可能更了解你的疾病，但你最清楚自己是谁，以及你想如何度过生命中最后的时光。你与医生之间是一种合作关系，而不是你被动听命的上下级的关系，所以双方都不能单方面决定一切。

医生希望你知道什么

你能够从医生那里得到什么呢？你对医生的期望哪些是合理的呢？如果你

知道一些关于医生的事情，可能就会明白自己应该期待什么。这里有一些内行人的建议，可以帮助你改善和医生的关系。

初级照护医师①**是无价之宝。**这个人可能是内科医生、家庭医生、执业护士或老年医学专家。现如今，初级照护医师真的不好找。如果我们有一个更好的医保体系，初级照护医师可能会得到更多的重视，这样每个患者都能有一个初级照护医师。但是，在没有初级照护医师配合的情况下，人们只能在专科医生之间来回奔波，治疗缺乏连续性，中间会存在很多的断裂之处。这就意味着你可能得不到你所需要的完善的治疗。

医生有时不知道该和谁讨论病情。你的病房里可能有很多人，如家人、朋友和访客，但你的医生并不认识他们。你想让谁参与到病情的讨论中来，又不想让谁参与进来呢？

互联网上的信息大多数是错误的。很多互联网信息都是没有经过核实或被断章取义地呈现出来。这些信息可能会让你备受打击，也可能会让你盲目冒险。如果你想要有效地使用互联网信息，最好是利用这些信息来增加你的知识面，方便你提出问题，并与医生深入讨论。

临床医生需要和同事一起合作。整个医疗团队都会关注你的情况，所以其中某一个人可能不知道你病情的所有细节，团队中也不会只有一个人跟你交流。许多有紧急问题的患者要花很长的时间等待医生的答复，但其实护士或团队其他成员本来可以更容易、更清楚地回答这些问题。

医疗保健体系很混乱且不直观。医生们对此也感到犯难。当你谈论这个体

---

① 也称家庭医师，专门为家庭和社区民众提供基础、全面和持续的照护。——译者注

系的缺陷时，注意不要把医保体系和医生的工作体系搞混了。你要知道让你沮丧的究竟是什么。

临床医生也会感到疲惫。医生也同你一样是普通人。他们知道你对他们有很高的期望，他们也想满足你的期望，但是他们受到无数制度问题和你看不到的医疗责任所限制，更不用说还有自然法则的限制。不管他们有多么恼怒或疲惫，他们是真的在乎你的健康。

医生希望你问些什么

医生希望你能得到你需要的东西，所以你要告诉他 / 她你需要什么。他 / 她需要知道你的困惑，所以请你一定要提问。你可以和你的医生讨论几乎所有的事情，而且好的医生会希望你和他们多多讨论。所以你不妨主动一点，以下是一些可以参考的问题：

- 这项治疗的目的是什么呢？能治好我吗？通过这项治疗，我能活得更久吗？能让我感觉好点吗？
- 这项治疗有什么副作用吗？如果有，副作用会持续多久呢？有没有什么办法能缓解呢？
- 这项治疗"成功"后，是什么样子的？试一试会有风险吗？如果一旦开始我还能选择停止治疗吗？
- 我需要等多久才能知道治疗是否有效？
- 有什么替代方案吗？如果我不治疗，会怎么样呢？
- 我应该考虑安宁疗护吗？如果现在还不需要的话，那我什么时候会需要呢？如果我在一年内死于这种疾病，作为医生，你会觉得意外吗？如果你的回答是"不意外"，那我是否应该尽快考虑安宁疗护呢？

作为医生，我有时会感觉到，患者在试着向我隐瞒他们内心的某些想法和担忧。这可能是因为我还没有完全赢得他们的信任，但有时却是因为他们希望不要让我失望。这一幕似乎很难想象，但患者有时也在保护着那个保护他们的人。不过，对医生隐瞒你的真实需求，只会让你更难得到医生的帮助。

患者希望他的医生知道些什么

大多数患者希望他们的医生知道：作为患者，他们也有复杂的情感和忙碌的生活，而且他们已时日无多。患者的目标很可能与医生的预期并不相同。他们可能有不同的信仰，或者来自治疗方式与疗效期待完全不同于西医科学的文化。患者会希望他们的临床医生能够做到：知道什么是可知的，什么是不可知的；以开放的态度尊重不同的思维方式；使用直截了当的语言；了解并处理患者的情感需求以及帮助关怀患者家属。以上这些都是数据和经验的总结。你希望你的医生知道些什么呢？告诉他 / 她你的需求，越早越好。

最 / 好 / 的 / 告 / 别

疾病会影响你，治疗也会影响到你。每个人都有一定的控制力，但无论是谁，哪怕是顶尖的医疗团队，也没有办法全程控制治疗。因此，决定接受或拒绝什么样的治疗，是一个持续性的工作。你应该和你的亲友以及医疗团队一起，经常讨论这个问题。你需要在有选择的情况下权衡利弊，并尽力接受治疗结果不确定的事实。

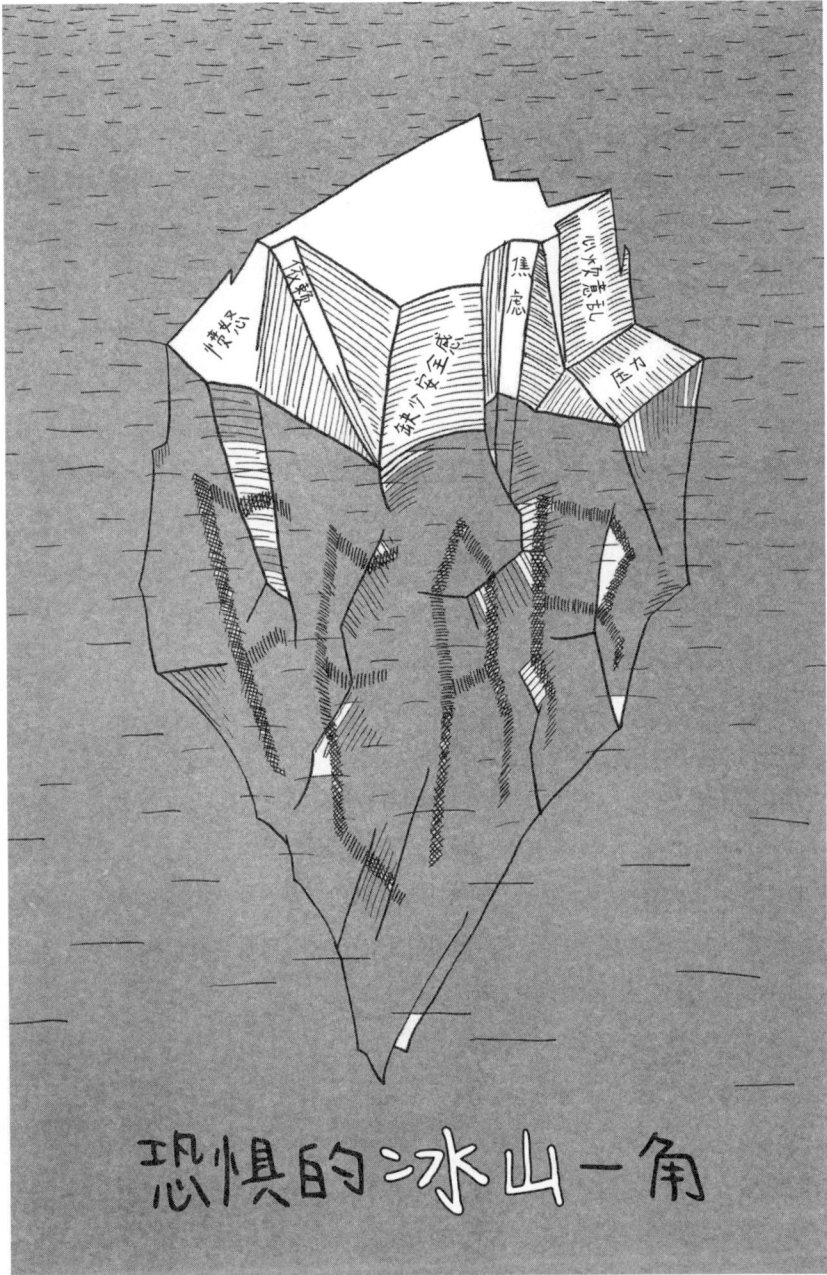

恐惧的冰山一角

第 8 章
应对情绪

恐惧和其他复杂的情绪；
11 种建设性的应对方法。

当你想到生命的尽头时，你害怕吗？难过吗？好奇吗？困惑吗？也许你麻木了，也许很快就分心了。也许你试着让自己摆脱这些感觉，仿佛这个问题只是一个态度问题。也许你会为自己的这种感觉感到沮丧。无论你有什么感觉，都没有必要因此而羞耻。这些感觉，从本质上说，既是保护性的，也是有益的。这些感觉会让你更了解自己，了解什么对你来说更重要，你在哪些方面很脆弱，以及你需要注意什么。你的身体也知道，死亡是件大事。

我们希望帮助你找到一种方法，让你在走向生命尽头的过程中有一种参与感，甚至有兴趣去了解死亡，而不用回避或害怕面对死亡。如果你对自己的感受有清楚地认知，就没那么容易被情绪左右，也不会因为情绪去折腾其他人。如果你参与到生命终结的过程之中，可能会更有安全感，也能为自己做出更好的决定。

恐惧和其他复杂的情绪

在想到离世时，每一种情绪、每一种想法都有其作用。有 3 种情绪总是会出现，那就是恐惧、否认和悲伤。这 3 种情绪各自都包含了一系列的感受，相互之间也有许多重叠之处。

恐惧

对生命终结的恐惧（畏死本能）是一切恐惧的源头。心理学家和哲学家称为焦虑或忧惧。临床医生则开始采用"存在性痛苦"这个笼统的说法。无论你叫它什么，人们的畏死本能自成一派，无法归类，因为其根源在我们的内心深处。它并不像怕蛇或恐高之类对于外部威胁的恐惧，所以很难应对处理。而且与怕蛇或恐高不同，这种恐惧对象乃是不可避免的。死亡就像一枚安放在我们体内的小型定时炸弹，没有人知道它什么时候会爆炸。正如佛教徒佩玛·丘卓所言："恐惧是接近真相时的一种自然反应。"

理解恐惧

在生命终结之前，总有临终的过程。这个前置过程给我们带来的感受是更加直接和强烈的。对于临终的恐惧，大多来自我们对这一过程的想象。不过好在临终的过程其实并没有想象中的那么可怕。我曾在许多临终之人的床边目睹过，也曾从很多旁观者口中听说过无数类似的情景。临终过程通常来说是很平和的。与临终之人相比，旁观之人反倒会更难受一些。

小贴士
临终过程并不总是难受的，我们可以做很多事情让临终过程变得更舒适一些。

此外，我们还有对生命终结本身和对于成为逝者的恐惧。两千多年前，备受敬仰的罗马思想家塞涅卡曾写道："吾等凡人……生如烛火，转瞬即灭。生来即是受

难，生前死后，皆是宁静……我们误以为死亡只在身后，但其实死亡走在我们前面，又反过来绕到了我们身后。"哲人和先知通过强调生命终结乃是归宿，来帮助我们正确看待自己的生活，并提醒我们，每一个决定都很重要，因为我们生命的时间不是无限的。

理解并接受死亡也意味着你接受了生命本就是有限的，而不仅仅只是意识到自己会在未来某一刻突然迎来人生的终点。确实，人们害怕错过未来，但也有一种恐惧是与回顾过去有关。这种恐惧叫作后悔，多么可怕的名字啊。你开始意识到，纠正过去是不可能的，就像你意识到自己不可能实现所有梦想一样。畏死本能似乎总是与另一种恐惧紧密相连，那就是害怕"我本来有大好的时光，却没有好好度过"。这里既提出了问题，也提出了解决方案。我们面对的所有限制，无论是无法改变的从前，还是无法避免的未来，都会让我们关注此时此刻还有什么是可以做的。

"治疗"恐惧

现代的医生倾向于将恐惧视为抑郁症或"广泛性焦虑障碍"，然后给你开些药，就让你回家。但畏死本能不一样，它与精神疾病无关，是一股不应该被彻底排斥的重要力量。在这种恐惧中包含着很多重要的东西，比如对生命意义的探寻，这是人生最大的动力之一。我是谁？我在做什么？这一切是为了实现更崇高的目标吗？我的生活有什么意义吗？为什么是我？这些宏大的问题，以及随之而来的一些感受，都标志着进行探索的时间到了。我们会鼓励你追寻真相，而不是逃避问题。

否认现实

人们通常会认为否认现实不好，但否认现实是一种强大的力量。从本质上说，否认实际上是一种有效的应对机制。如果我们必须时刻关注生命的脆弱和死亡的临近，那我们可能都不想下床了。然而，如果不加以控制，否认就会形成阻碍，让你无法看见生活的全貌。

自从南希的丈夫兰斯得知他有脑瘤的那一刻起，他就只是说要把它治好。从表面上看，他不能接受任何其他的可能性。其实，南希知道他的病情有多糟，但她支持兰斯的选择，让他同意不去了解自己的诊断意味着什么（胶质母细胞瘤 4 期，一种常见脑癌，生存期很短）。她只会把自己关在浴室里哭，以防丈夫和孩子们看见。兰斯还是全职管理自己的公司，一次又一次接受治疗，还照顾着他们的两个孩子，一举一动都表现出想要活下去的意愿。在最后一年半的时间里，他一直拒绝谈论死亡。南希说，这对他们俩来说都是一条正确的道路。

尽管兰斯拒绝讨论死亡的可能性，但在内心深处，他是在以自己的方式来应对这件事。他完成了预立医疗指示的文书，还努力工作以确保家庭的经济状况良好。经过一番抗争后，他最后允许了安宁疗护团队进驻家中。南希用"否认现实"来形容兰斯的做法，因为实在找不到更好的词。兰斯死后，南希才得知他在 8 个月前就向一个同样患有脑癌的朋友告知了他即将离世的消息。总之，情况复杂，一言难尽。

写给照顾者

注意：如果你试图一次性突破别人的心理防线，你可能会对其造成伤害。在缓和治疗中，如果我们看到有人"否认现实"，我们不会急着去说破。相反，我们会在此基础上弄清楚哪些"否认"是有益的，哪些"否认"是有害的。问一些启发性的问题，可以软化否认者的防线，让现实逐步显现。当你的亲人向你描述他们的看法时，你可以问："你为什么这样想？"或者再进一步，"你觉不觉得还遗漏了什么呢？"或者"这样看待这件事对你有好处吗？"最后一个问题触及了核心——这种态度或看法真的能帮助他们吗？还是说它是一种障碍？判断是由他们做出的，但是你也会有自己的感觉。最终，临终的真相总会以某种方式展现出来，而患者也可以接受真相，并不会被其压垮。对于患者来说，有时候也会担心自己的亲人采取"否认"的态度。所以说，上述建议是双向的。

提早到来的悲伤

悲伤的到来可能比你想象的要早。在接到诊断的时候，或者当发现自己的生命能量开始下降的时候，不少人都会感到悲伤。我们悲伤，是因为我们才意识到将要失去很多东西。我们悲伤，是因为无忧无虑的心态被疾病的诊断所扰乱。我们悲伤，是因为即将死亡。

我们不仅是为即将失去的生命而悲伤，还有失去的自由、独立、身份、物质、思想、关系和身体机能等，它们都会让我们感到悲伤。无论是我们自己还是我们关心的人接到了绝症的诊断，或者病情持续恶化，或患上各类残障，都意味着我们将要失去很多东西。

如果你从事安宁疗护，或者在医院工作，你会看到悲伤以各种形式出现在各种地方，却得不到处理，而你也会对此习以为常。我们在一些家庭中看到：

他们会对自己可以控制的事情挑三拣四，而不是把他们的愤怒指向疾病，这样抱怨就没有令人满意的效果了，或者在一片混乱中不停询问，直到他们听到自己想要的消息。我们看到患者（或同事）会莫名其妙地对工作人员大喊大叫。我们在自身奇怪的情绪波动中也看到了类似的情况。所有这些行为，都是悲伤的表现。

悲伤是会变形的，当它缠绕在一个人身上时，它的强度和形式会发生变化。你能感觉到自己的内心在纠结失去，试着协调那些已经逝去的和仍然剩下的。在面对死亡时，悲伤的感觉就像做梦一样，你的思想和身体都被周围的状况牵着走。

不过提前将悲伤作为针对即将发生的情况的演习，也是有帮助的。约翰患有一种侵袭性白血病，这是一种血液癌症。自最初诊断以来，经历了大约一年的起起落落后，他被转诊到缓和治疗。到我们见面的时候，他已经接受了骨髓移植，但是很快他的癌症就复发了。

从悲观到希望，又回到悲观。当约翰和帕梅拉开始认真地为离世做准备时，各种新的疗法开始出现，其中一些正好针对他的癌症亚型。希望再一次出现了，约翰也愿意尝试，同时他也在尽力完成自己的各种心愿，为即将到来的离世做准备。但生命的终点并没有到来。这些新的治疗方式起效了，不过每种都只能管用一阵子。这就像是一个人在丛林里抓着藤蔓荡来荡去，每次飞落时都要正好抓住另一根藤蔓，才不会摔得粉身碎骨。不过这还是一个现代医学故事，由于技术进步，慢性疾病和绝症之间的界限也在不断变化。

在这个过程中，约翰和帕梅拉都习惯了抱有最好的希望，也做好最坏的打算，同时持有两种相互冲突的观点。但这也需要付出代价，尤其是对于帕梅拉而言。她必须为约翰"随时降临"的离世做好准备，保证他能完成各种心愿：

约见医生、安排公寓、旅行社交等，有时晚上还要做两杯曼哈顿鸡尾酒。尽管她一直很珍惜这些额外的相处时光，但她还是得做好最坏情况下的应急计划。当他们连续获得惊喜的好消息，约翰的生命也被不断延长时，帕梅拉却好像身处一片被她称为"荒芜之地"的地方，反而感觉生活更加艰难，所以我们的工作主要集中在她身上。在我们的预约治疗中，她成了患者，而约翰成了照顾者。

帕梅拉很难放下心来，摆脱约翰随时可能去世的想法。所以在这两年半的时间里，她一直处于悲伤之中。她的悲伤是沉默的、郁积的，隐藏着一切。有时她会勃然大怒，希望这一切都结束。但是约翰会理解并满怀爱意地倾听，这样帕梅拉就能找到更多的力量，她也确实找到了。当列表上的下一个新疗法需要无限期住院和一大笔费用，而且晚上也不能喝曼哈顿鸡尾酒时，约翰说："不用了，谢谢。"在停止最后一次治疗后不到两周，也是他被确诊为绝症晚期的3年后，在帕梅拉和孩子们的陪伴下，约翰最终离开了人世。最后也涉及安宁疗护工作，不过他们在这一点上几乎不需要什么帮助，他们已经做到了接受死亡。

帕梅拉和约翰很幸运，能够一起度过悲伤的过程。到约翰去世的时候，悲伤对他们来说已经是一个"老朋友"了，帕梅拉也能带着温暖、深沉的悲伤和一丝骄傲进入正式的哀悼。我们称为"纯净的悲伤"。

从根本上说，悲伤、否认现实和恐惧这些感觉，都与渴望有关。让我们停下来想一想，如果你想念某个人或某样东西，害怕和他们分开，抗拒你们将会永远分开的念头，这些其实都是珍惜的表现。认识到这种联系是有帮助的。这种认识能够让痛苦具象化，让我们对曾经拥有的健康、能力或亲密关系心存感激。

建立这种认识需要时间，但是一旦有了这种认识，我们就能更好地忍受痛苦的感觉，而不是一味地逃避。幸运的是，有一些工具可以帮助你克服这些感觉，找到对生活的热爱。这份热爱也正是这些感觉的源泉。

11 种建设性的应对方法

痛苦的情绪并不会完全消失，但我们可以好好利用，从情绪中汲取力量，而不是消耗精力去抵抗情绪。以下是一些可供借鉴的方法。

设定目标

人们似乎总能凭着意志坚持到自己想要到达的终点。哈丽特的母亲伊迪丝曾患过 5 种不同类型的癌症，所有的癌症都经过了几轮化疗或放射治疗。这种情况经历一次都不容易忍受，更何况是重复五次的打击。在第六次接到癌症诊断时，她说："我受够了！"

哈丽特是"对话项目"（一个帮助人们为临终做准备的组织）的执行董事，她听从了母亲的话，于是两人一起去找伊迪丝的肿瘤医生，讨论了放弃治疗的计划。伊迪丝搬到女儿家里住，这样她们就能亲密相处，互相照顾。在那里，伊迪丝听外孙诵读律法，为成年礼做准备。日复一日，她坐在那儿聆听外孙用甜美的嗓音高低起伏地唱诵。在那些她十分熟悉的古老旋律中，她听到了外孙长大成人的诺言。

伊迪丝非常想在外孙成年礼的那一刻陪伴在他身边，所以她改变了关于治疗的想法。她和哈丽特回到医生那里，接受了化疗。你猜怎么着？这种治疗确实奏效了一段时间，她也活着看到了那个重要的日子。

我们并不总是能争取到更多的时间，但从某种程度上来说，我们确实能凭借意志支撑生命，就像攀岩者用手指支撑自己继续往上攀爬一样。激励与目标，这些东西和氧气一样重要。找到活下去的理由，你就有可能活得久一点。

感受美好的事物

"能放松的时候多放松"，这句话我已经对患者和我自己说过无数次了。有趣的是，我们能忍受各种各样的痛苦，却不愿让自己在痛苦结束时稍加庆祝。我发现自己经常这样，然后才慢慢意识到这是因为我害怕。如果我放松片刻，下次情况恶化时，我将会更加失望。理由是：希望越小，失望也就越小。

但其实无论如何，失望终会到来。如果你不愿意敞开怀抱，去接纳美好的事物，那么你就会错过美好的感觉以及随之而来的活力。

设计师兼教授戴维·凯利因接受喉癌治疗而感到沮丧，治疗师让他记录一天中所做的每件事，并评价从中获得的乐趣。他们一起回顾这份清单，找到可以"让他的快乐指数上升"的事情。接着，戴维的心理医生要让他从这些快乐的事情中挑出三件，并确保每天都做。对戴维来说，这三件事情是：给一个千里之外的好朋友打电话、和他的孩子聊天以及驾驶他那辆1954年产的雪佛兰皮卡出去兜风。找出让你感觉快乐的事物，将它融入你的每一天吧。

心存感激

坏事总是很容易吸引我们的注意，但是对你以及你周围的人来说，发现世间美好的事物才是一种治愈。

有一位80多岁的女士知道自己时日无多，于是邀请所有的朋友来家里参加一场午宴。她像女王一样坐在餐桌上首，腿上放着浆洗过的白色餐巾，邀请每个朋友都到她身边坐下，这样她就可以面对面地告诉他们：她有多么喜欢他们以及为什么喜欢他们，还有他们多年来的忠诚的友谊对她来说有多么重要。能说出所有这些话，表达自己的感激之情，这本身就是一种良药。后来她特别为此而高兴。

感激其实是珍惜的副产品，所以让我们从珍惜日常生活开始吧。珍惜可以是用餐时的优雅细致，也可以是睡前的固定仪式。下次你和朋友在一起的时候，不要谈论政治或疾病，聊聊感恩的话题吧。如果不知道该说什么，可以从最简单的话开始，比如"我很感激你的陪伴"。你觉得说不出口吗？那也没关系。你可以为独处而心存感激，也可以为与人聊天时不知如何开口而心存感激。你可以试着对你的所有感受心存感激，至少你还有感觉。对有的人来说，死亡本身就是值得感激的事情。

接受

萨拉和弗朗西丝卡姐妹俩一直在家里照顾她们的父亲莱恩，直到他去世。她们说父亲留给她们的最大遗产就是他在面对生命消逝时树立的榜样。他的早期诊疗过程有几次失误，从诊断结果为"你没有什么问题"一下子变成了"你处于癌症四期阶段，已经没有什么可做的了"。还是一个他不认识的医生通过电话轻描淡写地传达了这个消息。

但是，作为一名社会学家，他是一位有思想的人，莱恩用他多年来学到的东西来应对遇到的状况。"他从不怨天尤人，也不觉得自己是受害者。他并不掩饰自己的恐惧，也没有失去自己的求知欲、好奇心和快乐。有什么事他都马上说出来，有什么情绪他都顺其自然，他接受了所有的一切，而且迫不及待地想看看接下来会发生什么。更重要的是，父亲在积极治疗时也持同样的态度。

接受不仅仅是因为你别无选择。接受，也意味着你看清了事物的本来面目。

他的坦诚让家人很顺利地接受了他即将离世的事实。莱恩临终时，两姐妹注意到，"等我离开后"这样的话已经不再是她们的禁忌。对她们来说，不必再小心翼翼地绕开这个话题也是一种解脱，对莱恩来说也是一样。

爱（给予爱和接受爱）

爱是我们所知道的最伟大的力量，它可以解决任何问题。从某种意义上来说，这整本书都是关于爱的。爱是无边无际的，不过它经常以人们难以发觉和意想不到的方式出现。

悲伤治疗师朱莉·阿奎兹在美国退伍军人事务部工作期间，曾为长期缺少陪伴的晚期癌症患者提供心理咨询。她治疗过一名后来死于癌症的老兵。这名老兵从战场回来后患有创伤后应激障碍（PTSD），后来开始酗酒。在他回国后的几年里，家里发生了好多次暴力事件，他也因此与几年前去世的前妻和现年50岁的儿子关系疏远。阿奎兹感觉这位患者想要与家人重新建立联系。为了达成患者的愿望，她找到了他的儿子，问他是否愿意来和父亲一起喝杯咖啡。

第一次来访可以说是强行为之，场面很尴尬。他们都不知道该说些什么，做些什么。在阿奎兹看来，他们显然有很多共同点：独立、坚韧，很少流露情感。一周后，阿奎兹邀请这位儿子回来帮父亲洗衣物。儿子照做了，一个星期后又来了，之后来了很多次，一次比一次待得久。他们花了3个月的时间重新相互了解，最后老兵请求儿子的原谅，并告诉儿子自己爱他。阿奎兹说："所有那些伤害，到了最后都无关紧要了。"儿子坐在父亲的床边，握着父亲的手，贴着他的脸，跟他说再见。爱的表达并不需要很宏大很高调，不必如电影那样到最后一幕才突然在床边泪流满面。爱通常是逐步建立的，就像每去一次退伍军人医院就洗一堆衣服一样循序渐进。

共处

在最初的几年里，安德莉亚对于癌症的反应就是要与之战斗到底。这种观念在一开始对她来说是有用的。然而斗争是很消耗精力的，因此在癌症第三次复发时，她改变了这种关系：她选择走近她的疾病，与之同行，而不是把它当作入侵者。

这个选择对她来说是一个突破。这让她面对生活时更加从容，也更有同情心，甚至同情她的癌细胞。她还给自己的病起了个名字：格斯。她找来一个毛线编织的小玩偶，它的外表看起来像一个小妖精，身上绣着一颗蓝心。她把这个小玩偶当成了格斯。她把它放在钱包里，甚至和它说话，肿瘤缩小时对它欢呼，肿瘤变大时就责骂它。

她有时讨厌格斯，有时又喜欢它，就像一种紧张的亲密关系。格斯的出现让安德莉亚终于能与疾病共处，而格斯对她的意义也不仅仅是疾病的代表。

静思

帕特里克患有肝病和前列腺癌多年，他参加了一堂以正念为基础的减压课程，并开始每天冥想 20 分钟。变化很明显，他变得不那么反应过激，不那么沮丧，更能控制自己，更能应对他无法控制的事情。他的练习给了他一种缓冲：静静坐着，跟着呼吸，关注一切而不予以反应。

当你处于正念状态时，你会观察你的思想的来去，而不必紧抓着它们不放。你可能会意识到有一个超越思想的世界。这意味着你能更好地判断自己的某些想法是在帮助你还是在妨碍你。你的各种情绪也是如此。练习的主要目的是变得更有觉察力，变得不那么容易激动。正念练习可以是闭上眼睛，交叉双腿静静地坐着，也可以是凝视窗外或在街区闲逛。任何能让你关注当下，关注生活本身的事情都可以。

掐自己一下

有感觉是证明我们还活着的一种方式：这一定是真的，因为我能感觉到疼痛！世界上还有那么多值得感受的事物。想想阳光照在你皮肤上的感觉有多么温暖，或者你小时候最喜欢的食物的第一口滋味是什么样的。或者是那些简单的快乐，比如去户外活动，比如沐浴，又或是让身体移动着，不是为了到达某个地方，而是为了感受肌肉和骨骼对抗重力的感觉。"我愿意为了再来一次×××付出一切"，这句话通常表达的是对于某种感觉体验的渴望。你想要在死前尽量体验活着的感觉吗？那就多留意你的感官感受。

珍妮特的呼吸越来越困难了，不是因为吸烟造成的，她已经几十年不吸烟了，而是肌萎缩性侧索硬化症（ALS）导致的肌肉萎缩。随着死亡的临近，她又开始抽她最喜欢的法国烟了。她说她吸烟是为了感受肺部的活动。对珍妮特来说，这更像是欣赏和品味，而不是故意叛逆或自我毁灭。不管她抽不抽烟，死亡都会很快到来。所以对于我们这些照顾者来说，看着她吸上一根烟，带着灿烂的微笑吞云吐雾，我们很难不为她感到高兴。

创造

永远不要觉得自己"不是那种有创造力的人"。人类有一种非凡的能力，可以用生活给予我们的原材料创造新的东西。哪怕生活给予我们的是各种限制，那也是重要的原材料。如果你仔细想想就会发现，度过平常的一天就是一种创造性的行为。尤其是当你跨越一个又一个障碍时，生活就充满了即兴创作和发明创造。我们人类是一种适应性极强的物种。如果你感兴趣，还可以更进一步：利用与生俱来的冲动写一首诗、种出一座花园、做饭、唱歌、画一幅壁画。创造也可以是完全内在的，哪怕只是想象一些事情，也可能是一种有力的创造。

泰克拉是一位 70 多岁的歌手和画家，不久就会因肺癌离世。她是少有的会承认自己恐惧的人。随着呼吸逐渐减弱，她将自己更多地投入绘画中，想以这种方式弄清自己的身体到底发生了什么。她意识到自己接到诊断以后的画作发生了变化。在过去，她会画一个已经存在于脑海中的形象，而现在泰克拉画的是更加开放的内容。绘画仍然是她的一种表达方式，也是她在面对自己还不理解的事物时的一种探索方式，帮助她了解未知。死亡的临近让她敞开心扉，面对一切。好奇心和玩兴取代了死亡带来的压力，恐惧也遇上了旗鼓相当的对手。

笑一笑

贝丝的继父乔已经 95 岁了，但仍然精力充沛。12 月的一天，他过马路去拜访邻居时不小心摔倒把头磕破了。在医院和康复中心接受了 7 个星期的治疗后，他回家了。在贝丝还是个小婴儿的时候，乔就来到了她的身边，并把她抚养成人。他们以前常去旧金山湾，在那里一起乘着风航行，度过了许多美好的下午时光。他们有 3 个共同点：①对两年前去世的贝丝的母亲的爱；②对水面航行的热爱；③粗俗的幽默感。

当贝丝把乔从医院带回家时，她让他斜靠在起居室的病床上，病床正上方挂着他已故妻子的肖像画。本来他的身体状况似乎即将完全恢复，可是病情又突然恶化。他的体温逐渐下降，一周内就去世了。但直到生命的最后，他还在努力逗贝丝开心。贝丝说："他穿着一件印着松鼠的 T 恤，上面写着'我太老了，连坚果都找不到'。"

笑可以是一种有力的工具，可以让恐惧不再四处蔓延。我和一位久病的患者谈起了他每天为控制前列腺癌所做的辛苦工作，谈到了尽管他努力奋斗却从未真正起步的事业，谈到了尽管他很爱孩子们，但他们很少和他在一起。这些都是为什么？他问我。我们沉默地坐了一会儿，试图寻找一个合适的答案，然后我们几乎异口同声地说："也许这一切就是毫无意义。"我们笑得前仰后合。有趣的不是他的痛苦，而是我们在生活中那么努力地前进，一切结束时却又回到原点，甚至落后一步的荒谬。如果我们找不到别的笑话，那好笑的就是我们自己了。

休战和解

弗兰克向来是个非常擅长制造麻烦的人。一天他突然出现在诊所里说："嗨，我快离开了，但我不想因此感到害怕。你能为我做点什么吗？"

在很多方面，弗兰克已经为离世做好了充分的准备。我们见面的时候，他已经携带艾滋病病毒生活了 20 多年，经历过身边多位朋友的离开，了解过各种宗教，以各种方式体验过身体和心灵的极限。他是一名专门为残疾人指路的河上导游，曾经服务过无数人，现在他又开始与转移性前列腺癌作斗争。

我们帮助他克服了对痛苦的恐惧，主要是通过一起谈话和思考，让他非常具体地说出他的感受。这是一场发现之旅。一路走来，弗兰克对治疗疼痛、抑郁和其他各种症状的药物已经非常了解。他加强了冥想练习，重新融入他的信仰团体、家庭和朋友圈，而他们也接纳了他。他继续在河上工作，关注自己的身体，尽可能长时间地游泳和漂流。当他再也无法集中精力的时候，他找了一些方法来支持他的学员们发展。他滑稽、粗鲁、诚实，他敞开胸怀，接纳别人，懂得爱。所有这些弗兰克都做到了，这一切都是有帮助的。

但他从未完全克服自己的恐惧。当他在恐惧的泥潭里打滚了好几年之后，有一天我们注意到他说起这件事的方式发生了变化：他不再那么焦虑了，说话的语气也柔和多了。他的声音里甚至有一些爱意，就像他在谈论一个脾气不好，但是受人爱戴的亲戚。不知不觉中，他把恐惧当成了同伴，再也无法伤害自己。恐惧现在对他来说很熟悉，所以也不再可怕了。意识到这一点后，他宣布休战和解。

那天之后不久，弗兰克就去世了。幸运的是，我在一次家访中见到了他，那是他生命中的最后几个小时。他躺在那里，脸上带着一丝苦笑，虽然昏昏欲睡，但是意识清醒，而且无所畏惧。

最 / 好 / 的 / 告 / 别

生命将逝是所有恐惧的来源，但是我们有很多应对恐惧的方法，如幽默、宽恕、创造、祈祷、关注、爱、改变观念、适应和耐心，等等。腾出空间，接纳恐惧，它就没有那么可怕了。

第 9 章

告诉别人

如何告诉别人（包括你的子女和上司）；
应对别人的反应；
在社交媒体上公布消息。

　　听到关于自己的坏消息是一回事，把坏消息告诉别人却是另一回事。你要面对的第一个挑战就是如何告诉别人你的情况。对大多数人来说，谈论疾病和死亡都不是一件容易的事情。想要好好地谈论这类敏感话题，就需要认真地倾听，并判断对方是否有继续交流的意愿。要记住，尴尬和不舒服是谈话中的正常反应，因为无论是谁遇到这种话题，都会手足无措，不知该如何回应。

　　还有不要随便猜测别人的反应。我们倾向于把自己的不适投射到别人身上。悲伤心理治疗师弗雷达·沃瑟曼（Fredda Wasserman）说：“当一个人快离开的时候，他往往会说：‘我知道我快离开了，别告诉我的家人，他们承受不了的。’然后你要是跟他的家人去谈，他们就会说：‘我们知道他快离开了，别告诉他，他承受不了的。’”

如何告诉别人

我应该什么时候告诉别人？

独自承受会加剧痛苦，因为孤立阻断了别人的善意和支持。不管要告诉什么人，什么时候说，具体说什么，都取决于你自己。不过我们还是建议你尽快告诉你信任的人。在你得知消息的头几个小时或者头几天内，先和你最亲近的人谈谈。如果你不知道该找谁，问问自己，谁能带给你安慰和支持？谁会让你感到更安心？

对于这个核心圈子之外的人，可以暂缓，遇到合适的机会再说。你要说的是很重要事情，不管说出来还是听进去，都非易事。你很可能会发现，本来你才是生病了需要帮助的人，结果你反倒成了开导和照顾别人的人。当你告诉别人时，要记住以下几点。

厘清思绪。首先扪心自问：你告诉别人是为了获得什么回应吗？你需要别人的建议吗？你希望别人采取什么行动吗？还是只想让他们安静聆听？要不要来个拥抱呢？你的需求可能会脱口而出，甚至会向完全不熟的人求助，不过这也没关系。

确保谈话参与者都感到舒适。也就是说，你一般都需要有一个座位（或一张床），并确保房间里没有其他干扰。如果你的疼痛即将发作，最好先服用一剂药物，再开始这场艰难的对话。有些药物确实会降低你聆听和思考的能力，但是至少好过剧烈疼痛的干扰。

先给个信号，让他们有所准备。有人称之为"打个预防针"，比如先说一句"我今天拿到了检查结果"或者"我有一些不好的消息要告诉你"。

说说你需要什么。直接告诉对方你希望得到的回应。比如说："我真的很需要你的同情。"或者坦白说："我不知道我需要什么，你就坐在这儿陪我吧。"

先与对方同步。这里指的是情感层面的同步。要想想听众的状态，先与对方同步，再开始交流，就像你的医生告诉你时那样。你的听众在结束一天漫长工作之后，是否感觉压力很大？她是不是要马上跑回去上班或送孩子上学？如果可能的话，先花点时间一起坐会儿或者出去走走。要记得适时停顿，听听对方说的话。

适当沉默。让消息沉入对方心里，反应自然会浮现出来。

坦率表达情绪。有一种常见的心理防御机制就是压抑情绪。用理智控制情感，最终只会产生孤立感。要想打破僵局，就准备好手帕，坦率表达你的情绪，不管是通过眼神还是眼泪，或者说一句"我害怕""我很伤心"或"我麻木了"之类的话。对你来说最要紧的事情，可能就是与对方建立这种情感表达层面的安全感。

对于不好的反应要有所准备。当人们遇到不知道如何处理的情况时，比如亲友患病或即将离世之类的事情，通常的反应都是先站在一旁加以评判。如果好友和家人开始对你的诊断结果提出各种意见，不要感到惊讶，他们其实也是善意的关心。不同的人有不同的看法。你本人可能也会拒绝面对现实或生活的一团乱麻。所以这个时候你要振作起来。令人唏嘘的是，最无法接受这类消息的往往是与你最亲近的人。他们被自身的恐惧、悲伤和愤怒的情绪左右，深陷无法拯救你的无力感之中。所以你也别往心里去。他们的反应是出于自身的心理状态，并不是针对你。

试着抛开表面的话语，去理解对方的本意。内在意愿比言语表达更重要。

很多时候，就算别人言语失当，你心里也很清楚他们想要表达的是什么。紧张失措恰恰表明了他们有多在乎你。要记住这一点。

告诉你的成年子女

我的父亲斯坦利·伯杰收到第一次诊断结果后，不敢告诉我和姐姐，他不想让我们生活在忧虑中。为此忧心忡忡，整整瞒了我们两年。最后是他的再婚妻子贝丝坚持要求他坦白的。那天晚上，在一次家庭聚餐后，他让我们坐在沙发上，眼神飘忽地说道："我得了癌症。"接着又说自己对于战胜癌症多么有信心，却一直不敢正眼看我们。

我们很生气父亲瞒了我们这么久，而他就静静地坐在那里，一声不吭地承受着我们的怒火。直到父亲握住我们的手，我们才意识到，传达这个消息对他来说有多么困难。父亲一直是一个冷峻坚韧的人，我从没见他哭过。那天晚上，他有点崩溃，终于表现出了脆弱的一面。虽然他只是握着我们的手，但是通过这个简单的动作，我们知道父亲只是想要继续照顾我们，想要我们继续爱他。

把自己即将离世的消息告诉成年的子女，从来都不是一件容易的事情。你可能会想要对孩子们保密，就像我父亲那样。你也可能会把事情搞得一团糟，只好让别人告诉你的孩子们这个消息。又或者你和子女关系亲密，彼此坦诚，所以你并不会多想，第一时间就打电话给他们。没有一种沟通方式适合所有人，因为每个人走向死亡的方式都不一样。你应该最清楚你的子女在即将失去亲人的时候需要什么样的帮助。这里也有一些建议可以帮助你做好准备。

考虑好告知的顺序。如果你有多个子女，你第一个打电话给谁，对他们而言是很重要的。在打电话之前，你就要考虑好这一点。也许你会选择召开一次家庭聚会，或者通过电话会议的方式告知他们。这样子女们就不会为你更偏爱谁的陈年旧怨又争执起来。

不要拖延太久。如果你迟迟不告诉你的子女，你就会浪费宝贵的时间，没有机会再跟他们和解。告诉子女你希望他们知道的事情，并且好好跟他们说再见。有些父母可能会决定推迟公布消息。无论是为了不让子女担心，还是为了不打乱他们的生活，一旦你单方面做出这样的决定，没有给他们支援你的机会，你的子女后期可能都会很痛苦。

选择一个决策者。如果你想好了生病时由谁来照顾，就可以选择一个医疗代理人（详见本书第 3 章，"少不了的文书工作"）。如果你跳过了最年长的孩子，把决定权交给了小一点的孩子，最好让大家都知道。如果因为某种原因无法公开沟通，那至少也要告诉你的医疗团队，这样当你缠绵病榻的时候，就不会耽误他们开展工作了。

至于如何告诉那些还未成年的孩子，我们稍后会讨论（详见第 16 章 "人固有一死：如何告诉孩子"）。

告诉你的上司

把自己生病的消息告诉别人，就像剪开一个羽绒枕头，然后把里面的羽毛抖搂出来。一旦放出来了，你就再也不能收回去了。记住，在你告诉上司这个消息之前，最好搞清楚疾病会对你产生哪些影响，并制订好应对计划。这样的话，你和上司就能提前商定方案，安排好你的工作。你也就不会一次又一次打电话给上司，说你不能参加某个会议，让她自己去想办法了。这里还有一些建议。

当面说。最好和你的直属上司面对面谈谈你的病情。这种当面交流有助于你分析她的第一反应，并判断要不要继续讨论下一步的安排。你可以问她可以为你做些什么。也许她可以给你批准额外的休假时间去做治疗或看病，或者让你每天提前一点下班。

做好记录。在和上司交流时做好笔记，这样讨论的内容就有记录可查了。以书面形式保存你和上司关于你病情的所有讨论内容，并确认通过电子邮件交流所做的决定。这样一旦出现问题，你就有可供证明的记录了。

小心有关疾病的偏见。你上司的态度可能是消极的，也可能是积极的，而这两者都有各自的弊端（表 9-1）。

表 9-1　消极的态度和积极的态度的弊端

消极的态度	积极的态度
• 你的上司可能会认为你跟不上工作进度 • 好的差事可能会落到别人手里，或者从你手中被夺走，理由是这样你就不用承受太大的压力 • 你生病的消息可能会引发上司自己内心的恐惧，她会因此对你冷漠无情，或者完全避开你	• 你的上司非常有同理心，希望你只关注自己，但是这可能会让你更加孤独 • 你本来想通过工作来分散注意力，上司却强迫你休假

你确实有权利不向雇主透露你的健康信息，不过我们建议你说出来。如果你不说的话，当你的外表发生了变化，或者你因此经常旷工，你的上司可能会得出不准确且对你没有帮助的结论。保守秘密也会增加你的压力，因为一旦你告诉了上司，这些信息一定会传到人事部门，你对此要有心理准备。

如果你告诉了雇主，并且觉得因此受到了歧视，你可以和人事部门谈谈。不过你也要记住，人事部门的首要职责通常是保护公司的利益，所以你可能还需要在公司外部寻求法律建议，以维护你的权利。

不要低估同事和上司的同理心带给你的帮助。你可能会在工作场合中找到意想不到的可以支援自己的力量。

公开发布你的病情

在网上公开发布自己即将离世的消息是一件复杂的事情。任何拥有社交媒体账号的人都知道，网上的虚拟身份有一种粉饰的效果，扭曲了我们自己本来的样子。这种影响会让我们觉得微博和其他社交媒体似乎不适合发布自己身体不好的消息。有些人担心晒出自己的状况看起来像是乞求怜悯，有些人则认为这是必不可少的程序。虽然有些人觉得这样不体面，但是加入微博上的支持小组，还有在医院病床上发微博确实是一种快速可靠的交流方式，可以让你随时通知到你关心的人，并获得一些急需的鼓励和支持。最终决定权在你自己手上，不过我们这里有一些建议，可以帮助你在网上通知你的朋友圈。

群发邮件。虽然在工作中群发邮件经常会闹出笑话，但如果只是用来把你的病情通知社交圈子里的人，是完全没有问题的。要记得写明你是否希望他们回复。如果没有写明这一点，你就会有很多邮件要回复。你也可以委托亲近的人代替你写这些邮件，不过一定要在点击发送之前亲自确认一下内容。

社交媒体。公开发布你的情况还可以在现有基础上扩展你的社交圈。你可能会收到有相似处境的人分享的想法和感受，以及如何应对的建议。要记住，别人的回应方式是无法预测的。

不要无意中疏忽了你的家人。如果你要根据网络媒体的反馈来做决定和计划，那至少让你的家人和朋友知道，这样他们就不会觉得被忽视了。《恰到好处的安慰》（*There Is No Good Card for This*）一书的作者凯尔西·克罗就有亲身体会。她曾看到逝者的朋友们使用一个在线社交平台，在朋友的葬礼上迅速地组织了一场活动，但是他们完全忽略掉了那些不上网的逝者家属。那天他们在葬礼上喧宾夺主，逝者家属却在角落里惶惑不安。

你要清楚你在现实生活中需要什么。如果你在网上有一大群粉丝和后援会，那么你亲近的朋友可能会觉得你并不需要他们给你送饭，或者送你去看病。虽然沟通是我工作的重要组成部分，但我有时还是会对饱受折磨的患者和朋友说一些愚蠢的话。正如癌症患者凯特·鲍勒在《纽约时报》上所写的那样，没有人知道面对糟糕的诊断结果该说些什么：

> 大多数人和我聊过后都会联想出一幅我离世后的画面。我只是告诉了他们这个可怕的消息，他们却突然开始在我孩子的 4 岁生日派对上说"脓疮"之类的词……这可不是安慰人该说的话。

写给照顾者

如何与生病的人好好交流，是一种需要训练的技能。其中包括衡量他们说话和倾听的意愿；分清楚什么是你自己的担忧，什么是他们的担忧；设身处地地与他们交流。

每个人应对困难的方式都不一样，所以要尊重对方的处理方式，不要以为自己知道安慰或帮助他们的最佳方法。用 20 世纪早期美国著名的医生和教育家弗朗西斯·皮博迪（Francis Peabody）博士的话来说就是：表达关心的最好方式就是将心比心。每当我想弄清楚该如何与人相处时，我总会用这句话点醒我自己。也许对方真正需要的就是你坐在那里聆听。这里有一些建议，可以帮助你和那些被诊断为绝症晚期的人交谈。

可以做的事情：

- 虽然直接大声说出来可能感觉怪怪的，但是你只要说身患绝症确实很让人难受，其实就已经能起到安抚作用了。
- 不要犹豫自己该不该说些鼓励的话，要让对方知道有人爱着他，让他勇敢做自己就好。
- 保持片刻沉默，哪怕只有几秒钟，也能带来深刻的变化。沉默能传达出言语所不能表达的善意，也能为更深层的情感留出空间，酝酿出更好的表达方式，无论是言语、眼泪还是嚎叫。
- 在提问时，最好专注于某一个点。比如问她今天或者今天上午感觉如何，而不是泛泛地问她现在怎么样。
- 逛超市的时候问问他，你能帮他带些什么。或者如果你要去自助洗衣店，顺便拿上他要洗的床单和毛巾。如果你很了解这个人，知道他喜欢什么或需要什么，那就主动把这些东西拿给他。
- 问他是否只想要有人陪伴，并不需要交谈。也许你们可以一起去看场电影，你的陪伴本身就能让他感到安慰。
- 和他一起反思：忠言逆耳利于行。他最终需要自己把事情想清楚，但你也可以重复他说过的话，帮助他理解自己的想法和感受，也帮助你理解自己的想法和感受。

最好不要做的事情：

- 不要试图在这种情况下给人一线希望，或者用"积极思考""你会赢的"之类的话给对方打气。
- 不要混淆你自身的感受和他们的感受。
- 不要把他们的痛苦和别人的作比较。
- 不要故作深刻。没有什么比故作深刻更加肤浅的了。
- 不要出于怜悯行事。同理心和同情心是有帮助的，但是怜悯会帮倒忙。区别通常只是语气上的不同。听到"你这个可怜的家伙"可能会让对方觉得很丢脸，而听到"这真的很糟糕"可能会让对方觉得：对，我就是这样想的。
- 不要输出你的宗教观点。如果别人跟你的信仰不同，你这样做就是在迅速孤立他们。
- 不要提及对方过去的生活怎么样。
- 不要过了一个月就不出现了。在确诊绝症或失去亲人的最初几周，人们往往会收到很多鼓励和安慰。然而一个月后，当他们把自己锁在浴室哭泣，真的很需要人关心支持，或者终于准备好接受别人安慰时，却再没有人来关心和支持他们了。

应对别人的反应

当你在病痛中苦苦挣扎时，有些人可能会对此视而不见。他们可能是出于谨慎，不想说错话；也可能是过于尊重你的隐私，以至于刻意忽视；抑或是太害怕与疾病和死亡打交道。当友谊离你而去时，你会觉得自己好像被警戒线围了起来。有些友谊可能不得不就此结束。不过你还是可以让你关心的人觉得靠近你是安全的，这样一般也就够了。你可以试着站出来直接说："我知道有些事情让你觉得不好开口，但其实你可以直接问我，我还是很想见你的。"如果你觉得当面说有点尴尬，或者一想到要一次次地告诉每一个自己认识的人，就觉得很累，那你可以在博客或朋友圈分享这条信息，这样可以省很多事。一份坦诚的宣言就能让远近的朋友聚在你身边，或者通过网络媒体给你安慰。

在应对疾病、治疗和存在性焦虑时，你最不需要做的就是管理人际关系了。你需要做的是放手——放下担心、放下努力、放下所有与人际关系相关的东西。如果有人变得傲慢专横，哪怕你之前很尊重爱戴他们，也可以在网上挂出一个"请勿打扰"的虚拟标识，并设置一个自动回复，告诉他们你需要时间休整，拒绝被打扰，除非你改变想法。

最 / 好 / 的 / 告 / 别

　　人生中的许多跌宕起伏都与沟通不畅或者缺少沟通息息相关。你要尽力接受并承认眼前的现实，这是为了你自己，也是为了你身边的所有人。必须记住，不管这类消息有多难说出口，对于听者来说都是一种荣幸。

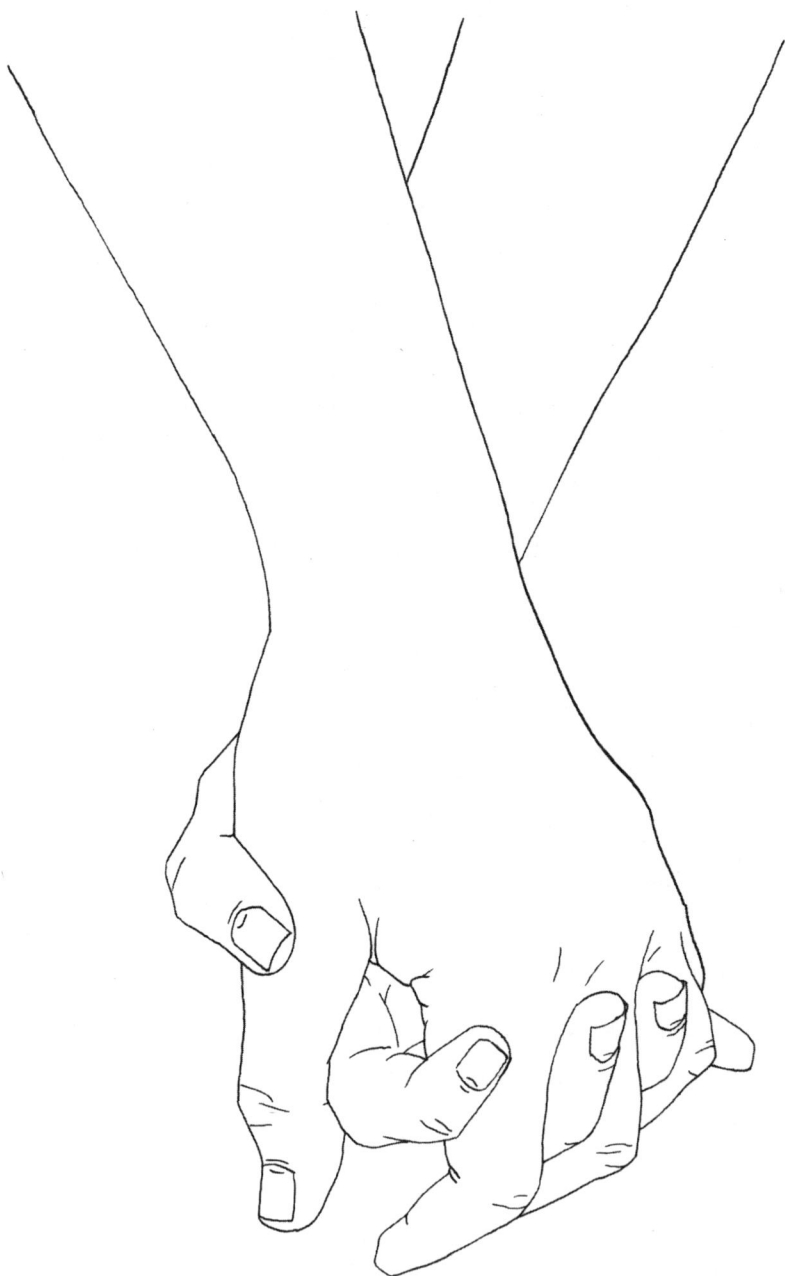

第 10 章

爱情与亲密关系

不稳定的关系；
内疚、愤怒和其他不愉快；
选择在一起或是分开；
不要忘记你的感觉；
随时随地建立联系。

疾病就算没有改变一切，至少也会改变我们的自我认识，给我们和他人的关系带来挑战。德纳·约瑟夫是一名心理治疗师兼缓和治疗团队的医生，他多年来一直在观察和指导处于临终阶段的夫妇。正如他所说："疾病会影响亲密关系。根据我的实践经验，亲密关系才是最容易被疾病折磨的脆弱核心。疾病会加强或削弱我们的亲密关系，而亲密关系对所有人来说都是最为重要的安全感、归属感和依恋感的来源。"

在疾病影响下，有些关系会越来越强，而有些则不然。本章内容主要关注的是亲密关系，不过需要注意的是，你的所有关系都会发生或微妙或剧烈的变化，你周围的每个人都会受到影响。他们的角色会发生变换：丈夫变成护士，妻子变成护工，等等。所有这些转变都会破坏你的情感生态系统的平衡。你不必完全放弃你原来的家庭角色。与别人一起面对人生的落幕可能是一段无比温柔的时光。伴侣可以原谅你，也可以被你原谅。患者也可以教会护理人员什么是脆弱与真实。每个人都可以向他们爱的人展示自己有多爱他们。

疾病对亲密关系的影响

亲密关系会如何变化

伴侣默认你能做到的事情，比如和孩子玩球，出门倒垃圾，晚上不尿床等，如果你再也无法做到，那么你的整个生活体系都会受到冲击。所有你认为理所当然的事情，即使是最小的事情，都可能被剥夺。

无论年龄大小，从配偶或伴侣的角色过渡到患者或照顾者的角色都是一件困难的事情，不容小觑。如果你以家长、孩子、领导者，或者其他什么身份过了一辈子，你可能觉得适应新的身份太难了。当独立的假象被打破，你长期以来的生活平衡以及你与伴侣之间的彼此照顾的常态都将被压垮。

首先要承认你与伴侣的亲密关系发生了变化，去怀念和默哀，不管是通过言语、行动还是仪式。这一点非常有用，是你继续生活的关键，也是维护亲密感的方法。允许彼此发泄情绪，哪怕不愉快或很难受，这样你们才能为彼此提供真正的支持。彼此坦诚也是一种保护，让你们不会觉得自己牺牲或失去的太多。在这之后，还有很多要做的事。下面的一些建议可以帮助你们在经历这个过程时能相互支持。这些建议是伴侣双方都需要考虑的。

一起做一些与疾病无关的事情。要坚信自己的身份是伴侣或家人，而不仅仅是"患者"或"照顾者"。你们可以在周三晚上一起做以前一直都很喜欢做的事，如打牌、听音乐等。

　　回想一下当初你们是怎么走到一起的。人都是会遗忘的。想想第一次被对方的魅力所吸引的时刻，想想你们之间的老笑话，想想你们的日常生活、常去的地方、爱吃的食物、爱看的书籍，或者是任何曾经让你们走到一起、现在仍然可以继续做的事情。在坐诊时，我会一次又一次地提醒患者，如果他们失去了赖以生活的基本事物，尤其是能给他们带来快乐的东西时，会遇到许多麻烦。哪怕有些东西现在无法触及，一起回忆过去也能带来强大的力量。

　　建立新的仪式和惯例。你们能否一起做一些新的事情呢？晚上一起看电影？为对方读书？看完医生后在公园或冰激凌店停下休息？或者在吃药的时候顺便喝口雪莉酒？每吃一片药就亲吻一次？排便通畅时给个奖励？你可以随意制定这些惯例。关键是要和伴侣一起适应并接纳这个全新的、古怪的现实。

　　确保你们都有属于自己的时间。这段时间彼此保持沉默，独立地做一些事情。可以是独处或者与友人约会，也可以看书，或者外出就餐。关注自身的感受以及保持与外部世界联系是很重要的。

　　欣赏对方。在症状和治疗面前，人们更容易忽略发生在你周围的，为你而出现的一些甜蜜瞬间。你要慢下来，注意观察。看着对方的眼睛，多拥抱彼此一会儿。这些时刻会让你的神经系统放松下来。试着去了解自己和对方，相互交流，这样也许你们都会发现，经营着这种脆弱生活的自己有多么坚强。你无法选择你所面对的，但你可以选择与对方相伴，一起度过每分每秒。

在死之前你们会分开吗？

　　确实，有些夫妻会在临终前分手。临终的诊断可能会让一些人走得更近，但不太可能修复已经陷入困境的关系。即使在身体状况良好的情况下，分手都

疾病会
改变人的身份

你现在可能一人分饰多角：女儿、护士、治疗师。身份的改变只是暂时的，但这种改变却并不容易。

是一件很艰难的事情，而当你生病且感觉更脆弱的时候，分手可能会变得更具毁灭性。不过从另一个角度来说，放手一段已经无法修复的关系（或其他任何东西）也是明智的，可以让你一身轻松，恢复能量，因为糟糕的关系只会消耗你所剩不多的生命。

写给照顾者

　　也许你是一名银行家，而你的伴侣是个大厨，或者你的伴侣业务繁忙，而你则负责日常家务。无论你们是互补的，还是其他什么样的关系，这种美妙的团队合作都意味着某些日常职责完全属于其中一人。当你们在一起并且一切正常时，这样的分工也许很轻松。但若其中一方被疾病打倒，另一方就要承担超出能力范围的困难事务。这个世界上有许多成年人都不擅长保持收支平衡或者清洗衣物，因为这些事情过去都是由另一半负责处理的，所以他们以为没有学习的必要。

　　你可能会担心自己承担不了伴侣的责任，但又害怕提出这个话题。无论是谈起你所爱的人再也无法做到的事情，还是强迫自己去想象你们其中一个人离开的那一天，都是一件难事，也很容易让人感觉愧疚。但是这样做很重要，也是一种体贴。

　　如果你们的身体状况都还可以，那就试着承担对方的任务一到两周。如果现在不具备条件，还可以坐在沙发上安排一些学习课程。这样至少能达到两个效果：有助于你更欣赏自己的伴侣，并帮助你了解自己将要负责的新任务。这些事情可能让人感觉平淡无奇，但这也正是其价值所在，因为生活中的大多数时间都是平平淡淡的。

亲密关系变化之后的应对

获得正确的支持

如果你想要与伴侣分开或者正处于分手之际，那你需要赶紧寻找其他情感和后勤方面的支持。以前都是你的伴侣开车送你去看病的吗？你的朋友圈里还有谁能替代他（她）呢？

除了告诉跟你关系比较亲密的朋友外，最好也把你最近分手的状况告知你的医疗团队。他们需要了解你的最新情况，而且他们也许能帮上忙。你也可以直接向你的医生或保险公司求助，让他们给你推荐社会工作者。无论你是在寻求医疗保险方面的建议，还是在交通或饮食方面需要帮助，抑或是需要找人倾诉，社会工作者都能帮助你找出并获得潜在的资源。

保险托管

你是否依赖于配偶的医疗保险？曾经有一个女人在和她的伴侣分手之前问对方，她是否可以在他的保险计划中再保留一段时间。他们是和平分手的，他仍然关心着她，所以他答应了。他们一直保持着联系，直到一年后她有了自己的保险计划。人们常常会采用这种方式协调解决保险问题。不过，如果你没有清晰的解决方法，最好向社会工作者或病案管理人员求助。婚姻状况的改变可能意味着你失去了可观的收入来源，无法支付看病、治疗和居家看护的费用。不过话说回来，这也意味着你有资格申请一些援助项目了，比如公共医疗补助等。这些项目是靠共同收入生活的人无法获得的。

愤怒、冲突和其他混乱的情绪

一想到要离开自己所爱的人，你可能会感到难以忍受，会对世间万物都充满愤怒，会感到疲惫或疼痛。但是你会发脾气、与人冲突，或者在不想看到伴侣时要求对方走开吗？

答案当然是肯定的。人生的最后阶段也还是日常的生活，你所拥有的一切人类情感都是正常的。过于忍耐克制，反而会让你失去所爱之人。不要剥夺对方表达情感的权利，疾病已经带走够多东西了。所以说，当你想要表达自身情感的时候，勇敢表达吧，这和以前的情况没有什么不同。如果在被诊断出致命疾病之前，你和另一半就时有争吵，那么在收到诊断消息后，你们仍然会发生争吵，而且争吵本身还可能会带来一切如常的感觉。对一些夫妻来说，争吵甚至是一种亲密的表现。当然，如果这种情况一直发生甚至越来越频繁，那么争吵就会造成真正的伤害，会赶走你最需要的人。

要记住：大多数抱怨的背后其实都是请求。所以，要搞清楚你到底想要什么。你是想一个人待着吗？你是需要别人说你仍然很有吸引力吗？你对伴侣大发雷霆是因为只有在伴侣面前才感觉安全吗？如果能让对方知道你是怎么想的，那就太好了。

挣扎求生也不完全是坏事

疾病的威胁既让我们表现出了最坏的一面，也让我们表现出了最好的一面。多年来，我认识的许多夫妻都声称疾病挽救了他们的关系。这通常是因为疾病抹平了他们之前形成的裂痕，或者给了他们一个恢复沟通并敢于相互需要的借口。

对已经 40 多岁，有两个年幼的孩子的珍·帕纳西克来说，照顾患胃癌的丈夫给她带来了一种新的亲密感和使命感。事实上，丈夫病情缓解的那几年反倒是最艰难的。珍说："那实际上是我们关系最糟糕的一段时期。他开始喝很多酒……因为他害怕病情复发。他选择用喝酒来应对，而不是跟我交流。"他的行为激怒了珍。"我告诉他，'不能喝酒，你是摆脱癌症了，但是你不能乱来，对不起！'我知道他很受伤、很痛苦，但我心里一直在想：'你应该彻底恢复健康！这才是你应该尝试去做的，不对吗？'"三年半后，丈夫的癌症又复发了，他们非常沮丧。不过这种鲁莽行为几乎立即停止了。"从某种角度上来说，在应对疾病的时候，我们的生活反倒更容易些，因为我们感觉是在一起努力。"

这里也有一些需要注意的地方。患病以后，生活中的起起落落会来回折腾你与身边的人。挣扎求生的过程就像戏剧一样，有其独特的吸引力，会让人有一种奇怪的渴望，或者说让人心里有一种预期。如果疾病的威胁消失了，你反而会不知所措或者紧张焦虑。所以你应该尽力储存能量，及时休息或享受生活。这可以帮助你在情况混乱的时候有条不紊，在情况好转时放松下来，给自己留点休整的时间。

写给照顾者

作为一名照顾者，感觉自己像是在做一项吃力不讨好的工作。当你付出、付出、再付出后，有时候得到的却只有阴郁的情绪和更多的要求。雪上加霜的是，你所爱的人可能没有心情去表达他对你所做的一切的感激。这就是为什么和其他有类似经历的人交谈会对你很有帮助。你可以去寻找照顾者的支持小组，在那里你会得到他人的关照。

对于伴侣双方而言，如果你觉得对方把你做的事情视为理所当然，可以尝试这样做：要求对方发出一些表达感激或爱意的小信号。不论是紧握的手、一个微笑，还是一点点的奉承，都可以让你度过心满意足的一天。小动作往往能产生巨大的效果。生病的人和你一样，也会深切地感受到他强加在你身上的负担，所以如果他知道你需要什么并能够给予你，也能让他感到极大的宽慰。所有人都会在某个时刻成为接受照护的对象，记住这一点是有好处的。总有一天，照顾者也会需要别人给予照护。

创造一个情感安全区

夫妻双方要始终保持步调一致是很难的。某一方当下的需求可能会阻碍另一方的需求。不过在任何时候，一切需求都可以归结为情感和心理上的安全需求。如果支撑你的生活和身体的基础正在分崩离析，那你的安全感可能很难实现。但我们所有人都需要安全感，无论我们有多坚强。当我们感觉不安全的时候，我们就会退缩、逃跑、筑起一道心理防线，或者握紧双拳准备战斗。

失去独立能力是非常非常让人难受的，尤其是当你以自力更生为傲的时候。需要越来越多的帮助会使你沮丧到绝望的地步。无论伴侣有多么爱你，他 / 她都不可能完全理解你即将死去时的孤独感。确实，无论是患者还是照顾者，都有各自的困难，不可能完全理解对方。要试着给予对方应有的尊重。

目标是要让自己感觉到被关注，而且觉得现在这样就挺好。这种心态是由你和伴侣共同创造和维系的，所以我们对患者和照顾者的建议都是：做最基本的事情。倾听对方却不做评价。卸下你的防御盔甲，把情绪发泄出来。别管什么最终诊断，把注意力集中在你们两人共同负责创造的情感联结之上。

留意那些让你感动的事

有一个患者告诉我，在传统意义上的人际交往中，他从来没有感受过真正的舒适。你可以从他与诊所里的人，包括候诊室的病友以及前台工作人员的相处方式上看出这一点。不过他在生活中并不像别人想象的那么糟糕。对他来说，与世界的联系是通过他的相机完成的。他喜欢晚上在城市里散步，随手拍一些街景。当保持一定的距离时，他会对人与人、物与物之间的关系生出惊人的洞察力。他的照片展现了他对别人的爱，这是其他方式都无法做到的。

无论你如何与世界建立联系，都要留意那些让你感动的事物。去所有它们可能出现的地方，寻找那些维系你生命活力的事物。

最 / 好 / 的 / 告 / 别

所谓的"永远"可能会比你当初想象的要短，不过临终之时也不是只有坏事。如果说疾病和即将到来的离世带给了我们什么好处（大多数情况下都是有的），那就是让我们意识到了自身的脆弱，并因此寻求亲密感。这种亲密感可能来自你意想不到的地方，还可能会以你未曾想过的方式实现。

第三部分

一路相助

　　开口求助并非易事，不过所有人都有需要帮助的时候，而且恰到好处的帮助可以彻底改变你的生活。这里有很多措施可以提高你和所爱之人的生活质量。从我们专业人员的角度来看，人们对安宁疗护和缓和治疗其实有很多误解。因此我们在这一部分内容中进行了详细地讲解，包括你应该什么时候去寻求安宁疗护与缓和治疗，这两者对你来说有什么好处，以及这两者之间有什么不同。这一部分还介绍了住院生活的攻略，重症晚期的常见症状与感受，以及为什么照顾者自身也需要关怀与照顾。

第 11 章

安宁疗护与缓和治疗

什么是安宁疗护与缓和治疗；
在哪里以及如何才能获得安宁疗护与缓和治疗；
什么时候应该接受安宁疗护或缓和治疗；
安宁疗护与缓和治疗有哪些不同与相同之处。

什么是安宁疗护与缓和治疗

缓和治疗和安宁疗护都源于同样的治愈本能，这种本能会让你意识到你的身体、精神和情感都应该得到充分的关注。缓和治疗与安宁疗护主要关注的是你现在的感受。

缓和治疗是以关怀患者和患者家属为核心，以提高生活质量为目的，以减轻痛苦为基础的治疗方式。只要患有严重疾病，无论病情处于何种阶段，预后情况如何，都适用缓和治疗。缓和治疗可以与其他治疗、服务和基础保健同时进行。

安宁疗护是为预期寿命不超过 6 个月的患者提供的，旨在缓解身体、情感和精神不适的一种治疗方式。换句话说，安宁疗护是专门为处于生命最后阶段的患者所设计的一种缓和治疗。到了这个阶段，激进的治疗方式已经没有什么帮助了。因此，接受安宁疗护的前提一般都是将追求治愈的目标改为追求舒适。

你可以把安宁疗护与缓和治疗视为值得信赖的团队服务。只要你觉得自己需要更多的支持，缓和治疗就可以尽早开始。而安宁疗护可以让你感受到名副其实的"家的舒适"。这两者都是为了减轻痛苦和提高生活质量而设计的，并且汇集了医学、护理、社会工作等多学科的专家，尤其是还有牧师。安宁疗护不是为了陪你度过临终阶段，而是为了让你好好生活直到死去。事实上，有大量的证据表明，接受缓和治疗与安宁疗护的人比没有接受的人生活得更好。这里的"更好"意味着更少的抑郁和焦虑，换句话说，就是更少的压力和更多的舒适。现在也有足够的数据能证明，这类护理方式不会缩短患者的寿命，在某些情况下，缓和治疗与安宁疗护其实还帮助人们活得更久。

为了获得缓和治疗与安宁疗护的益处，最好在需要的时候就及时开始。然而，人们在开始缓和治疗与安宁疗护之前一般都等得太久了，医生也总是很晚才向患者推荐。造成这种情况的主要原因是不了解相关信息。大多数人，包括许多医生，都没有完全理解缓和治疗与安宁疗护的区别，所以我们会在后面进行详细讲解。

有所重叠

缓和治疗

安宁疗护

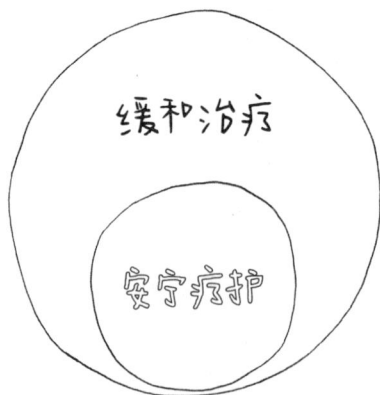

人们普遍有一种误解，认为安宁疗护与缓和治疗是一回事。其实并非如此。虽然基于相同的理念，提供相似的服务，但两者在一些重要的细节上有所不同，比如开始治疗的时间和需要花费的金钱。

安宁疗护

人们通常认为安宁疗护就是在某个机构里度过生命最后的时光。虽然这也是其中一种情况，但相对来说还是很少见的。当你决定接受安宁疗护时，你得到的是一个临床团队的服务。他们会来到你居住的地方，提供特定的服务。

西塞莉·桑德斯被誉为现代安宁疗护运动之母。在她漫长的职业生涯中，她先是一名护士，然后是一名患者，接着又做了一名社会工作者，最后还成了一名医生。她专注于所谓的"全方位疼痛"领域，即混合了身体、情感和精神不适的整体感受，我们现在一般笼统称为"痛苦"。

> **小贴士**
>
> 西塞莉·桑德斯于 1967 年在伦敦创立了圣克里斯托弗安宁疗护医院，并因杰出贡献被英国女王伊丽莎白二世封为爵士。

这种对于多重痛苦的理解促使她创设了安宁疗护的照护团队，其中包括负责照顾患者身体的医生和护士、负责疏导患者情绪的社工，以及负责精神安抚的牧师。这种团队组成模式被一直沿用到今天的安宁疗护与缓和治疗项目中。

安宁疗护福利

1982 年，美国总统里根签署了《安宁疗护医疗福利法案》。因此，只要你有医疗保险，包括联邦老年人医疗保险，你就可以申请安宁疗护服务，不需要自掏腰包。自从这项具有里程碑意义的法案付诸实施后，"安宁疗护"既指一种保险福利，也指一种护理方法。这可能会让人困惑，你会听到人们这样说："他有安宁疗护。"这意味着那个人享有安宁疗护福利，而且正在接受安宁疗护。

就大多数上门服务而言，体系完备的安宁疗护服务毫无疑问是最佳选择。安宁疗护不止帮你解决医疗问题，还会帮你处理"社会"问题，因此安宁疗护也可以提供其他医疗体系无法提供的服务。对于那些孑然一身的人来说，安宁疗护最接近于在生命结束时有家人陪伴的感觉，因此就更显得难能可贵了。当然，安宁疗护能做的事情是有限的。团队成员不可能整天待在你家里，负责你每一天每一次的用药，给你换好每一块尿布，但是你很难再找到比安宁疗护更好的服务了。

写给照顾者

尽管在安宁疗护期间，有很多人会为患者提供服务，但患者的大部分时间都是在没有他们的情况下度过的。除了计划中的上门服务以及患者偶尔主动提出的需求，这些人并不会在患者家里转来转去。换句话说，作为患者的家属和朋友还有很多工作要做。护士会详细教你如何为患者提供日常医疗护理，此外你还需要处理家务，给患者注射止疼药，更换床上用品，帮助患者上厕所和保持个人卫生，把患者搬到床上或者沙发上，以及时刻警惕患者摔倒等。你可以了解一下临时住院服务，如果能够负担的话，还可以考虑雇用一名护工来补充安宁疗护服务的不足之处。（参见第 14 章 "救命！我需要帮助"）

如果住在养老院会怎么样？

一般来说，如果你住在养老院，仍然可以在那里得到安宁疗护服务。但是请注意，养老院和安宁疗护机构通常是互不相干的两个组织。从一开始你就要问清楚这两个团队是怎么合作的。安宁疗护团队是否会负责推荐药物，而养老院的医生必须开相应的处方吗？如果是这样的话，当你有问题或者有紧急需要时，应该跟谁说呢？安宁疗护团队提供的服务是对养老院护理工作的补充。养老院并不应该减少护理工作，而安宁疗护团队也应该始终提供全面支持，包括 7 天 24 小时热线服务和个人护理专员的帮助。如果你感觉养老院的工作人员和安宁疗护的工作人员在协调服务时有困难，你应该提醒他们注意这件事，并要求他们搞清楚到底谁负责做什么。每个工作人员都应该着眼于给你和你的家人尽可能好的照顾，不过这可能需要你自己来争取。

> **小贴士**
>
> 如果你觉得你的护理工作乱成一团，可以要求你的安宁疗护团队和护理机构的工作人员开个集体会议，当面解决问题。

安宁疗护并不是绝对可靠的

安宁疗护服务与其他服务一样，服务质量也会有所不同。你有没有这样的经历：你来到自己最喜欢的咖啡店，结果发现店里几乎所有员工都请假了，只留下一个人忙前忙后地做饮料，还得打电话向同事求助。安宁疗护也是一项工作，它和其他工作一样，也会受到疾病、休假等人手短缺问题的影响。不同之处在于，"等了很久才等来一杯糟糕的拿铁咖啡"永远不能与"急需帮助时护理人员姗姗来迟"相提并论。安宁疗护系统是我们不堪重负的医疗保健系统的一部分，这意味着安宁疗护服务也有压力。职业倦怠和人员流动是这个行业面临的重大问题。与此同时，培训项目也很难一蹴而就地培养出大批拥有丰富知识和经验、可以提供优秀护理服务的人员。

我们十分支持安宁疗护，并且坚定地认为这个世界需要更多这样的安宁疗护服务。但是，既然我们已经不遗余力地宣传了安宁疗护服务的好处，我们也有必要承认，安宁疗护项目有时并不能兑现最初的承诺。一般来说，绝大多数人对于所接受的安宁疗护服务都非常满意，也有数据能证实其满意度。那些不太顺利的情况，通常是由于沟通不畅、期望过高，或资源紧缺导致的。不过也有例外，有些安宁疗护项目确实做得很差劲。

我们提到这一点是为了给你提供足够的背景信息，让你在咨询时能问到点子上，以免你在各种情绪的负担之外，再添一份失望。你可以与其他获得过安宁疗护帮助的家庭交流，多了解关于安宁疗护机构的信息。下面这些问题可能会用到：

- 安宁疗护机构是否向你告知了护理计划以及对疾病的预期？他们是否让你的亲人感到舒适？
- 安宁疗护团队是否有固定的联络人？团队成员的意见一致吗？
- 安宁疗护团队是否为你和你的家人提供了情感支持？
- 你考虑过其他安宁疗护项目吗？你为什么选择这个团队？
- 安宁疗护在你的亲人去世后是否有继续帮助你和家人度过悲伤期？
- 你有什么遗憾吗？
- 如果再选一次，在选择安宁疗护机构之前，你希望自己知道些什么？

如果你和安宁疗护团队相处并不融洽，可以要求换人。也许他们并不是总能找到满足你要求的员工，但任何负责任的组织都会尽力做到这一点。他们不是小商小贩，他们从事的是富有同理心的服务行业，而且这也是你生命中非常重要的一段时间，不能随便将就。

缓和治疗

缓和治疗的概念源远流长，如今已成为一门正式的临床学科。现代意义上的缓和治疗源于安宁疗护。据说在 20 世纪 70 年代末的一个早晨，曾与西塞莉·桑德斯一起做研究的加拿大外科医生、安宁疗护先驱巴尔弗·芒特（Balfour Mount）博士，在水槽边刮胡子时想到了"缓和治疗"这个词。他当时正努力消除"安宁疗护"这个词所产生的令人不快的含义，因为 hospice 一词也指收留可怜之人的收容所，转而用不那么可怕的"缓和治疗"这个词来描述他的工作。以下是联邦老年人医疗保险对缓和治疗的定义：缓和治疗是以患者和家庭为中心的护理，通过预测、预防和治疗患者的痛苦来优化其生活质量。在疾病持续发展的整个过程中，缓和治疗包含了处理身体、认知、情感、社会和精神方面需求，以帮助患者获取信息、自主决策。

这其实是所有医疗保健体系应追求的目标，不过到目前为止，医保体系并不是这样的。因此，缓和治疗的出现提供了一个不同的方向：关注你的愿望，减轻你的痛苦。你并不需要达到某个痛苦阈值才能选择缓和治疗，治疗过程中也没有衡量生活质量的绝对标准。作为患者，你要像医生指导自己一样，去指导他们为你服务。在这种治疗方式中，善意和尊重不再是额外的福利，而是核心原则。

20 世纪六七十年代，出于对临终阶段护理的关注，缓和治疗领域得到了长足发展。不过最后人们还是找到了真正的目标：帮助患者在患病过程中的任何阶段尽可能感觉舒适，包括但不限于病程的最后阶段。注意：在缓和治疗的定义中，没有提到死亡或时间限制。

如何获得缓和治疗

患有严重疾病时经历的任何痛苦都适用缓和治疗，无论痛苦类型是疼痛还是恶心，也不管痛苦原因是焦虑、恐惧，还是沟通障碍或家庭问题。有一些缓和治疗项目需要医生办理转诊，但多数项目都不需要。每个缓和治疗项目都可能有单独的限制和资格要求。例如，我工作的诊所只接待癌症患者。你可能没有太多的选择余地，不过这种情况在未来几年应该会有所改变。当你找到一个缓和治疗项目时，要问清楚他们能提供的具体服务，比如治疗团队和你联系的频率、哪个团队成员将负责处理哪类问题等。你还要询问费用问题，因为保险公司会要求你在使用部分或所有服务时自付一定费用。

缓和治疗是如何运作的

你要对相关服务有一个心理预期，这一点很重要。当你逐个挑选项目，挨个找人咨询时，你要明白不同的项目一定会有不同的质量和亮点。缓和治疗目前还处于早期发展阶段，并不是每个项目都能提供下面列出的所有服务。但无论服务范围如何，只要缓和治疗发挥了应有的作用，你就不会失去任何东西，反而会收获颇多。以下是所有可能涉及的服务：

- 与患者和家属讨论护理工作的目标，并确保这些目标被记录在案。
- 疼痛和其他症状的处理。
- 协助并确保你拥有所需药物并了解如何使用。
- 沟通你的病情，以及随着病情的发展可能会发生什么。
- 为患者和照顾患者的家属提供情感支持。
- 当你从一个环境转移到另一个环境时，例如，从医院到养老院或私人住宅，能够帮助你协调所有的护理工作，特别是与护理人员沟通症状的变化情况，以及最新的护理目标。
- 转介社区资源，以帮助你解决社交和日常需要，如医疗用品商店、送餐项目、同伴支持小组等。
- 精神支持。
- 为家庭提供丧亲安抚服务。

缓和治疗的提供方式

在医院环境中，缓和治疗团队可能会在几天内与你紧密合作，帮助你解决上述任何问题。在这里你会遇到一个团队，这个团队至少由医学博士、护士、社会工作者，还有牧师组成。根据你的需要，他们可能在你住院期间一直陪伴着你，也可能只是在一段时间陪伴你。如果你二次住院，这个团队可能还会回来，因为熟悉的面孔会让你感到安心。医院提供的缓和治疗项目往往比较紧张、简短，服务范围也局限在医院内。

医院外的缓和治疗项目在诊所、患者家中或疗养院里越来越受欢迎。不过，最常见的服务地点还是诊所（医生办公室）。不像在医院那样，在这里你不太可能见到整个团队。许多跨学科的工作都是在幕后完成的。如果是临时遇到问题，你可能只需要在几周内连续看几次医生。如果情况稳定，你可能在很多年里，都是每隔一两个月去看一次医生。就像大多数门诊治疗一样，你去门诊的时间跨度往往要比你住在医院的时间长得多。

小贴士

提供上门探访服务的项目虽少，但数量在不断增加。探访方式是护理人员亲自上门，或通过电脑或智能手机用视频会议的方式进行交流。

在哪里能找到缓和治疗服务

尽管缓和治疗发展迅速，但这一领域的服务并不完善，特别是在美国的东南部地区和农村。到目前为止，平均每 13 000 名患有严重疾病的患者只有一名安宁疗护和缓和治疗医生。所以，请密切关注缓和治疗项目，并期望能在你家附近找到。

无论你住在哪里，都可以申请缓和治疗项目。无论你是在医院还是诊所，都可以问问你的医生或护士是否有这样的项目。即便你现在感觉很好，不需要缓和治疗服务，提前了解有什么可用的项目也很有必要。即便附近没有可用的项目，你的请求也会被记录在案，可以帮助缓和治疗行业不断发展以满足你所在区域的需求。你也可以联系当地的安宁疗护机构，询问他们是否提供缓和治疗服务，或者你所在地区是否有提供缓和治疗服务的组织或医院。

中国国情下的缓和治疗与安宁疗护 [①]

在中国，缓和治疗包括安宁疗护。四川大学华西第四医院李金祥教授说："他们的患者经过缓和治疗有存活 15 年的，在这 15 年中会反复入住缓和医学科。缓和治疗对象有几个小时的患者，也有十几年的患者。而安宁疗护是指在病人进入生命终末期后（生命终末期也许几个小时，也许几天，也许几周），通过提供身心社灵的照顾，使患者有尊严、无痛苦地走完人生最后一程。"

缓和治疗和安宁疗护是密不可分的。只是疾病在治疗过程中的不同阶段。缓和治疗和安宁疗护统称为"安宁缓和医疗"。安宁缓和医疗的任务是：

- 提供缓解疼痛及控制其痛苦症状的临床医疗服务。
- 维护和尊重生命，承认死亡是一个自然、正常的过程。
- 既不加速也不延缓死亡。
- 整合病人的精神心理和心灵层面的照护为一体。
- 提出支持系统以帮助患者尽可能以积极态度活着直到死亡。
- 提出支持系统以帮助家属应对患者的疾病过程和帮助家属自己的哀伤过程。
- 应用团队的工作方法以关注和满足患者和他们的亲人的整体需求，包括患者和家属需要时提供哀伤咨询。

---

① 该部分内容由泰康生命关怀事业部提供。——编者注

- 将提高生命质量，也能够有效地干预疾病的过程。
- 同样适用于癌症疾病早期，包括联合应用其他延长生命的治疗（如化学治疗或放射治疗），还包括疾病所需要的进一步生化检查，以便于较好地评估、理解和治疗各种疼痛的临床并发症。

最 / 好 / 的 / 告 / 别

　　缓和治疗专注于提高你和家人的生活质量，帮助你缓解严重疾病带来的各种症状和压力。在患病的任何阶段你都可以获得缓和治疗，并不局限于生命的最后阶段。安宁疗护也是一种缓和治疗，代表了临终阶段护理工作的黄金标准。获得安宁疗护服务需要满足一定的条件，不过只要你符合条件，安宁疗护就是你在家里获得较多服务的较好方式。一般来说，在身患严重疾病的情况下，越快获得服务越好。

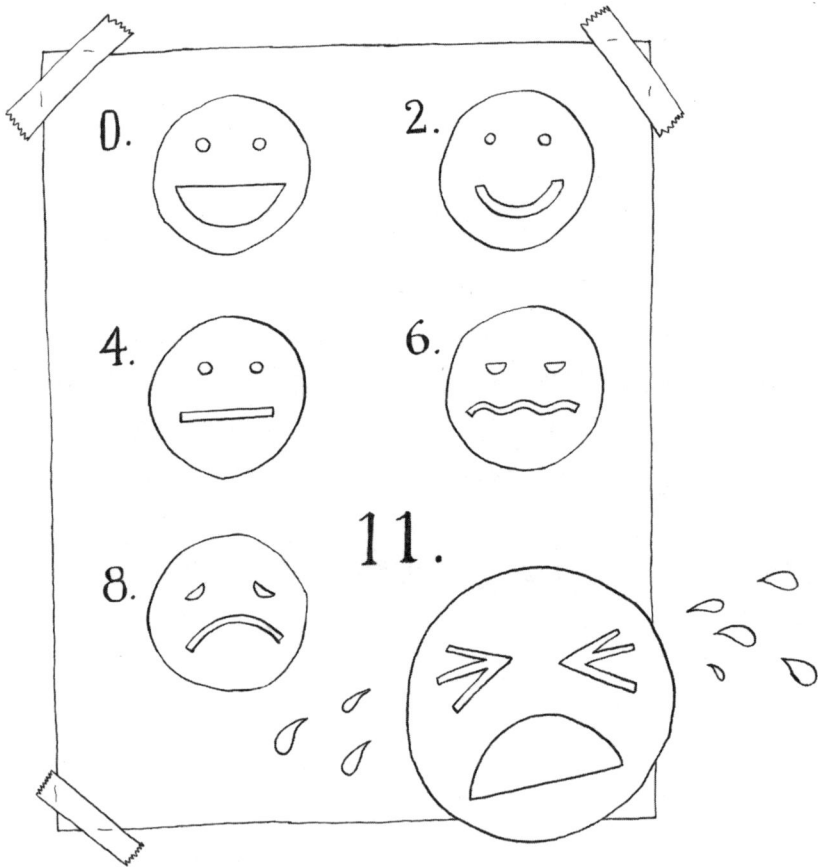

第 12 章

晚期症状指南

在重症晚期阶段，
你可能会有什么样的症状与感受？

安迪是通过他的心脏病主治医生的介绍，来找我们做治疗的。他最主要的问题在于心脏，有恶心的症状，也试过一些药物，但都无效。同时，由于其高血压常年未得到治疗，他在 60 多岁时患上了充血性心力衰竭。

我见到他的那天早上，安迪滑稽的表现很是让人分神，他从头到尾都在一本正经地讲冷笑话。但他妻子罗丝脸上的痛苦却表明情况其实没有那么简单轻松。跟安迪这类人打交道必须仔细观察，注意聆听。因为他会把重要的信息藏在好像随口一提的话里面。我问他食欲如何，他却说"我像马一样能吃"。罗丝急得都快哭了。她告诉我安迪吃饭时脾气很糟糕，完全不像以前他们坐在餐桌旁时那样亲密和快乐。她一打开话匣子，安迪就坦白了。他其实很讨厌恶心的感觉，这感觉扼杀了他曾经的好胃口。

便秘是另一项给他带来痛苦的事情，也是出现恶心症状的主要原因之一。

于是我问道："你多久大便一次？"安迪立刻回嘴说："天哪，医生，你不会想知道的！"停顿了一会儿，他又说："嗯，我最近没怎么吃东西，所以我不需要经常去。"他其实已经有一周多没有好好排便了。在这之前的一次便秘，折腾了他 10 多天。后来我们发现医生给安迪开了低剂量的吗啡，用来治疗严重心力衰竭患者常见的呼吸短促。这药开得是对的，他现在呼吸时舒服多了，但是他没办法解决这类药物必然会带来的便秘问题。此外，他的心脏病主治医生给他开的治疗恶心的药物也会引起便秘，这就使得情况更加复杂了。

谜底解开了：安迪衰竭的心脏导致了他的呼吸问题，治疗呼吸问题的药物的副作用引起了便秘，而便秘带来了恶心的症状。只要他还需要吗啡治疗呼吸困难，他就得每天都采取特别的通便措施。那一天因为他已经很久没有排便了，所以他最后灌了两次肠才通畅排便。各种症状总是相互交织出现，而治疗某种症状的药物往往会引发或加重另一种症状。这种各种症状交织的情况并不总是那么容易厘清。要解决问题，就需要和每个参与其中的人深入交流。大多数的症状和药物的副作用都是可以治疗的，但如果漏掉了相关信息，问题就不好解决了。

大部分不舒服的症状都是可以治疗的

你感觉怎么样？无论诊断如何，我们关注的始终都是你的感觉。如果得不到治疗，烦人的症状会像噪声吵个不停，吞噬掉你生活中的一切。但是我们可以采取一些措施来降低这种噪声、减轻压力。哪怕是短暂的缓解也能让人恢复活力。

不过也不要期望过高。彻底解决不舒服的症状只能在某些情况下实现。因为不治之症通常也会带来无法根治的症状。如果导致症状的根源问题没有消失，比如癌症或器官衰竭，那么症状很可能也不会消失。因此，更现实的目标是达到一种状态，在这种状态下，你会在一定程度上感到舒适，不会被症状所吞噬。

急性症状和慢性症状

任何症状都有可能是急性或慢性的。这种差异与时间长短和紧迫性有关。急性症状往往来得又急又猛，告诉我们身体出问题了。例如，剧烈疼痛就是一种有益的信号，提醒我们有些情况发生了变化，我们应该立刻停止正在做的事。这样一来，疼痛就有可能保护我们免受伤害。如果出现了新的急性症状，换句话说，就是如果你突然疼得开始尖叫了，你最好马上打电话给你的医生或安宁疗护机构。如果不能通过电话解决问题，那么你可能就得去趟急诊室了。本章所列的任何症状都可能以急性症状的形式出现。

急性症状可能像警报一样引人注目，但慢性症状往往更加烦人。慢性症状会随着时间的推移（几个月或更长的时间）逐渐显现。即便你尝试治疗，通常仍会持续，不过并不需要采取紧急措施。换句话说，尽管慢性症状很累人，但它们不会对你的健康构成迫切威胁。所以，哪怕你为了处理慢性疼痛去了趟急诊室，很可能也不会管用太久。正因为不需要立即采取行动，处理慢性症状可能反而比急性症状更具挑战性。

那些不了解慢性疼痛的人可能很难理解其全盘影响。冷酷阴郁的症状会逐渐吞噬我们的身体、情感和精神储备，哪怕原本特别开朗的人都会变得脾气暴躁、意志薄弱。还有一点令人沮丧的因素——我知道情况有点不对劲，但我就是无能为力。这时我们可能会觉得自己的身体像是出了故障，或者像是故意跟我们对着干。

最终的结果是，时间会帮我们一把。慢性症状也意味着我们有时间去尝试不同的治疗方法，有时间去熟悉各种感觉。我经常听到这样的说法："我不确定疼痛是减轻了，还是我习惯了，但不管怎样，我感觉好多了。"就像慢性疾病一样，最终你会找到共处之道，而不是试图逃避。我们有很多不舒服的感觉都来自抗拒。

关于症状的真相

我们对于症状的感受是复杂的，因人而异。没有完全一样的人，也不会有完全一样的感受。什么治疗措施对你来说是有效的，什么是无效的，你自己就能做出最好的判断。治疗措施是否有效，你说了才算。与治疗疾病的情况不同，治疗症状的效果不是通过各种检测或者化验来确定的。在治疗症状时，如果你感觉好些了，那就是有效的治疗，治疗就可以继续。如果你感觉不太好，就和你的治疗团队讨论其他可以尝试的措施。某种治疗方式是否对你的疾病有效，可能只有医生知道，但若涉及你自身的感受时，你才是"专家"。

治疗症状用的药物可能会引发其他症状。大多数药物都有副作用，特别是止痛药，可能会让人反应迟钝或行动迟缓，让你不禁怀疑自己不适的感受到底是疾病还是药物造成的。唯一能找到答案的方法就是停药观察，但停药可能也会让你陷入痛苦的漩涡，甚至患上戒断综合征。所以你一定要提前和治疗团队讨论。如果医生同意你这么做，就找时间尝试一次。

服药方式其实有很多种，包括口服、鼻饲给药、静脉注射、外敷和直肠给药等。很少有药物可以适用以上所有方式，而且每种服药方式都有一定局限。如出于安全、监管、注射人员专业技能以及成本方面的考虑，在家里进行静脉注射是非常困难的。此外，很多药物并不适合通过鼻饲或外敷使用。所以在家里用药通常意味着只能通过口腔或直肠两种途径进行。如果你吞咽困难，说实话你就只剩下直肠给药这一种选择了。虽然过程可能会让人不愉快，但直肠给药其实是一种非常有效的服药方式，特别适用于那些需要在生命最后时期使用的药物。如果你已经非常难受了，也许你会庆幸自己还可以选择直肠给药。

记录你的症状情况

记录一些与你的症状相关的情况是非常有帮助的。这些记录有助于你和医生找到症状发展的轨迹并指导下一步治疗。你可以把以下内容记在笔记本或电脑上，就像写日记或工作日志一样。

时间。该症状何时出现？记下该症状在一天中出现的时间点以及持续的时长。

关联。该症状通常在什么情况下出现，是在你做出特定动作时，还是做某项活动时？是在你吃某种食物时出现，还是与你服用其他药物有关？

严重程度。该症状的困扰程度是有点烦人，还是严重到让你无法集中精力做其他事情？

波动。什么情况下该症状会得到缓解，什么情况下会变得更糟糕？

替代疗法

药物医学是美国医疗护理行业的实际驱动因素，而且这一章内容中确实有一些先入为主的医学偏见。然而药物医学也只是一家之言，还有许多其他方式可以理解和治疗症状，以及导致症状的疾病。如果你对探索其他医疗方法感兴趣，那么你可以去咨询一些理疗师、草药师、中医或整合医学临床医师等。大多数美国医生对于

小贴士

80% ～ 90% 的癌症患者会使用某种形式的替代疗法，但只有30% 的人会向医生承认这一点。

非常规疗法最多只有一些基础的了解，所以你可能需要到医院或诊所以外的地方去看看。不过你的医生、其他患者、支持你的亲朋好友，都可能会给你介绍一些他们认识的人。

写给照顾者

看着你的亲人受苦是很难受的。这就是同理心的本质——他们的痛苦变成了你的痛苦。你可以尝试把这份感情转化成有用的行动。比如，用谈话或电视节目转移你的亲人以及你自己的注意力；通过讲故事或笑话来娱乐；一起大声尖叫等。将你的共情倾注到行动中。

但是你的能力是有限的，其他人也是如此。你可能会因为他们没有这样或那样做而生气，或者因为伤心而发脾气。有时候，你能提供的最好的帮助就是放下评判，让一切顺其自然。参见第 15 章"关心照顾者"，了解更多关于如何照顾自己的信息。

一些常见症状

几乎没有人会经历下列所有的症状，也几乎没有人能避开其中的某些的症状。对于下面描述的每种症状，我们也列出了基本的治疗方法。请注意，我们只提供了一些有科学证据或专家意见支持的有效治疗方法。你肯定能从网上查到或从别人嘴里听到下文中没有提到的其他治疗方法。可能有些方法确实能帮助你，但能够证明这些方法有效的证据并不容易找到。因此，我们在下面提供的是一份比较保守的清单。草药和非常规药物治疗方式一般比药物治疗更温和、更安全。不过也要当心，你摄入的任何东西都有潜在的副作用，可能会与其他药物产生不良反应。

　　下面列出的许多选项不一定适合你，重要的是你得知道每种症状的治疗方式都有很多选择。所以，一定要把你的感觉毫无保留地告知你的临床团队，做好尝试不同药物、不同剂量的准备。良好的症状管理需要循序渐进。你的医生可能会优先让你尝试最安全、最温和的药物，然后再根据你的情况把剂量逐步提高。

焦虑和抑郁

　　这两种症状都跟你的情绪有关。焦虑是一种担心、恐惧或难以集中注意力的整体感觉。抑郁也很常见，表现为无精打采或对任何事情都不感兴趣。当然，所有这些迹象和症状都是生病的正常反应。这只是程度问题，以及你想要达到什么样的治疗目标的问题。有时候，我们以为的焦虑或抑郁其实只是无聊或沮丧。当我们生病时，我们可能会在不经意间切断了正常活动所需的激励和快乐的来源。所以，与其直接接受药物治疗，还不如把身体的重要性往后放一放，先确保不会失去自己在乎的东西。

　　中医和非药物治疗选择：找专业心理治疗师咨询；分散注意力（安全活动，如外出、看一部好电影或一本书、玩游戏）；冥想；呼吸训练；引导想象[①]；体育锻炼；瑜伽；能量疗愈（灵气、疗触、太极、气功）；音乐治疗；动物辅助治疗[②]；按摩；针灸；颅骶疗法[③]；精油（薰衣草、柑橘、鼠尾草、佛手柑、依兰）；草药（燕麦种子提取液）。

---

① 一种心理治疗方式，治疗师通过引导患者进行象征性想象来解决潜意识中的心理冲突。——译者注
② 一种以动物为媒介的心理治疗，通过人与动物的接触，改善患者的身心状况。——译者注
③ 一种理疗技术，治疗师用手按压患者的骨骼和结缔组织，尤其是颅骨和骶骨。——译者注

意识混乱

如果用临床术语来表述，这个症状就是"谵妄"。谵妄患者往往无法判断现在是什么时间、自己在什么地方。这在医院和疗养机构中非常常见，特别是在重症监护病房里。在不熟悉的地方，或者在睡眠／觉醒周期被打断的时候，就容易产生谵妄的症状。造成谵妄的原因也可能是感染（尿路感染）；神经系统疾病，特别是与脑神经相关的脑瘤、失智症等；失眠、疼痛控制不佳或其他症状，如便秘、抑郁或呼吸短促；药物副作用；肝脏或肾脏疾病等。

谵妄通常会在几天或几周的时间内由轻变重，越来越明显。在诊所里，我有时会问患者，他们是否注意到自己有时会意识混乱或意识模糊。一些奇怪的或清醒的梦境状态也可能预示着酝酿之中的谵妄。不过，一般都是家人最先发现患者出现了意识混乱或轻微的性格变化。谵妄通常是一种起起落落的状态，因此在任何一天或一周中，患者可能都会有清醒的阶段和混乱的阶段。一般晚上情况可能会变得更糟，或者说更明显，所以谵妄有时也被称作"日落综合征"。

谵妄不是你能控制的，你也不必因谵妄而羞耻。人们一般都能发现自己的意识出了一点问题并隐瞒这件事。不论是患者还是照顾者，都可能会因为觉得太羞耻或太害怕而不敢提及自己出现了谵妄的早期迹象。

小贴士

在某些情况下，谵妄症状表现得很轻微，只是会使人进入一种低活跃状态。这意味着患者可能会显得非常困倦和安静。而在另外一些情况下，谵妄可能很严重，并导致处于高度活跃的状态，这时谵妄的症状会表现得更明显。

中医和非药物治疗选择：香氛精油（迷迭香、香根草、柑橘、罗勒）；颅骶疗法；动物辅助治疗；针灸。

写给照顾者

　　因为谵妄意味着患者在很多时候意识不到自身的状况，所以作为照顾者，你需要注意观察，并把情况告知医生。谵妄通常都需要药物治疗，不过也有一些你可以尝试为患者做的事：

- 试着去纠正患者的睡眠或觉醒周期。鼓励他在白天保持清醒，多晒太阳，晚上再睡觉。出门散散步、从床上起来坐到椅子上等无痛苦的身体活动都是有帮助的。另外，请尽可能保证患者摄取充足的水分。

- 随意聊聊天。这可以帮助患者重新定向到现实生活，也有助于发现问题所在。只和患者聊一些基本话题，比如："你今天早上见过护士吗？"或者"今天天气真好啊，是吧？"谈谈熟悉的人和最近发生的事情，这样做的目的是帮助患者保持现实定向①。但是要记住，患者不能控制自己的思想。注意不要评判他，也不要无意中让患者感到尴尬。如果患者对"错误"感到慌乱只会让情况变得更糟。跟着他的情绪走：如果讨论引起了不安情绪，那就暂停一下，先岔开话题。如果患者谈兴不错，感觉舒服，那就继续这个话题谈下去。

- 把患者熟悉的物品放在他周围，如照片或最喜欢的杯子或艺术品之类的。别忘了患者的眼镜或助听器。

---

① 现实定向是指通过患者熟悉的事物，强化患者对现实时间、地点和人物的认识。——译者注

> - 把一个时钟放在患者视线范围内，或者确保患者是在一个有窗户的房间里。这可以帮助患者在无须询问的情况下找回现实定向。

便秘

临床医生常常忽视重症患者的便秘症状，然而便秘可能会引起或加重疼痛、恶心、食欲不振、气短、疲劳，甚至谵妄。便秘常常伴随许多疾病而来。而且最常见的处方药，比如阿片类药物，哪怕只有很小的剂量，也会导致便秘。行动不便、神经系统功能障碍和脱水也是导致便秘的常见原因。

无论你生病前的正常排便习惯是什么，都是你现在应该追求的目标。我们的胃肠道布满了分泌液体的腺体，消化液会不停地翻转并落入肠道。不管你摄入的食物有多少，消化系统里的所有东西都要一直移动，直到难以消化的食物或废物排出体外才是正常的。如果每天排便是你本来的习惯，那么无论你吃多或吃少都应该每天排便。唯一的例外是生命的最后几天，那时候，努力排便可能既不切实际，也没有益处。

有时患者会说自己腹泻，但实际情况可能只是排泄物中的水样部分从压实堵塞的粪便周围渗漏下去了。等待排便的时间越长，大便就越硬，也就越难在肠道内移动。如果距上次排便已超过 3 天，你可能需要灌肠甚至手动排便，即用手指或特殊工具松开和取出粪便。如果可以的话，最好请专业人士来帮忙。在服用阿片类药物时，除非你能摄入大量的水，否则不要同时服用纤维补充剂。纤维会使粪便黏稠，导致排便更加困难，尤其是在水分摄取不足的情况下。

　　中医和非药物治疗选择：喝水；饮用加了新鲜柠檬汁或酸橙汁的温水；咀嚼茴香籽；散步；腹部按摩；针灸；指压疗法；反射疗法[①]；饮用西梅汁；生物反馈疗法[②]和其他放松技巧；顺势疗法[③]；食用亚麻籽油；用草药，如番泻叶或三果宝[④]。

腹泻

　　从医学角度来说，我们更希望你大便的次数较多而不是较少。有时，我们对腹泻持积极鼓励的态度。比如肝功能衰竭的晚期，腹泻可以防止毒素在患者的身体中累积。但是在开始服用非处方药之前，但凡新发腹泻（化疗是常见的罪魁祸首），你都要找临床医生讨论相关情况。腹泻有可能只是失禁导致的，需要积极进行皮肤护理，及时涂抹药膏。腹泻也可能是在提醒你应该改变药物的类型或剂量。另外，如果你自行服用止泻药物，就很容易走向另一个极端，导致便秘。

　　中医和非药物治疗选择：滑榆树粉；芦荟汁；角豆树粉；益生菌；发酵食品；清淡的食物，如香蕉、米饭或烤面包；电解质补剂；洋甘菊和薄荷茶；泡过多次的红茶。

口干

　　口干比较学术一点的名称是"口腔干燥症"。口干是重症晚期患者常见且

---

① 一种脚底按摩的物理疗法。——译者注
② 通过训练让患者有意识地控制、调整机体功能。——译者注
③ 为了治疗某种疾病而服用一种能使健康人产生相同症状的药物，类似"以毒攻毒"。——译者注
④ 印度医学中使用的三种植物果实混合制成的草药。——译者注

持续的症状。口干可能的原因有：脱水或血液循环不畅；腺体功能崩溃；口腔细菌过多；药物的副作用等。找医生检查一下，确认是否为鹅口疮之类的病毒感染。

中医和非药物治疗选择：加柠檬的温茶（柠檬有助于去除又干又厚的牙菌斑）；使用漱口水；摄取充足水分；针灸；唇膏；人工唾液制品；吃点酸味的糖果、含片或冰片；冰西瓜，冻蓝莓、腰果碎（加点水或牛油果、橄榄油和盐）。

疲乏

这里说的不是有点困意，需要午睡休息一下或能量饮料提神。休息并不能消除这种疲乏，而且你会觉得每天所需的能量也越来越难以补充上。导致这种症状的原因太多了，很难知道该如何治疗。例如，贫血会导致疲乏；失眠和感染也会导致疲乏；抑郁症也可能表现为疲乏；疼痛和其他症状，特别是没有得到治疗的症状，也会导致疲乏，反之亦然。更让人困惑的是，许多治疗疼痛和其他症状的药物也会导致疲乏。化疗、某些降压药和抗抑郁药，以及其他许多种药物，都有可能导致这种强烈的能量匮乏状态。

中医和非药物治疗选择：锻炼（尽力而为，哪怕只是绕着街区走一走，或者走到门口再回来）；只有睡觉时才躺在床上，休息的时候换一个位置；参与社交活动；呼吸训练；瑜伽；按摩；能量疗愈（灵气、疗触、太极、气功）；精油（柑橘、薰衣草、迷迭香、佛手柑、薄荷）；动物辅助治疗；颅骶疗法；针灸。

打嗝

没错，打嗝也是一种症状。横膈膜易受刺激，所以任何压迫或导致发炎的东西，无论是来自横膈膜上方的胸部还是下方的腹部，都可能引起打嗝。肺炎、胸膜炎、肝病、食道反流或鹅口疮都可能引发打嗝。打嗝这种症状听起来很一般，但如果持续几个小时或几天，会非常影响生活质量。如果你还有疼痛、呼吸短促或其他症状，那么持续的打嗝会让你很痛苦。

中医和非药物治疗选择：中断呼吸周期——试着屏住呼吸，用力向下，收紧腹部肌肉，就像在排便一样，这也被叫作瓦尔萨尔瓦动作；啜饮几口冷水或吞下一勺糖；向前倾，把胸部靠向膝盖，可以重新调整横膈膜位置；针灸；指压疗法。

发痒

发痒在临床上称为瘙痒症，是一种非常让人抓狂的症状。有很多情况会让人想要抓挠，包括胆道（肝脏、胆囊）疾病；床虱；皮肤感染；精神疾病（幻觉、妄想）；肾脏疾病；皮肤或肢体持续肿胀；艾滋病；各种神经系统疾病（神经病变）；药物副作用（阿片类药物）；皮肤疾病（湿疹）；当然还有最常见的干性皮肤（干燥症）。抓挠皮肤会损害皮肤的完整性，进而导致感染，所以要小心。

中医和非药物治疗选择：光疗法；润肤剂和保湿剂；止痒洗剂；适当的皮肤护理（保持皮肤清洁，但不要过度清洗）；避免刺激性物质（如一些香水和肥皂，可以选择甘油肥皂）；凉爽的环境（热水淋浴或水浴会使症状恶化）；分散注意力；顺势疗法；将柠檬和苹果醋混合在水中外敷；胶状燕麦浴（将1/2 杯～ 1 杯燕麦粉和适量的水混合成浆状，然后倒入洗澡水中）。

食欲不振

在生命最后的阶段，没有什么比食物问题更让人情绪化的了。食欲变化的原因多种多样，包括化疗和其他药物治疗、情绪、活动水平等。食欲不振预示着体重的减轻，包括肌肉的减少导致脸颊凹陷，患者看起来是皮包骨头。这种并非出于主观意愿的体重减轻在临床上被称为恶病质（cachexia），有时候也被称为消耗病（wasting）。在这种状态下，身体无法摄入外部营养，只能用尽所有的内在储存，以这种方式走到最后。这是身体停止运转并走向终点时必然会发生的退化，也是自然规律的一部分。在遇到这种症状时，你可以试试下列方法：

改变体位。把床头抬起来或者自身坐直，利用重力改善吞咽。当然，这个过程可以慢一点，不用着急。

在饮食中添加脂肪。在重症晚期阶段，不必担心脂肪或胆固醇的含量。在这种情况下，脂肪是有益的而不是有害的。如果找到方法在食物中增加卡路里就更好了。尽管开口去要冰激凌吧！

嚼一嚼，尝一尝，吐出来。有些人不能吞咽，也没有办法消化食物，但他们仍然喜欢品尝食物的味道。

为了食物的香味或仪式感而就餐。不想吃饭并不意味着你不能坐在餐桌前参与，也不意味着你不能把自己的床边变成餐桌。这种就餐方式可能与你以前的习惯不同，但是这样能给你和家人带来更好的相处时光。请注意：有时候，哪怕只是闻到食物的气味也会让患者感到恶心，尤其是患者因为食欲问题积累了很多焦虑情绪时。因此，照顾者一定要实时关注患者的需求。

为了乐趣而不是营养而进食。如果你想吃蛋糕、比萨或者别的什么，别犹豫了，直接去吃吧。当你处于重症晚期阶段时，吃再多西兰花也无济于事。

从小份量的食物开始。这是营养学家丽贝卡·卡茨（Rebecca Katz）给出的建议。她提醒我们，食物是一个关乎情感的复杂主题。心理预期是影响食欲的一个重要因素，所以给患者的食物要精心准备，份量要小一点。此外，如果盘子里剩下一堆食物也会让人觉得很失败。如果可以的话，先用香味来取悦感官，食欲正是来自你的感受。

试试顺滑的食材。很多人在食欲不振时，会觉得不想吃那些口感粗糙的食物，如肉类或硬蔬菜，而更喜欢那些口感顺滑或糊状的食物，如布丁、酸奶或土豆泥。

试试甜食。甜味是我们出生时最初品尝到的味道，而且往往也是死前最后品尝到的味道。所以你可以试试甜食。

药物对晚期疾病引起的厌食症（属于疾病范畴的食欲不振）的帮助有限，但在某些情况下可能在短期内是有效的。尽管如此，几乎没有什么方法可以打破食欲减退的自然规律，而且即使药物能够成功地刺激食欲，也不可能延长寿命。

写给照顾者

需要注意的是，不想进食并不代表缺乏生存意志或单纯想死。我曾听到无数人说过"不能让爸爸饿死！"之类的话，但是在重症晚期，食欲不振以及相应体重下降只是死亡即将到来的迹象，而不是导致死亡的原因。你能做的最安稳的事就是鼓励患者饮食，但不要强迫。尽力而为，同时也要明白到了某些时候，饮食就不是需要考虑的问题了。尽管看起来有点可怕，但你的亲人并不会因饥饿而死亡。

恶心

导致恶心的原因有很多，有的与消化系统相关，有的与消化系统完全无关。恶心通常与便秘、疼痛、头疼、饥饿、食欲不振、焦虑、食道反流、化疗和其他药物副作用，以及感染有关，甚至可能是悲伤导致的。

你的消化系统是一个连续的整体，从你的嘴部一直延伸到肛门。因此，其中一个区域出现问题就会影响到其他区域。更重要的是，由于我们的神经系统是连在一起的，任何器官的感觉都可能影响到身体的其他部位。这意味着在某些情况下，治疗焦虑或便秘也会消除恶心的症状。

中医和非药物治疗选择：生姜；薄荷；甘菊；茴香茶；气泡水加葡萄；针灸；质押疗法；防晕止吐手环。

疼痛

疼痛是一种极其强大的力量，可以压垮最坚强的人。但我们每个人经历疼痛的方式会有所不同，会受到外界刺激、生理功能、情绪和性格等因素的影响。可以说所有的症状都是如此，不过疼痛作为最常见的症状表现尤其突出。

从生理学的角度来看，有几种不同类型的疼痛。一种重要的亚型称为神经性疼痛或神经病变。神经性疼痛是根源于神经本身的一种疼痛。在其他类型的疼痛中，神经都在尽职尽责地传递信号，告诉你的大脑你身体的某些部位出了问题。但是神经性疼痛的问题出在神经本身。神经病变的原因有很多，甚至可能是糖尿病造成的。如果患者患有绝症，那么神经性疼痛通常是肿瘤或化疗药物损害的结果。神经性疼痛可能令人特别烦恼，既是因为它带来了负面的感受，也是因为它并没有向你传达任何有用的信息。例如，患有足部神经病变的人可能会坚称他的脚着火了，但显然不是这样。在大多数情况下，无论是何种类型或原因，在临终阶段治疗严重的疼痛都需要使用药物。如果药物效果不佳，可以询问你的医生是否可以通过做手术达到止痛的效果，比如神经阻断术或植入止痛泵。

　　中医和非药物治疗选择：冰敷／热敷；针灸；生物反馈与行为矫正；动物辅助治疗；经皮神经电刺激（TENS）；音乐疗法；冥想；心理治疗；拥抱／牵手；能量疗愈和运动锻炼（瑜伽、疗触、太极、气功）；按摩；草药（辣椒、薰衣草油、紫草根、白柳皮、南非钩麻）。

呼吸急促

　　呼吸急促用临床术语表述是"呼吸困难症"，有时也被称为"空气饥渴症"。对于患有某些类型的充血性心力衰竭、肝病、肺病、肺炎、哮喘、全身性过敏反应、肺部或腹部积液、肋骨骨折、焦虑或神经系统疾病的人来说，这是一种常见的症状。一般来说，大多数人都难以长时间忍受远高于每分钟 20 次的呼吸频率。

　　中医和非药物治疗选择：环境气流（风扇吹到脸上的微风会让人觉得很舒服）；调整姿势（坐起来或躺着时用枕头稍微抬高头部都有用）；针灸；呼吸训练；引导想象；冥想；能量疗愈（疗触、太极、气功）；香氛精油（桉树、薄荷、乳香、柑橘）；音乐治疗。

写给照顾者

　　有一种办法可以让你感受到你所爱的人正在经历什么，那就是与他同步呼吸。这样有时也能让患者的呼吸频率和节奏稳定下来。

辅助供氧

当你呼吸急促时，想要获得更多氧气是一种自然反应。辅助供氧通常都是有益的，但并非绝对如此。当一个人濒临死亡时，辅助供氧不太可能帮助他延长生存时间，或者让他感觉更舒服。事实上，在这种情况下辅助供氧反而会让患者不舒服。因为辅助供氧一般是通过鼻导管或氧气面罩输送氧气，并且会发出尖细的声音，导致患者很难与外界沟通。随着时间的推移，干燥的氧气和供氧设备会擦伤皮肤并让皮肤变得干燥。话虽如此，也有人非常依赖吸氧，觉得这样很舒服。

重点注意：氧气是助燃的，所以如果患者吸烟，很可能会引发爆炸性火灾之类的事故。

皮肤破损

皮肤是人体最大的器官，它保护我们免受感染，调节我们的体温，并让我们有了触觉，而触觉正是我们探索周围环境，感受生命的主要手段。当你行动不便，身体状况越来越差时，必然会遭遇一定程度的皮肤刺痛和损伤。在行动不便或身体功能受损的患者身上，皮肤受创（撕裂、烫伤、瘀伤）是很常见的。这些创伤都是从皮肤发红或敏感易痛开始的。血液循环不良导致皮肤疼痛，并使皮肤变得脆弱，容易受伤。患者的感觉往往会受到糖尿病或神经病变等疾病的影响而变得迟钝，很容易在不知不觉中伤到自己。

你的皮肤一旦在重症晚期阶段受创，通常都不可能愈合。在这种情况下，只能减缓皮肤溃烂的速度，并在临终阶段尽量保持舒适。为什么？因为你的身体正在全

> **小贴士**
>
> 目前最常见的皮肤问题是褥疮。如果患者长时间保持同一姿势不动，皮肤上的压力会阻止血液充分流动，削弱皮肤防护，并最终导致皮肤溃烂。

面溃败，皮肤只是其中一个方面。此外，你可能无法在保持舒适的前提下，通过移动身体来减轻皮肤压力。也就是说，这样做的伤害大于帮助。

与其他症状一样，最好的做法是尽量预防出现皮肤溃烂。在这种情况下，治疗与预防的意义大致相同。预防更多的是依靠行为改变，而不是使用药物。下面列举的与其说是用药物治疗，不如说是一些维护皮肤完整性的方法：

- 每天检查你的皮肤是否有痛点、水泡和其他任何可能引起感染的地方。
- 保持皮肤的清洁和干燥。
- 根据需要，在伤口周围裹上护垫，或在皮肤上涂抹润滑剂，防止皮肤摩擦和受伤。
- 移动你的身体。即使你无法起床，也要每隔一小时左右来回翻身一次，这对缓解压力和促进血液流动也大有帮助。
- 如果出现明显肿胀，请向治疗团队咨询处理办法。一般措施包括穿戴医用压缩袜、淋巴水肿按摩或使用利尿剂。
- 大小便失禁的情况需格外小心，因为潮湿会加剧皮肤溃烂。换句话说就是要勤换衣物。
- 在双腿之间放一个枕头，减少骨头之间的摩擦；如果你需要坐在轮椅上，则每 15 分钟左右改变一次坐姿。

你可以和护理团队讨论如何使用润肤剂和敷料，以及偶尔使用局部抗生素，它们都可能有助于改善皮肤状况。家庭护理团队和安宁疗护机构中通常都有一名精通皮肤和伤口护理的护士，你也可以去找这名护士咨询。

味觉改变

味觉改变在临床上有多种相关症状：味觉减退、味觉丧失和味觉障碍。味觉障碍是指味觉系统紊乱，比如无论吃什么都感觉有一股金属味。在重症晚期和治疗过程中，味觉改变是很常见的。味觉改变与厌食症并不一样，不过两者往往相伴出现。我们品尝味道的过程很复杂，这实际上是味觉和嗅觉协同工作的结果。所以任何影响鼻子、嘴巴或大脑的东西都会影响你的味觉体验。导致味觉丧失的另一种原因是感染，这种情况一般都是可以治疗的。

注意检查是否患有鹅口疮。这是一种常见于免疫系统较弱人群的真菌感染，会导致舌头、上颚和喉咙出现白色凝乳状斑块。可以尝试使用温和的收敛剂，例如绿茶（加不加柠檬都行）来除去较厚的斑块。

味觉改变的罪魁祸首也可能是某些药物或治疗措施。尤其是某些化学疗法，往往会让患者一直感觉口腔中有金属味。还有液体营养补充剂，也可能产生灼热的感觉。口腔干燥以及衰老也会导致味觉减退。一般来说，最好的方法是尽量改善残留的味觉功能。营养学家丽贝卡·卡茨将味觉改变比作"开关失控的电路板"。想要再次掌控味觉就要运用灵活的策略和创造性思维。下面有一些建议。

保持口鼻清洁。除了最基本的刷牙外，用盐水漱口和冲洗鼻腔可以帮助减少黏液和牙菌斑。用收敛性漱口水或茶漱口，效果更好。

饮用碱性水或用碱性水漱口，有助于缓解口腔溃疡。在家可以用小苏打加水自制碱性水。卡茨为我们提供了一种美味的食疗方法，如哈密瓜或西瓜冰沙。切忌食用酸性或辛辣食物。

寻找让你惊喜的食物。患者常常惊喜地提到自己偶然发现以前不喜欢的食物或饮料，现在突然觉得味道很好，这种情况出现过无数次。也许你以前不是很爱喝茶，但现在你更喜欢喝茶而不是喝咖啡。尝试使用新鲜的香料和香草。比如肉桂、小豆蔻、小茴香、薄荷和欧芹，这些非常有助于唤醒你的味蕾。

调整口味。卡茨提出了一套调整口味的系统，她称之为 FASS[①] 系统。这是一种重新添加调料以适应你的味觉变化的方法。以下是其中要点：

如果食物尝起来：	用下面的办法：
有金属味	加一点甜味剂（比如枫糖浆）或柠檬汁。或者试着添加脂肪，如坚果酱或黄油。
太甜	先加入六滴柠檬汁或酸橙汁，然后继续少量添加果汁，直到甜味变淡。
太咸	加入四分之一茶匙柠檬汁，可以消除咸味。
太苦	加一点甜味剂，比如枫糖浆。
味同嚼蜡	持续添加海盐，直到菜肴有味道。喷一点新鲜柠檬汁也有帮助。

无论你多么注意保护味觉和食欲，总有一天，食欲会彻底消失。这不是一个需要解决或克服的问题，而是一个自然规律，是临终之前的必经阶段。

关于药物的重要说明

如你所见，除了药物之外，还有很多方式能获得舒适。但药物是一种宝贵的资源，几乎是综合治疗措施的一部分。与治疗疾病一样，治疗症状也需要你的努力。如何为治疗尽到自己的一份力量，是一项值得学习的技能，其中包括向治疗团队坦承你的感受，并遵照医嘱使用药物。

---

① 脂肪（Fat）、酸（Acid）、盐（Salt）、甜（Sweet）的首字母组合。——译者注

管理药物

在临终阶段，需要服用受到严格监控的处方药的情况并不少见。阿片类处方药物的滥用问题祸害全民，使得大家都很谨慎，相关规定在执行时也更加严格。不管是开处方药的医生，还是药房的药剂师，都不会轻易提前补充药物。因此，你必须尽一切可能保管好你的药物并按照医嘱使用，这一点很重要。如果当前剂量的药物不起作用，请立即咨询医生，不要服用超出处方剂量的药物。下面这些重要的事情要记住。

保管好你的药物，可将药物锁在抽屉或柜子中以防被盗。说到止痛药，被盗是一个大问题。供药商和监管机构会将多次要求提前补充药物或更换处方的行为视为危险信号。如果这种情况发生了不止一两次，那么患者和临床医生之间就很难重新建立起信任了。

停药时要谨慎。停止服用对你没有帮助的药物确实很重要，但是你不能自行尝试停用处方药。这可能会让你感觉更糟或引发戒断症状。停用任何药物都应先咨询你的医生。

出门旅行时做好应对计划。估计一下你可能需要多少药物，然后适当准备额外份额，以防意外情况。

使用药品分装盒或者每次用药都做好记录，最好是能双管齐下。这有助于确保你按时服药，并且避免丢失药物。

担心成瘾

许多患者希望避免使用某些容易导致上瘾的药物，如通常用于治疗疼痛或呼吸急促的阿片类药物。虽然药物成瘾是一个严重的个人健康和社会问题，但药物成瘾与药物耐受或药物依赖并不是一回事。了解其中的差别对患者会很有帮助。药物耐受是我们的身体习惯了药物以后出现的情况，这意味着我们需要服用更多药物才能获得原来的药效。这是在使用很多药物过程中都会出现的正常现象。服用更多药物并不意味着一定会造成更多伤害。药物耐受本身并不构成威胁。药物依赖意味着你的身体已经开始依赖药物来维持正常运作。换句话说，只有当你突然停药才会遇到问题。关于这种现象有一个可怕的概念——戒断反应。例如，停服某些类型的降压药意味着你的血压可能会飙升。抗抑郁药如果停药过快，也会引起戒断症状。一些止痛药也会引发这种情况。药物依赖与药物耐受一样，也是一种正常现象，本身并没有风险。如果你需要停止任何此类药物，一般可以通过与医生沟通，慢慢减少剂量来避免引发戒断反应，并逆转药物依赖。

在生命最后的阶段，对于药物成瘾或过早死亡的恐惧通常是没有根据的，不应影响阿片类药物的使用（如用于症状控制等）。处在这一阶段的人，已经没有足够的时间或精力去上瘾了。

最 / 好 / 的 / 告 / 别

只有你知道自己的感觉是好还是坏。多记录、多试验、多交流。接受有用的治疗，放弃无用的治疗。鉴于症状在本质上是主观的感觉，如果不去尝试不同的疗法，就不可能知道你的感觉能改善到什么程度。对于每种症状，你都可以尝试非药物治疗方式，其中许多都能自行完成。你可能无法完全消除症状，但你总能让自己感觉更好一点。

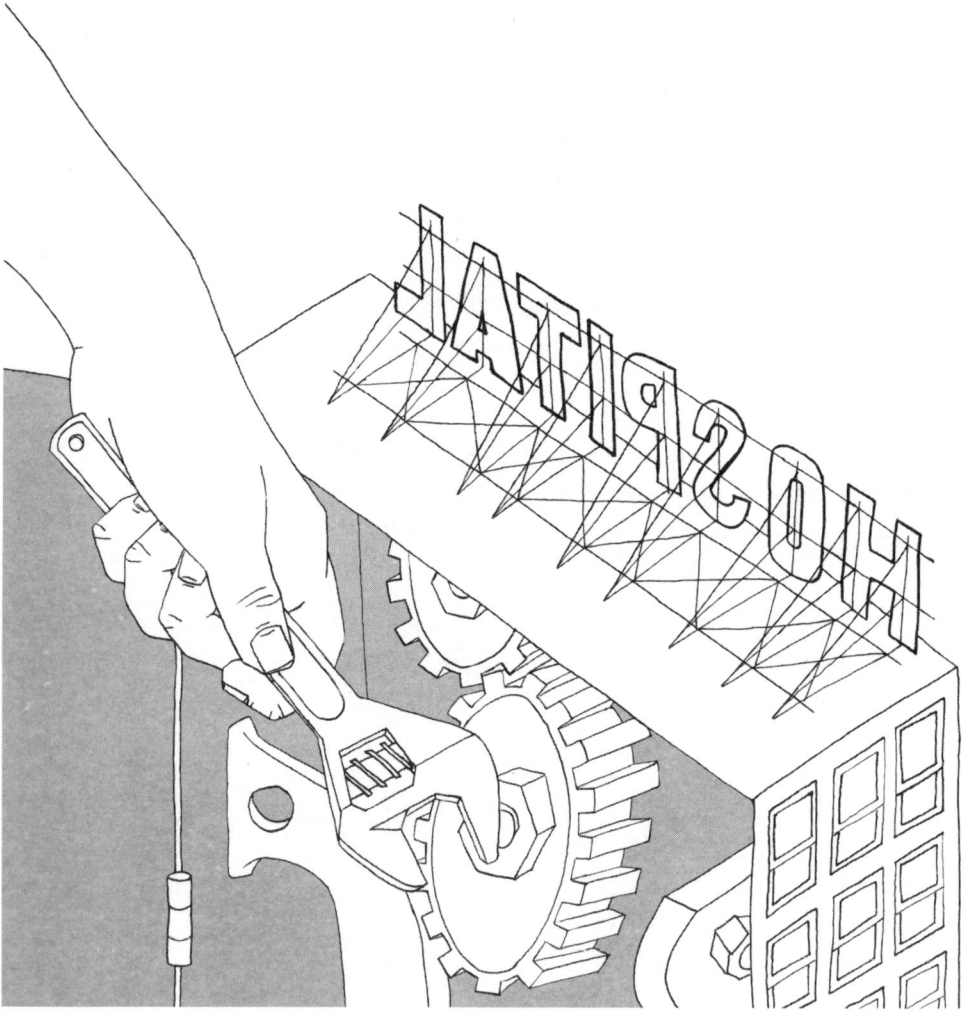

第 13 章

医院攻略

进入医院要带什么；
如何才能要到你需要的东西；
找到对的人；
如何在重症监护病房生活。

如果你的身体还算健康，还可以治愈，那么医院就是你的福地。去医院就像开车经过 24 小时营业的免下车餐厅一样，随时有人检查你的生命体征，找出问题，提供处方，然后送你回到原来的路上。离开时你最有可能抱怨的也就是等待太久和食物不好吃而已。

不过如果你处于重症晚期，医院并不总是一个让你感觉轻松的地方。80%的人都说不希望自己死在医院。然而现实情况并非如此。据《新英格兰医学杂志》（*The New England Journal of Medicine*）报道，有一半的 65 岁以上的老年人医疗保险患者在生命的最后一个月去过急诊室，其中 1/3 被送进了重症监护室，1/5 还接受了手术。

为了延长生命而拼命治疗，这本身并不是问题。问题是在这个过程中你会失去什么。在反复去医院就诊的过程中，治疗措施通常会不断升级直到彻底无效。到那时，再想与亲人共享舒适宁静的时光，就悔之晚矣。

无论你是 20 岁还是 90 岁，医院都会采取积极的治疗措施，这是他们的工作，而且你也难免需要去医院。但是你要注意，确保他们为你所做的努力与你所看重的事情是一致的。你也可以从另一个角度去考虑这件事：如果你对医院的运作方式有深入的了解，你就可以学会破解它。这里的破解是指你可以把握好方向，充分利用医院的服务，将自己的损失降到最低。本章内容会为你提供这方面的帮助。

> **小贴士**
>
> 入院检查是倾听、提问和陈述个人意愿的关键时刻，这样你的医疗团队才知道该如何尊重你的意愿。

进入医院

医院之旅通常从拨打急救电话开始，可能是你的身体出现了新的问题，或者旧的问题恶化了。然后你乘坐救护车或匆匆赶上某人的车，前往医院急诊部候诊室。在那里你会遇到各种各样的人，他们的状况也很糟糕，有些甚至看起来比你更狼狈。

无论你是怎么到医院的，最好都随身携带一份预先指示文书或预立维生医嘱（详见第 3 章，"少不了的文书工作"）。如果你忘记带了或尚未完成文书，那也没关系。医院的医生应该会与你直接沟通，满足你的护理意愿。不过提前准备好文书可以节省不少时间和精力。

急诊流程指南

从候诊室到急诊室通常需要等待很长时间，可能要好几个小时。患者到候诊室以后，会有急诊分诊护士负责登记。她将根据患者病情的严重程度来决定就诊顺序。一定要让她知道你的详细情况，无论是发热、疼痛、基础病情诊断，还是你是否在接受安宁疗护等。但是不要为了更快获得诊治而"用力过猛"，试图去影响分诊流程。急诊部门的工作人员都很专业，他们知道什么才是"紧急情况"。

下面介绍急诊部门的情况。在城市医院、大型医学研究机构或区域医疗中心，尤其是设有专业创伤科的机构中，急诊部门给人的感觉就像避难所或"犯罪现场"。人满为患，吵吵嚷嚷。一般都会听到尖叫声，偶尔可能看到流血画面。这里有你绝对想象不到的气味，更不用说还有大量不省人事者躺在走廊里的轮床上。你可能会怀疑自己是否该来这里。

护士和医生会轮番询问你，因此你要准备好重复说明你的情况。即使你之前来过这里，他们手头也有你的病史资料，每个临床医生还是需要从你那里了解一手情况。这可能容易让人恼火，但是这样做也可以最大限度地减少失误，还有助于确保当前负责护理工作的团队了解最新情况。

从医院大门到候诊室，再到急诊室，花费一整天甚至更多的时间才完全安顿下来的情况并不少见。届时你要么已经包扎好准备回家了，要么就准备入院接受更紧急的护理。后者意味着你分配到了一张床位，要在医院住一段时间。

提前说明：如果你知道自己时日不多了，即你知道自己处于绝症晚期或身体因为年老而衰弱不堪，并且非常希望回家，请告诉急诊团队。他们也许能够弄清楚为什么你会有这种感觉，或者至少能帮助你缓解急性疼痛或其他症状。此外，他们可以为你找到安宁疗护服务团队，在当天或第二天与你见面。通常情况下，他们可以随时解决这些问题，并在安排后续服务之后送你回家。即使你需要住院一两天，如果急诊团队事先知道你的意愿，他们也可以努力让你回家。

小贴士

急诊室只是一处门厅，是进入医院后所特有的专业和超现实环境的入口。

为什么死亡不算紧急情况

死亡无法"修复",而医院是做修复工作的地方。不过医院也可能是导致你病情恶化的地方:你可能会感染一些新的超级细菌[1],或者因为手术导致出现并发症的风险。这些负面情况可能让你在医院停留更长时间,代价则是你的健康和钱包。因此,最好在确认就医对你有实际帮助的情况下去医院。如果你正在发愁是否该去医院,打电话咨询你的医生可能有助于解决这个问题。否则,一旦你进了医院,急诊工作人员会为你找到需要住院的理由。

一般来说,从急诊室出来后,能够回家都是好消息。不过在某些情况下,这个消息却不是惊喜。有时你可能想留在医院却被拒绝了。那是因为无论你的家人多么疲惫或你感觉多么糟糕,如果急诊医生认为住院不会扭转病情,你的保险将无法支付住院费用,医院工作人员就不得不送你回家。

如果你不符合入院标准,但又觉得回家不安全,医院可能会采取一些措施来保护你。如果你、你的朋友或你的家人担心你在家中的安全,比如你经常摔倒或有其他不安全因素,请把情况告知急诊团队。如果照护人员有虐待你的行为或玩忽职守,或者你有自杀的念头(或伤害别人的念头),也请告知急诊团队。上述呼吁都是很严肃的。医院有相应的法律保护措施和服务,工作人员也能为你找到医院外的相关服务。

如果你不想住院,可以不用住院。也许你在等待期间感觉好多了,或者你改变了主意。只要你头脑清醒,不会对自己或他人造成伤害,你就可以出院。你应该与医生和整个护理团队讨论,如果他们认为你应该留下,但是你仍然坚持要离开,你也可以违背医嘱签字离开。不过一般来说,如果医生想让你留下

---

[1] 医院环境中可能会存在一些耐药性很强的细菌。——译者注

来，你就需要认真对待他的建议。无论如何，最终还是取决于你自己。

要带什么去医院

有趣的是，医院和安宁疗护都有相同的拉丁语源词根：hospes，意思是"主人"。但是医院环境并不像家里那样，有温暖的床榻和温馨的早餐。大多数医院都是冷冷清清、充满消毒水味的。你需要自己创造家的氛围。如果你要在医院待好几天，最好带上你最喜欢的枕头、运动裤或面霜。这会改善你的身心状况，进而影响你的整个住院体验。

无论你是自己打包行李，还是列出清单让别人帮你带来，下面这些建议都可以帮助你在医院这个去个性化的环境中找回自己。不要忘记在你带来的东西上写上名字。医院里人来人往，很容易丢东西。

带上正在服用的药物清单，包括服药剂量和间隔。准备好告诉医生你正在服用什么药物、服用的间隔和剂量。不要假设你的病历中有相关记录。如果你没有列好清单，又急着出门，可以把药瓶全部装进一个袋子里。医生可以通过药瓶清楚地了解你正在服用的药物。但是在入院以后，即使你从家里带了药，也必须服用医院分配的药物。

> **小贴士**
>
> 如果你正在服用可能被滥用的阿片类药物或其他类似药物，医院可以将你的处方药瓶视作处方证明，这是很有帮助的。

你可以提哪些要求

护士和护工都希望你感觉舒适，他们不想看到患者受苦。如果你让他们知道可以为你提供什么帮助，他们会尽量配合。下面是你可以提出的要求（根据个人情况选择）。

带什么去医院

耳机

睡眠眼罩
和耳塞

充电器

家里的照片

追剧设备

干净内衣

家居裤

袜子

预立医疗指示

拖鞋

图书杂志

研究证实听音乐可以减少人体内的压力应激激素，减轻疼痛，并在手术前缓解焦虑。音乐比处方镇静剂更有效，这不是开玩笑。还有别忘了戴耳机，不是每个人都想听你的巴瑞·曼尼洛。

减少夜间打扰。在医院经常睡不好的原因之一，就是有护士负责每隔几个小时叫醒你，检查、记录你的生命体征（血压和氧气摄入量）。但是，如果你不是即将手术或住在重症监护病房里，那可能就没有必要了。可以问问你的医生和护士，是否可以推迟到早上再来检查。

减少白天打扰。你可以要求护士在门上贴一个标识，告诉所有进入者（包括医院工作人员和外部访客）在进门前先在护士站登记。这种要求并不一定能实现，尤其是在重症监护病房等地方。但也能让你感觉病房是自己的房间，获得一些宁静，保留与亲人相处的私人时光。

减少抽血次数。抽取血液进行分析是很重要的措施，抽血的原因有很多，包括跟踪你的身体对治疗措施的反应等。但是说实话，过了某个节点以后，就没那么必要了。每日抽血可能只是前一阶段的检查中遗留的项目，但是由于你的护理团队太忙，没有意识到已经不需要这样做了。是否抽血应该由医生来决定，但你也不要羞于询问。

让病房里的机器安静下来。监控生命体征和管理治疗进程的机器的默认设置就是发出哔哔声，而且有时还会发出警报。噪声污染是住院期间让患者压力增大的因素之一。医生和护士对此已经习以为常，可能不会留意。但你可以要求他们将机器设置为"静音"。

术前用药。如果当天有一个手术或别的什么治疗措施会让你产生严重的焦虑或其他不适，请咨询护士能否术前用药。你可以在疼痛或焦虑开始之前服用一些药物来缓解疼痛或焦虑，这通常比陷入痛苦以后再治疗的效果更好。

帮助活动身体。住院的一大危险是长时间无法活动。在患有重病时，因为无法活动而失去的力量是很难找回来的。活动身体也有助于改善免疫和内分泌系统。运动还可以缓解疼痛，而且运动本身就让人感觉舒适。你可以从沿着走廊散步开始，或者就从床上移动到椅子上，然后端坐一到两个小时，或者动动手指。护士和护工都可以帮助你，物理治疗师还能提供更多帮助。这在重症监护病房中也是可以实现的。如果需要，就请求帮助。

在医院应该做的事情

找一个联系人。你在医院里会遇到很多人，多到让你头昏眼花。不同的职能，不同的班次。你要与他们合作。他们是可以帮助你的人，即使他们的压力很大。你可能不太清楚谁在做什么，该向谁提问，又该问哪个问题。留意任何你觉得特别舒服、让你情绪稳定的人。如果你感到不知所措，可以先和那个人聊聊。医学生是医院里隐藏的宝藏。他们通常心态开放、乐于学习，更容易帮你解决问题或疑虑。护士、护工、治疗师或其他任何参与护理工作的人也是如此。你可以优先去找与你关系最密切的人，他也是医院团队的一分子，会与其他成员相互交流。如果你有疑虑，可以随时寻求这位联系人的帮助："你能帮我跟医生说说这件事吗？"

确立共识。如果你的身体状况与平时有很大不同，一定要让照顾你的团队或你的亲人知道。第一个见到老沙马森德的医生认为他已经意识混乱很久了，但实际上他两周前还在办公室工作，感觉还不错。重要的是要确保你和医生护士察觉到的问题是一致的。

尽早考虑出院。你回家后可能需要哪些帮助或辅助设备呢？或许现在是时候考虑疗养院或辅助看护了。这是住院之后要考虑的一个重要问题。你在住院早期就可以与病案管理人员或社会工作者讨论医院病床或其他可能有助于出院后生活的设备问题。也许你可以通过门诊理疗来改善运动状况，或训练你的家人扶着你安全地活动。这可能也是考虑安宁疗护的最佳时机。无论你接下来要去哪里，可能都需要进行一些计划才能实现目标，因此请尽早与出院规划人员讨论。

温和。在与人沟通时态度良好总的来说是正确的，但若涉及的是你的生命健康而不是流量套餐时，风险要高得多，也很难保持克制。下面这条是护士们在伊莱恩·沙特纳（Elaine Schattner）博士的医学博客上发布的公共服务提示：

> 如果患者态度好，我们会很愿意回到病房里。患者的名声也会传到护士站。但如果患者很刻薄，那么去病房感觉就没那么轻松了，所以我们在路过时可能也不会经常进去查看。

在医院不该做的事情

不要因为在网上看到一些内容，就以为自己是疾病治疗方面的专家。这样反而会疏远那些帮助你的人。你可以多提问，虚心听取与你的研究不相符的答案。授予专家决定权（好）和授予自己专家头衔（坏）之间有很大的区别。如果你或你的家人开始试图发号施令或提出要求，你更有可能得罪你的护理团队，而无法得到你所要求的。就算患者或家庭成员说"我想要抗生素"，也并不意味着医生就会开出处方。是否开药始终是医生的决定，而医生必须做他认为在道德和医学上正确的事情。

不用担心自己不是 VIP。即使你不是医院的 VIP，你可能也不会错过任何东西。你也许会认为达官显贵在医院会得到更好的护理，但事实并非如此。医院是相当优秀的管理机构。通常情况下，病情最严重的人会得到最多的关注。我在临终阶段的治疗中看到的最混乱的场景就发生在 VIP 患者的病房里，他们的医生不愿提供任何像是坏消息的信息。这会使沟通变得非常困难，导致护理工作更加绝望或徒劳，而不是更好。

不要抱怨食物。医院里的食物通常很糟糕。农民作家温德尔·贝瑞（Wendell Berry）说得很好："人们生存靠的是不注重健康的食品行业，治病靠的是不注重饮食的健康行业。"你可以请朋友带一些吃的进来，甚至可以叫外卖。但首先请务必咨询医生或护士你是否有什么饮食禁忌，以免无意中让自己的病情恶化。

表达信任

在维护自身或亲人的意愿与信任医护人员的决策之间要找到平衡。你们双方都是医患关系的决定者。沙马森德说："随着我父亲病情的加重，我开始责怪自己和某些医生。其中一些责备是合理的，但另外一些其实是受到了情绪的影响，因为我意识到自己即将失去珍视之人。"

如果信任（用医生的说法是治疗关系）被打破，就需要修复。最好的方法是直接表达你的担忧并努力解决问题。也要做一点反省：我不喜欢这个人是因为我不喜欢他带来的消息吗？有什么是我因为害怕没有说出来的呢？

我们都知道有非常多的原因可能会导致沟通失败。请记住，这些其实都是人际关系的问题——你和护士之间的关系，你和医生之间关系，等等。关系是相互的，所以每个人都必须做好自己的那一部分。

住院时间

医院有独立的"时区"，对此，你要有心理准备。医生查房、护士送药以及各种检查，并不一定会如期进行。就算有人告诉你检查或手术已经安排在了某个特定时间，也并不意味着计划一定能实现。

延误是很常见的，一般是因为工作人员正在处理需要优先考虑的突发紧急情况。除非你遇到了突发紧急情况，否则你可能需要等待。

医院是 7 天 24 小时全天候运作的，但是你最好保持正常的作息时间。如果作息节奏被打乱，就会影响症状的严重程度、检测的结果，乃至身体对药物的反应。这也是患者在医院里常出现谵妄症状的原因之一。

为自己发声

你是自己身体的专家，但也要让别人听到你的声音。可以参考下列做法。

做自己的代言人。请务必告诉医生你的感受。例如，你便秘了吗？在医院里常有患者出现隐瞒症状的情况，因为患者不想说出来，而医生可能会忘记询问或错过患者的暗示。如果你担心某件事或觉得某件事很奇怪，除非你说出来，否则你可能无法获得所需的帮助。

你是否谈过你想得到什么样的护理？现在是最佳时机。"我父亲说得很清楚，如果他不能自己穿衣或吃饭就不想继续活下去。这是一个可以指导我们的目标，"沙马森德说，"再难以启齿也要说，越具体越好。"

不要问个不停，就问 3 个问题，记得先把问题写下来。你可以问你关心的任何事情，比如住院生活的细节、治疗计划、出院后的后续安排等。大多数医院的医生都是在早上查房，有时他们可能会在一天结束时再次查房。这种情况在重症监护室尤其常见。虽然早上的查房时间一般都特别早，比如早上

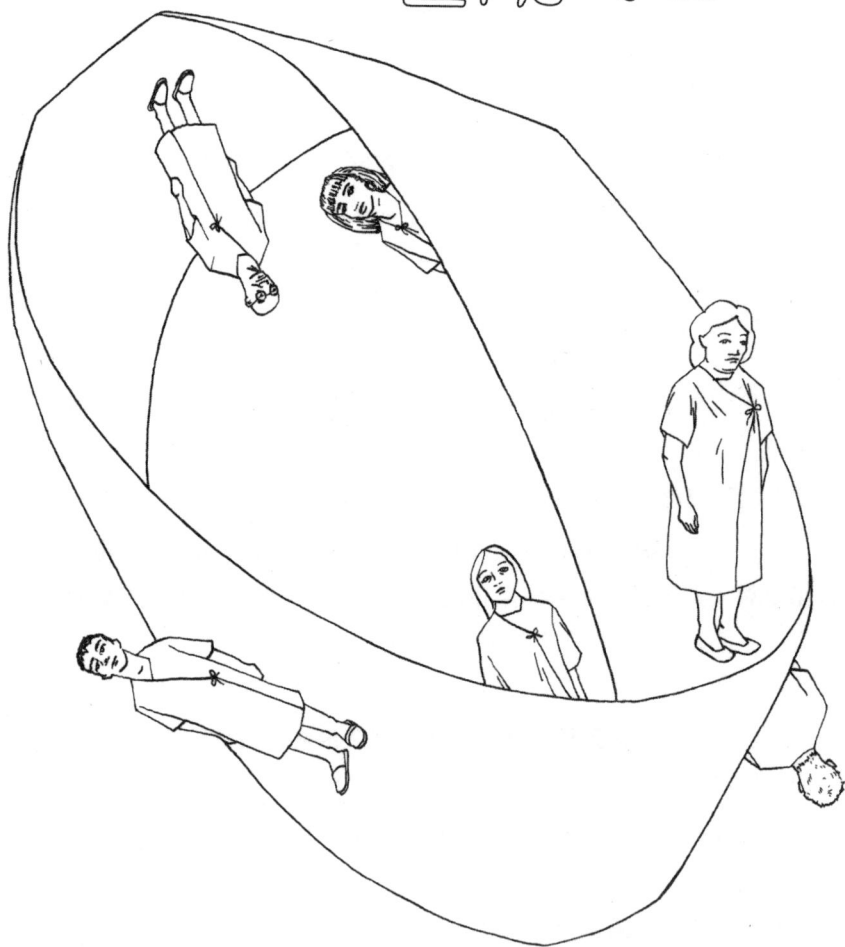

你现在处于
"医院时区"

当护士告诉你有哪些安排时，最好当作一切都不会发生。不要觉得这是在针对你，也不要与那些正在竭尽全力帮助你的人争吵。医院是一个复杂的系统，工作人员一直承受着各种隐性的压力。

6 点，但你一定要好好利用这个机会。控制好时间，只问 3 个问题，只聊 15 分钟。因为护理团队还要检查下一位患者。如果你有更多问题，可以在白天随时让护士呼叫医生。其实夜里也可以呼叫医生，但来的通常是不熟悉你病历的值班医生。如果有任何紧急情况，请告知护士。因为护士可以更好地维护你的利益。

召开小组会议。 医生其实不可能全程跟踪你在住院期间遇到的所有问题，尤其是当你的病情治疗涉及多个团队（如心脏病学和外科手术）时。如果你遇到很多新情况，有很多问题，不清楚治疗计划，或者你的治疗意愿发生了变化，你可以要求每隔几天或更长时间召开一次小组会议。你应该和所有参与护理工作的人，包括家人和临床团队在内，一起坐下来讨论。协调所有人来同一个地方开会可能需要一两天的时间，但这通常是值得的。通过开会，担忧得以表达，情绪得到疏解，人们相互了解，你也有机会表示你希望获得什么样的治疗，以及避免什么情况。这也是重新审视护理目标的最佳时机：看看自己是否还走在原定的道路上。

求助医院的专业团队

医院里其实有很多专业团队可以帮助你解决在住院期间遇到的难题。如果你或你的亲人正在遭受严重症状的折磨，你可以找缓和治疗团队咨询（请参阅第 11 章 "安宁疗护与缓和治疗"）。如果家人之间或家人与临床团队之间的沟通出现问题，缓和治疗团队也能帮上忙。老年病学服务可以让老年人在住院时更加轻松。一些医院甚至设有老年人高级护理科（ACE），让跨学科团队来帮助老年患者保持安全和健康。

写给照顾者

患者确实是护理工作的焦点，但在病床边目不转睛地盯着监视器或在灯火通明的候诊室里忐忑不安的你也需要关心和照顾。如果你把自己弄得形销骨立，对于你的亲人来说没有任何好处。更糟糕的是，压力和疲惫会削弱你做决定的能力。每天做一些能让你的心神平静下来的事情，这样你就不会精疲力竭，在需要处理重要信息时精神恍惚。以下是一些照顾自己的方法：

休息一下。如果亲人在医院顺利安顿下来，而且周围有工作人员帮助，你可以休息一下，处理积攒的待办事项，锻炼身体，好好吃饭。给自己重新加满油。这可是住院的一大好处，一定要好好利用。

深呼吸。当照顾者进入亲人的病房时，会出现一种特殊的情况：他们会复制亲人的症状。假如患病的亲人有肺部疾病，呼吸浅而快，那么看护他的亲人在病房里也会开始以这种方式呼吸。浅而快的呼吸会使焦虑加剧。当看护者的血压和心率上升时，也会加重患者的精神负担。出于深度的同理心，照顾者可能会在无意间导致病房内所有人都开始焦虑。临床社工布里吉特·萨姆译说，最有效的干预措施之一就是让照顾者深呼吸几次。一旦照顾者的神经系统平静下来，患者也会有类似的反应。重要的是要记住，病房是一个封闭的系统，有着独立的反馈回路，照顾者的身心健康会影响他所照顾的人。这就是为什么哪怕患者亲友想牺牲一切留在床边，医生也会让他们回家睡个好觉。当照顾者承担了太多压力时，患者也会受苦。

　　保持联系。如果你不能请假陪伴亲人，而是要等到下午 6 点才能到医院，那你可能会错过已经完成查房的医生。医院的探视时间也可能与你的日程安排冲突（每家医院的探视时间都不一样，同一家医院的不同部门也不一样，所以请注意询问），这可能会导致你对上次探视以来发生的事情一无所知。如果你需要全职工作或因各种原因离开医院，可以请求护理团队的工作人员与你电话联系，告知最新情况。或者，还有一个更简单的方法，那就是到了医院后先去护士那里了解情况。

避免不需要或不想要的护理方式

　　在美国，1991 年通过一条联邦法案，医生必须在患者入院时询问对方是否有预立医疗指示，如果没有，就需要医院提供给患者。（这是一份法律文书，上面列出了你的医疗代理人。如果你失去表达能力，代理人会为你代言，并说明你想要哪些维持生命的医疗干预措施）。这是一件好事，但由于去医院时情况一般都很紧急，并不适合慢慢考虑最后时刻的抢救方式。关于你是否希望医生尝试心肺复苏术和其他医疗干预措施让你起死回生，即所谓"抢救代码"的解释工作通常会落到某位疲惫的医生身上。这位医生应该跟你好好讨论这个话题，但由于还有很多紧迫的其他问题需要处理，所以这一至关重要的讨论并没有得到重视。

抢救代码

　　你的抢救代码会告诉医疗专业人士，你的心脏停止跳动或你停止呼吸以后该怎么办。换句话说，就是在你离世的那一刻，或者即将离世的时候，该如何抢救。抢救代码是医院的专用术语，指的是预立医疗指示表格中列举的抢救措施。你可能在电影里见过类似场面：扩音器里传来一声"蓝色代码"，所有人立即就位，忙而不乱的抢救流程开始启动。家人被推到一边，开始电击，呼吸管伸入喉咙，针头插入皮肤，药物注入体内。

如果医生问你："你愿意我们尽一切可能让你活下去吗？"你可能会这样回答："那当然愿意啊！"更好的提问方式其实是："当你即将离去，而且几乎不可能挽救回来时，你是否希望我们帮助你舒适平和地离去？"

通常来说，医生很清楚什么情况是几乎不可能挽救回来的，所以我们不应该问你这个问题。但现实操作并非如此。医院里每个患者都有一个抢救代码。有两种基本的代码类别：一种是全力抢救代码，另一种是允许自然死亡代码（又称为"拒绝心肺复苏"指令，即 DNR）。除非你或你的医生另有说明，否则你的默认代码就是全力抢救。

全力抢救代码意味着你将获得类似上面描述的"蓝色代码"的治疗干预措施。如果有成功抢救的机会（比如创伤，事故，或者本来健康的身体突发心脏病），选择这类代码对你来说可能是值得的。最新数据显示，在医院接受了心肺复苏术的患者中大约有 11% 的人身体恢复良好，之后就出院了。但是对于那些身患癌症、器官衰竭或失智症且处于末期阶段的人来说，完全康复的概率接近于零。患有绝症的人的身体大都很虚弱，几乎无法承受心肺复苏术。

如果你想知道自己的情况属于哪种类型，就需要和医疗团队进行坦率地沟通。随着时间的推移，你可能需要与医护人员反复沟通抢救代码的问题。下一次的沟通可能是之后再住院时，也可能就在这次住院期间。

对此，我们的意见非常明确。如果你知道自己有一天会因为某种不治之症而离世，而且目前正处于晚期，希望能平静或舒适地离去，那么我们明确建议你将抢救代码设为 DNR。这一代码意味着当死亡迫近时，医护团队将尽一切努力确保你在最后的时刻尽量感到舒适。这正是大多数人所期望的生命结束时的状态。但是，如果你希望保留全力抢救代码，那也是你的权力，我们支持你的选择。我遇到过很多"哪怕希望渺茫，也要拼到最后"的人，这种选择并不丢人。我们只是希望你在权衡时，对这些选择有一个全面地了解。

有些人并不希望延长生命，甚至为此感觉非常痛苦，以致他们采取了极端措施。《新英格兰医学杂志》上曾有这样一篇文章，一位住在某护理机构的70 岁男子独自一人出现在街上，醉得不省人事，被送到了迈阿密的杰克逊纪念医院。他的病情迅速恶化，医生解开他的衬衫准备实施心肺复苏，结果看到了一个"拒绝心肺复苏"的胸部文身。文身包括一个签名，而且"拒绝"一词下面还画了横线。现场没有患者家属或疗养院工作人员能证实他的意愿，所以尽管信息很明确，但急诊医生仍然不知所措。因为文身并不是具有法律效力的预立医疗指示。[医生们都听说过 2012 年发表在《普通内科杂志》(*Journal of General Internal Medicine*) 上的一个发人深省的故事。讲的是一名 59 岁的患者，他的胸部有一个"DNR"文身，但他告诉医疗团队说他希望采取急救措施。当患者被问到为什么有这种文身时，他说这是以前玩扑克时赌输了的代价。]

医疗团队通过静脉注射药物争取了一些时间，打电话给医疗伦理学家寻求建议。伦理顾问在审查了患者的情况后，建议他们尊重患者的 DNR 文身，并表示他们可以合理地假设文身表达了患者的意愿。这是一个正确的决定，因为社会工作者后来发现了患者的预先指示文件。第二天早上，这名男子在医院安详地去世了。需要注意的是：抢救代码仅适用于在患者濒死时决定是否进行心肺复苏，与濒死之前如何进行治疗无关。抢救代码不应改变你获得的治疗和关注。抢救代码应该只影响心肺复苏，而不会切断其他护理服务。我们建议你向临床团队明确表达这一点，并继续讨论，直到你确定自己的决定能得到贯彻为止。

偶发瘤

医院有一点不好的地方，就是这里充满了训练有素、善于发现问题的侦探。某次验血或扫描可能会发现与你当下病情无关的新问题，而且这种情况很常见。医学上称为偶发瘤，大意是"偶然发现的肿块"。如果你平时身体健康，偶发瘤可能是良性的。你可以在恶化之前及早进行治疗，并完全治愈。不过更有可能的情况是，偶发瘤本身并没有问题，但若深究反而会造成伤害。这也是为什么进行全身检查并不总是一个好主意。而对于患有重症或绝症的人来说，再去寻找新的问题就更没有意义了。你可能会因为处理那些与危及生命的病情相比微不足道的问题而提前倒下。在检查方面，既要尊重医院的权威，也要避免谨慎过度。

重症监护病房

重症监护病房（ICU）就是一个浓缩的小型医院。尖端医学科技的所有优势和劣势都在这里表现得最为极端。这里是存放呼吸机的地方，也是设备远多于人的地方。在这里，自然规律大部分时间都被排除在外，一切都尽可能地被人为控制。在这里，医护人员们接受专门培训，处理各类疾病，并不断推动治疗的极限。如果你需要重症监护并且可以从中受益时，这一切就非常完美。但如果你不能从中受益，这就是一条漫长而痛苦的弯路。

如果你和医生都知道你即将逝去，并且不太可能从这种高强度的护理中受益，即这个地方和这种护理方式不符合你的护理目标，那么重症监护就是你应该回避的选择。不过就算你出于偶然或自愿已经去了重症监护病房，也可以应用我们之前讨论过的经验法则。你可以获得舒适的护理，可以活动身体，也可

以与家人共度最后的时光。请记住：重症监护病房仍然
是医院的一部分，只不过在某些方面比较极端。

治疗阵容

如果你对医院的工作人员所承担的角色任务有所了
解，并能提出明智的问题，他们就可以更好地照顾你。以下内容涵盖了你将在
医院遇到的大部分人员。

医生（医师）：最终责任人。从法律意义上讲，他们会负责你的护理工作，
但他们不一定是给你包扎伤口的人。

专科医师：已从医学院毕业并完成住院医师培训，并且选择了某个专业
（肿瘤学、心脏病学、肾病学、姑息医学等）进行深入培训的医生。

住院医师：刚从医学院毕业的医生。为了在美国行医，这些刚出道的医生
必须选择一个专业，并在临床环境中接受更深入的在职培训。住院医师有一个
先后排名如下：①首席住院医师是处于住院医师培训的最后一年的医生，或者
是额外多接受一年培训的医生。选拔首席住院医师主要是为了领导治疗小组。
②高级住院医师是团队中资历最高的住院医师。③实习住院医师是最初级的医
生，即第一年接受培训的住院医师。

到底谁是专家？

这只是教学型医院才有的问题。住院医师（正在接受培训的已毕业医学
生）可能一天会来看你好几次，而他们通常也是最适合观察病情变化的人。他
们就像是哨兵，承担了资深医生无法完成的任务。

资深医生（又称主治医师）肯定更有经验，但是也不要轻视任何类型的住院医师或接受培训的医学生。例如，当你渴望交流时，医学生可能是最适合代替你追踪病情变化，或者把你的意愿告知医疗团队的人。他们拥有较多的精力、较多的时间、较多的好奇，渴望表现也最需要证明自己。

医师助理（PA）：医师助理经常承担一些被委派的医疗职责，如协调护理工作，把患者转诊给专家等。医师助理也可以开药，但需要医生的监督。

高级执业护士（APN）、临床护理专家（CNS）、执业护士（NP）：在硕士或博士阶段获得额外教育的护士。他们可以评估、诊断、治疗和管理与疾病相关的问题。在美国大多数州，高级执业护士可以要求患者做检查，也可以给患者开药，类似医师助理。在许多情况下，高级执业护士的技能和职责实际上与医生是一样的。你可能会发现你经常去看的医生其实是高级执业护士。

注册护士（RN）：注册护士直接与患者、患者家属、临床团队的其他成员以及医生合作，以提供最好的护理。他们帮助患者控制疼痛和其他症状，并处理所有床边护理事宜。大多数患者会都更记得护士而不是团队里的其他人。护士往往都是亲力亲为，并且拥有一系列惊人的技能。

持照职业护士（LVN）、持业护士（LPN）：虽然他们能做的事情没有注册护士那么多，但差异可能并不明显。他们的职责范围包括帮助患者改变卧床姿势、去洗手间、进行灌肠、检查导管和涂抹伤口敷料等，但他们不能分配药物。等注册护士分配好了药物，只要不是静脉注射，就可以通过执业护士交给患者。

社会工作者（SWS）：护理工作中的无名英雄。他们帮助患者填写必要的表格，维护患者的身心健康，寻找有助于控制疾病和症状的社区资源，并在患者家庭出现矛盾时帮助协调化解。持照的临床社会工作者（LCSWS）是接受了额外培训，可以提供心理治疗的社会工作者。

直接护理人员（DCW），包括认证护理助理（CNA）、安宁疗护助理（HA）或家庭健康助理（HHA）以及患者护理助理（PCA）：他们是最不为人知的英勇助手，是在幕后负责清洁、搬运、擦洗和消毒的人。很多时候，直接护理人员是与患者相处时间最久的人。

物理治疗师（PT）、作业治疗师（OT）、语言病理学家（SLP）、呼吸治疗师（RT）：各类治疗师可以帮助指导你安全地进行身体活动和饮食，更轻松地呼吸。

营养师：他们接受过营养培训，可以帮助患者分清哪些食物可以吃，哪些应该少吃或不吃，提供有关人工营养①的详细信息，监测患者的能量摄入情况并设定摄入目标。

心理治疗师（精神医学博士、心理学博士、临床社工、婚姻与家庭治疗师，以及持照专业临床顾问都可以担任心理治疗师，不同的州有不同的认证规则）：有时也被称为心理辅导员。这是一个不太具体的称呼，涵盖了非专业的同辈辅导员。他们能非常有效地帮助需要袒露心声和处理情绪的患者。

艺术治疗师：帮助患者以非语言方式②表达自我，从而了解其身心状况。

安宁疗护领域的音乐治疗师：他们是经过特殊训练的音乐家，可以通过音乐实时掌握患者的情绪和生理健康状况，并引导患者进入平静状态。

---

① 以无须咀嚼和吞咽的方式为患者提供营养支持。——译者注
② 以绘画、舞蹈、音乐等方式进行表达与沟通。——译者注

看看

有哪些人会在医院里照顾你

其中一些人

给您的印象会比其他人更深刻

主治医师到底是做什么的？如果你对医护人员所承担的角色以及你可以获得的资源有所了解，你就可以提出更明智的请求和更好的问题。

写给照顾者

物理治疗师不仅仅是为患者提供服务的。抱起体重 50 千克以上的患者，并将其从床上移到轮椅上，或者进出浴缸，可以说是一项专业运动。如果你不知道正确的操作方式，会很容易导致肌肉拉伤、背部拉伤或椎间盘滑脱。在患者住院期间、回家以后或去诊所时，物理治疗师和作业治疗师都可以教你如何安全地移动亲人的身体进行沐浴、缓解褥疮和防止跌倒。他们还会为你推荐可以提供助力的设备。

离开医院

我们对某个地方的感情有时会深到让自己感到惊讶，哪怕是住久了的医院也一样。当年我作为患者住院，最后离开烧伤科时，我还哭了。尽管我在那里经历了很多痛苦，但那里已成为我的家，工作人员也见证了我所度过的那些难以置信的时刻。我没想到我离开时会那么难过，那么想念医院。后来我在我的患者身上也看到了类似的情况。哪怕是在庆祝出院的时候，他们的眼里也露出难舍的情绪。在准备出院时，患者可以考虑向医生提出下列问题：

- 在我出院之前，你会与我以及我的家人一起回顾医嘱吗？
- 我回家以后需要什么帮助？我的照顾者又需要什么帮助？
- 我在出院之前接受一次物理治疗或职业治疗评估有好处吗？
- 我来医院时服用的药物和现在要服用的药物一样吗？如果不一样，有哪些变化，为什么？
- 这种药物是否在我的保险报销范围内？有没有人可以为我解答这

方面的问题？

- 目前的处方会持续多久？谁负责续方？
- 我怎么回家？

出院的过程从个人情感和后勤保障层面上来说都可能让人应接不暇。在这一阶段要格外小心并密切关注变化。因为从一个地方转移到另一个地方正是容易出现问题或状态不稳定的时候。你的药物清单、护理计划、个人物品，还有心情都会发生改变。除了环境的变化，这一转移过程也意味着某些人员不再参与你的护理，而另一组人员将会接手。后者可能是另一个临床团队，也可能是你的家人或朋友。

这一转变总是会让人感觉很突然。前一刻，每个人还在你身边跑来跑去，检查体征、相互催促、研究决策，以各种方式照顾你。这一刻，他们却好像迫不及待地想看到你离开。

缓解出院时紧张情绪的方法是说出你的担忧。医院确实有法律和道德责任来确保你有一个可行的出院计划，并根据现实情况进行调整。如果你现在不提出疑虑，你就会在不知不觉中被推到医院门口。一旦你离开医院，你的问题就很难得到回答。这也是一个需要良好沟通和为自己代言的时刻。

更换机构

在治疗疾病的过程中，你可能会先后去好几个不同的机构。你需要时间和精力来了解一个新的地方和新的工作人员，而他们也需要了解你。每个地方

（哪怕是同一家医院的不同楼层）都有自己的规则、限制，以及沟通习惯。医疗机构总是有太多的事情要忙，所以不要怀疑别人是在背着你窃窃私语。

每个机构（医院、康复中心、疗养院）都有一名工作人员，可以帮助你制订下一个机构的护理计划。

要找到可以帮助你更换机构的工作人员，请询问你的护士："谁负责协调我的出院事宜，帮助我和家人制订下一阶段的护理计划？"这个负责人通常是社会工作者或病案管理人员。在住院期间要尽早问清楚，在转院之前早做安排。在到了新的地方后，最好询问工作人员是否收到了上一个地方发送的出院总结，并让他们与你一起审核一遍，以确保情况正确无误。

有许多安宁疗护机构和家庭护理机构都提供预先安宁疗护或"过渡计划"（即简易的安宁疗护服务）。在你接受进一步治疗期间，你和家人也能得到上述机构提供的支持。这些项目本质上就是缓和治疗计划，只是不一定叫这个名字。你仍然可以得到跨学科团队提供的支持，但是这种项目都是一事一办，而且只有正常上班时间才会提供服务。

一些有相应资源的患者在权衡之后，会选择聘请专属的老年护理顾问或病案管理人员。无论你在哪里接受护理，专属护理顾问都会为你提供指导，帮助你和家人分析所有可选的护理方案。有一个中立方为你挺身而出的好处就在于，他们不会受到来自机构的压力，并且只为维护你的利益而服务。所以一定要确保他们确实是独立工作的，而不是某个疗养院的代理人。

写给照顾者

在本书成稿时，美国已有 42 个州通过了相应法律，要求医院和其他临床机构为患者的照顾者提供培训，以便他们在患者出院或离开护理机构后接手下一阶段的护理工作。在没有充分了解你的亲人需要什么样的护理，以及你需要做什么的情况下，一定不要离开医院。

不离开医院

即便你希望在家里与这个世界告别，而结果却是在医院离开了人世，这也并不失败。这种情况总是无法避免。医院有无限的可能性，也存在各种局限，它可能是一个适合离世的地方，甚至是理想的离世之处。那里的工作人员见多识广，有许多好用的药物可以控制疼痛和其他症状，包括起效最快的静脉注射类药物，这是在家里很难获得的。在医院以外的其他任何地方都无法获得从护工到牧师再到医生的全天候服务和支持。对于很多人来说，医院已经成为第二个家。试着放下对医院的偏见，不要总觉得医院不是一个度过最后时刻的好地方。我们之所以强调医院不是为临终时刻而设计的，是为了帮你理解那些可能让你觉得违和的地方。为什么这些医生吵来吵去，好像我生命最后的时刻并不重要一样？为什么有这么多荧光灯？为什么有这么多医疗机器却帮不了我？这些情况确实存在。但是请放心，医院里也充满了非常关心你，并且现在就能帮助你的人。以下是你或家人可以提出的要求。

舒适护理。有越来越多的医院出台了相关规定，让医生可以开出旨在缓解痛苦的药物。

　　缓和治疗。你可能并不需要一个全新的团队参与你的护理工作，但如果你觉得你和家人需要更多支持，比如更好的症状控制、更清晰的沟通、更协调的护理等，可以询问是否有随时可用的缓和治疗计划。

　　指定护理人员。如果有选择的话，可以要求医院为你分配精通临终护理的护士，或者你和家人觉得最好相处的护士。

　　一个安静的房间。有些医院专门为临终者开设了指定房间，以便为患者的家人提供更多空间、更好的视野和更少的分散注意力的设备。通常情况下，在这个重要的时刻，医院都可以提供一个更好的房间。

　　任何让你感觉美好的事物。音乐治疗、鲜花、宠物等，任何能让你感觉良好的事物。

最 / 好 / 的 / 告 / 别

　　不管从哪个角度说，医院都不是一个普通的地方，其作为一个独立世界的运作方式尤其特别。身为患者，你很难弄清楚自己到底怎么了，也很容易就陷入本想避免的窘境。所以你或你的医疗代理人需要全程参与治疗。注意倾听，及时提问，并表达你的意愿。

第 14 章

救命！我需要帮助

> 如何以及何时请人帮忙；
> 家庭护理和家人健康；
> 朋友和家人；
> 互助社区。

当你要看病时，你该如何去，又该如何离开呢？谁能帮助你购物、打扫卫生和看护小孩呢？你有住在附近的家人或朋友吗？他们能提供你想要或需要的帮助吗？照顾者一般分两类，一类来自你的社交圈，另一类来自职业圈。通常情况下，这两种类型的照顾者你都需要。而且你还应该多结交新朋友，比如以前不太熟，但愿意为你送餐的人。

我不想成为负担

这是一种很常见的心态，而且生病确实会给你和你身边的人带来负担。疾病会吞噬能量、消耗时间、窃取控制权，以各种方式激怒你。当你生病后，在厌恶疾病的同时，你可能顺带就会觉得自己也很惹人讨厌。对许多人来说，接受护理比给予护理更难，这使得他们很难依赖别人。但是，拒绝亲人表达爱意的机会，拒绝承认自己处于需要别人的既脆弱又甜蜜的状态，也是一件憾事。人们都乐于帮助别人，依靠他人也是生活的一部分。当你接受了别人的帮助，就会感觉这样做是对的。不要以为你现在生病了，不那么独立了，就没有什么能给予别人的了。你也可以用你的善良、幽默和坦率来照亮别人的生活。尽管你现在可能有很多事情都做不到，但也要找到你能做到的事情。

谨防婴儿化[①]。婴儿化是一种有害的现象，容易出现在生病或身患残疾的人的身上，根源在于患者自己或者他人内心的投射。不要让自己被贬低。即使我们需要帮助，也并不意味着我们变成了孩子，因为人类本质上都需要帮助。请记住，没有人是完全独立的，永远都不会有这样的人存在。每个人在某种程度上都需要他人帮助，只是程度深浅的问题。

招聘帮手

寻找额外帮助几乎永远都不嫌早。聘请家庭健康助理可以为你和家人缓解巨大的负担。如果你是男性，你可能并不希望当你需要小便时，带你去洗手间并帮你站稳的人是你的女儿。健康助理可以承担一些比较私密的护理工作，这样你的家人就能腾出时间处理一些常规事项，如取药、出门购物等，反之亦然。你可以自行决定健康助理到访的频率，而且当你的护理计划发生变化时，也能随时更改。

小贴士

你可以雇用任何时间段的助理人员。你可能希望有人早上过来待一个小时左右，帮助你起床并为一天的生活做好准备。或者你也可以雇用一个助理在家陪护过夜。

家庭健康助理

寻找和雇用健康助理可以通过以下两种途径。

[①] 像对待婴幼儿一样对待某个成年人，使其行为变得像婴幼儿。——译者注

家庭健康照护机构。他们会招聘一些有执照的助理。根据法律规定，这些机构必须对所有候选助理进行是否有过犯罪行为的背景调查。如果你的健康助理生病或由于某种原因无法工作，机构会为你提供其他候选人。即便助理在机构中接受过一些基本培训，这种培训也非常简单。这些机构通常会限制助理向客户提供服务的范围。这是为了保护助理以及中介机构，但对你来说也可能成为一种障碍。

私人雇用。私人雇用的助理可能没有经过培训或取得执照，但他们提供的服务一般不受限制。因此，你可以就需要做的事与他们达成一致。即使你没有接受安宁疗护服务，也可以联系你所在地区的安宁疗护机构。许多机构都有一份可供雇用的照顾者名单。或者，你可以询问曾经雇用过助理的朋友是否有推荐对象或注意事项。筛选助理完全由你和家人决定，因此可以多找几个备选，花时间面试一下。

出现以下情况时你可以考虑聘请健康助理：

- 当你想知道现在是否该聘请助理的时候。
- 当你越来越难以在家中正常生活时。
- 当你需要协助才能完成 6 项日常活动中的一项或多项时，这些日常活动包括：
  ① 自己吃饭
  ② 自己去洗手间，尤其是晚上
  ③ 控制大小便
  ④ 自己洗澡
  ⑤ 穿衣打扮
  ⑥ 独立行动，独自上下轮椅或床
- 长时间住院后（几天或几周的额外助理服务将帮助你和家人适应

回家的生活)。

- 如果你跌倒过一两次。

- 如果你在半夜频繁出现意识混乱。

- 如果照顾你的家人的健康受损（或即将受损，预防总是最好的)。对于总想做太多事情的家人来说，背部受伤或出现其他问题是很常见的。

- 如果你的朋友或家人暂时无法照顾你。

写给照顾者

"发育不良①"是一种准诊断，不像髋部骨折那样受关注，但其实应该得到关注。这是一个临床术语，用来描述身体功能正在慢慢消退但没有明显或单一原因的人。"萎缩"是另一种更常见的说法。这条路的终点就是死于年老或自然死亡。如果你正在照顾老年人，他的头晕和视力减弱等小问题堆积多了，就可能导致更严重的后果，如跌倒和急诊。

老年医学评估

这类似于本章后面提到的"家庭安全评估"，但更全面、更具体，针对的是与衰老相关的问题。在涉及生活安全和生活质量时，身体功能是包括患者、护理人员和临床医生在内的每个人都应该关注的方面。身体功能

小贴士

如果你的亲人年龄较大（一般是指 65 岁以上），请向医生或医院要求做一次"老年医学评估"。

———————

① 在老年医学中，发育不良指的是多因素导致的身体功能衰退的状态。——译者注

遇到下列情况时要 寻求帮助……

难以自行穿衣

不能 独自如厕

02 FEB

家人、朋友、助理 因工作或休假不在身边

进食有困难

不能给自己洗澡

人们总是到实在撑不下去了才去寻求帮助，所以要么过度依赖精疲力竭的家人，要么将自身置于危险的境地。所以说寻求帮助永远不嫌早。

也正是老年医学评估所要确定的事项。通过评估，你可以很好地了解亲人的身体状况，以及应该采取哪些具体措施来帮助他们。

家庭健康护理

家庭健康护理是联邦老年人医疗保险中的一项福利。家庭健康护理不像居家安宁疗护服务那样密集和全面，但对于那些还不能获得安宁疗护的人来说，家庭健康护理也是一个很好且有用的选择。这里涉及一些容易让人困惑的术语："家庭健康"。这是一个很宽泛的术语，其中包括雇用助理帮助患者在家中进行基本活动。"家庭健康"不在医疗保险报销范围内。"家庭健康护理"（通常简称为"家庭护理"）的含义更偏向于医疗方面，指的是强度较高且有针对性的护理服务。家庭护理是否在医疗保险报销范围内，取决于你的保险条款和具体情况。

家庭护理的具体安排因你参与的项目和实际需求而异，不过一般都会有一名护士担任你的病案管理员，并根据需要，指导保健服务。这名护士和其他团队成员将在工作日来你家里提供服务，上门时间表会按照你的需求和可用的资源来确定。

小贴士

你的医生知道该如何获得家庭健康护理服务，或者至少知道该找哪位社会工作者、护士或行政人员寻求帮助。

要想获得参与家庭健康护理项目的资格，你必须处于无法自行离家的状态，这意味着你需要其他人或医疗设备（如助行器或轮椅）的帮助。此外，你的医生还必须说明，如果你离开家，你的健康状况就会恶化。家庭护理服务可能包括以下项目：

- 一名护士上门帮助用药，以及完成其他专业护理工作（如褥疮的伤口护理）。

- 一名负责病案管理和综合支持的社会工作者。

- 物理、职业和言语矫正治疗师。

- 一名负责监督护理工作的医生。不过，只要你通过了最初的资格审查（在诊所、在家里或通过电话完成），你可能就不会在家中再看到这名医生。

家庭护理团队不会在半夜上门。护理项目可能设有一个 24 小时的服务热线，但相关问题通常会被留到下一个工作日，因为家庭护理不提供紧急服务。

寻找潜在的帮助者

老年护理顾问

我的同事惠特尼一家陷入了困境。惠特尼的父亲是个粗犷的爱达荷州人，他的理想住所是他的汽车。他遭遇了充血性心力衰竭和差点导致失明的眼睛感染等一系列挫折。当他从多次手术中康复后，家人一直在考虑是否把他带回家照顾。但他们都有全职工作或自己的小家庭，而且对于什么照顾方式最适合他也有不同意见。

基于直觉，惠特尼认为应该有能帮到他们的服务，于是在网上搜索并找到了一位当地顾问，这位顾问按小时收费。她会负责与每个家庭成员交流，评估患者的需求，并综合所有情况推荐一个护理方案。惠特尼说她可以算半个理财规划师，加上半个家庭治疗 [①] 师。

光是日常护理，就足以让患者和照顾者疲惫不堪了。若能深入了解老年护

---

① 家庭治疗旨在帮助家庭成员改善关系，化解冲突。——译者注

理领域，知道自己会遇到什么情况，能负担得起什么样的护理，可是难得的好事。所以最好找人来帮助你深入了解老年护理的细节。但是也要小心骗子，因为目前在这个领域还没有所谓的"专业认证"。不过，如果你能在附近找到大家强烈推荐的指导者，可以联系看看。即使是一次性咨询也可能有很大的帮助。要知道，有些顾问的收费标准是浮动的，所以别轻易气馁，不要觉得这只是为有钱人准备的服务。

互助社区

当你考虑可以依靠谁时，你可能会想到加入（或组建）一个社区团体。道理很简单：在年纪越来越大或患有严重的疾病、家人不在身边的情况下，我们可能时常会需要帮助。如果选择留在社区而不是搬到疗养机构中生活，基本上就得依靠睦邻友好，互相照顾。有些社区组织是非正式的。如果参加正式的组织则需要缴纳会员年费，而会员也能获得大量的志愿者资源。这些志愿者一般就住在几个街区外。

聚餐、读书会和其他团体郊游活动都有助于保持社交联系。不要低估社交活动作为一种自我保健措施的重要性。除了提供社交聚会的机会外，许多老年社区还提供经过严格审核的服务者，如园丁、画家、律师、会计师，还有可以帮助老人洗澡和穿衣的个人护理服务员。你需要电脑方面的帮助吗？或者家政服务？带狗去散步？搭车去看病？邻居和志愿者可以随时提供帮助。

> **小贴士**
>
> 根据杨百翰大学心理学教授朱莉安·霍特－隆斯塔德（Julianne Holt-Lunstad）博士的说法，多参与社交活动有助于降低 50% 的早死风险。

死亡助产士

除了帮助分娩的助产士，现在还有一种新型的助产士。他们在接受培训以

后，可以在患者临终时为患者及其家人提供帮助。死亡助产士既是临终阶段的
指导者，又是护理工作的助理。死亡助产士能帮助临终者回顾人生，并为最后
的日子做好打算。这类助产士会和患者家属一起创建一个遗产项目，并帮助家
属护理患者，以及为家属提供休息的时间。死亡助产士的工作涉及患者死前、
死亡过程中和死后的全部阶段。他们可能还会为死者的遗体洗澡和穿衣，并引
导死者家属走出悲伤。与大多数安宁疗护不同，死亡助产士不属于特定的团
队，其费用也不由联邦老年人医疗保险报销。死亡助产士在美国各地尚未普
及，但这种独特的准职业正在兴起。死亡助产士会接受培训，以便在安宁疗护
机构、医院或患者家中为临终者服务。

让别人的帮助起到作用

有些人能帮自己的朋友太少，而另一些人却是太多了。我经常看到患者消
耗自己有限的精力来满足他人的需求。这本来不是问题，但如果你的时间有
限，而与朋友互动会消耗你的精力或分散你的注意力，情况就不一样了。

当然，寻求帮助是一回事，运用好是另一回事。你可以请一位朋友（最好
是 A 型性格[①] 的）帮忙组织所有活动。比如，一个人负责去超市购物；一个人
负责每周三的夜间陪护，这样你的伴侣就可以休息一下；一个人负责开车带你
去看病等。日常生活本来就很复杂，而当你生病时，光是要统筹好每个人提供
的帮助就可能是一份全职工作了。

谁跟你的关系最近？可以找一两个人做你的副手。每周或每天与他们坐下
来沟通，说清楚你需要什么，这样他们就可以努力完成这些任务。衰老和死亡
涉及一些复杂的事务：生病、看护、制订护理计划，还有活下去。所以良好的

[①] 一般指的是精力充沛、工作效率高且比较强势的性格。——译者注

团队合作是很有帮助的。你需要考虑的事情包括：

- 定期约见医生或其他人。
- 日用品需求。
- 跟踪用药情况。
- 宠物护理。
- 基本房屋清洁，包括花园养护。
- 个人卫生。
- 作息时间。

寻求帮助是身体和情感两个层面的挑战，关键在于保持一切正常。你可以先做好最基础的工作：买一个巨大的挂历或年度计划表，然后开始用铅笔做标记。这将有助于你厘清思绪，并方便其他来访的朋友或家人了解情况。

责任外包

对一些人来说，日常生活中的财务管理是很困难的任务。法律上有专门针对这种情况的安排：如果发现你"无行为能力"，即你在没有指定医疗代理人或财务代理人的情况下无法为自己做出决定，那么法院会指定一名财产管理人来处理你的财务问题。如果你在个人生活和健康方面也需要监管，那么法院会指定一名监护人。财产管理人和监护人都是被授予了相应权力的专业人员，可以代表另一名成年人承担决策责任。这种正式的安排通常适用于没有家庭成员能够承担相应责任的情况，并不一定适用所有情况。对于确实有家人和朋友可以提供帮助的情况，也可以由亲友继续承担部分职责，然后由专业监管人员处理其余事宜。

对于"有行为能力"，但可能需要一些外部帮助的人来说，还有另一种重要的选择：聘请私人受托人（PT）或专业受托人（PF）。在任何需要帮助的领域，包括影响健康和生活质量的决定、遗产或财务问题，或者管理护理人员等方面，私人受托人或专业受托人都可以成为你的代言人。他们的服务既能涵盖账单支付和门诊预约等日常事务，也可以拓展到管理你的全部财产。大多数私人受托人和专业受托人首次都会提供免费咨询，之后再根据你的需要按小时收费。对于相对简单的情况，费用通常在每小时 75 ～ 150 美元。很多从业者都会根据你的需要和习惯来调整他们的工作方式。

如果你认为上述某种情况对你或你照顾的人来说是一种不错的选择，请与遗产规划律师讨论或联系专业信托协会以获取更多信息。

独居生活

在美国，大约有 3 500 万人独自生活。还有很多人虽然不是独居，但同住者可能不愿意或无法提供帮助。好消息是，在这种情况下仍然可以获得其他人的帮助，只需要多动动脑筋就能得到帮助。

独居之人的离世过程往往更加艰难。关于这个庞大且不断增长的人群有一个专门的称呼：老年孤儿。即使他们的自理能力越来越差，生活中还是有很多事情要做。不过技术的进步使得远程协助更加可行而且有效。远程医疗的普及就是一个良好的开端，社交媒体和提供送餐或送药服务的在线平台也是如此。

独处不一定是退而求其次的选择，有许多人更喜欢独处。对于这部分人来说，他人提供的大部分建议并不

> **小贴士**
>
> 如果你喜欢独处，或者是目前正好独居，那么对你来说，重要的就是要准备好相关文书，防备可能的意外情况，并多和医生沟通。你要告诉医生你的护理目标和抢救代码，是否有人随时可以提供帮助，你请得起什么样的助理，以及当你不能住在家里时，你会选择住在哪里。

适用，因为这些建议都默认你有固定的朋友和家人可以随时提供帮助。但如果你不属于这种情况，我们的建议还是一样的。好好考虑一下你有哪些求助的手段，寻找所有可用的社区资源，正式的或非正式的都可以。

确保家中安全

大多数人都会说他们想一直住在自己的家里，如果运气好的话，最后死在自己的床上。这是好事，是可以实现的，我们也倾向于帮助你达成这一目标。其优点是显而易见的：你最喜欢的毯子就在你熟悉的地方；你闭着眼睛也知道每一个角落和缝隙；无须换掉睡衣或闻见别人的气味。家是让人感觉熟悉和舒适的地方，如果你提前做好计划，你会过得更好，更有可能坚持到最后。如果你觉得自己无法在家中完成基本生活，请向你的医生咨询如何找职业治疗师或物理治疗师做一次家庭安全评估。评估结果将告诉你一些关于身体限制和应对方式的信息，并教你一些确保家中安全的技巧。家庭安全评估与许多服务一样，不一定在你的保险覆盖范围内，所以需要多咨询。很多人没有意识到他们有资格获得多少帮助，因此白白浪费了各种服务机会。以下是一些家居生活注意事项。

减少使用楼梯。上下楼时可能有被楼梯绊倒的危险。而且随着病情的发展，你可能没有足够的体力上下楼梯。请考虑将你的床移到主要活动的楼层，这样就不用每天上下楼梯了。

改善照明。你很可能被黑暗中或走廊阴影中地板上的某个东西绊倒。即使你的视力是 2.0，当你身体虚弱时，跌倒也很常见且更具破坏性（想想脆弱的骨骼和皮肤）。良好的照明大有帮助。还要清理家中杂物，避免被绊倒。

在你的床周围腾出一定空间。你可能需要将家具移动到房间的中间或另一个房间，以便在床周围移动轮椅，或者腾出空间以便放置马桶。

如果有人帮忙，留在家里会更容易。但是，你还需要采取其他措施来确保家中环境尽可能安全无害。

购买深色床单。床单上容易留下体液痕迹。浅色床单虽清爽，但不耐脏。深色的毛巾和床单可以隐藏污渍，减少清洁工作。

地面防滑。去洗手间的路上，有没有容易将人绊倒的地毯？是时候拿走了。你家的木地板很滑吗？可以选择防滑贴地胶带和防滑垫之类增加摩擦力的产品。

提升马桶高度。也许你需要一个增高垫，它有点像儿童马桶垫圈。这样可以更轻松地上下马桶。或者选择便携式小便池或床头马桶。它们一般都很便宜，而且比你想象的更方便。

提升浴室安全系数。表面光滑的区域可能会造成滑倒，从轮椅或助行器上进入浴缸可能会很麻烦。你可以安装扶手和防滑垫，并购买淋浴椅。

把常用的厨房用品移至较低层。如果你的橱柜都是为站立使用设计的，那么是时候把东西搬到柜台上了。也许你可以考虑买一个抓爪。

借助外部资源

社区环境。周围有愿意并且有能力帮助你的人吗？实事求是地说，可靠性如何？

地理位置。如果你居住在人口密集的城市地区，附近的医疗和社会服务机构应该可以为你提供帮助。如果你住在偏远乡村，可能就需要与朋友、家人或出租车司机一起在车上度过很长时间才能到达医院。

远程医疗。由于技术的进步，现在可以通过视频或电话与临床医生沟通问诊。这些服务尚未被广泛使用，但正在迅速普及。

我可以死在家里吗？

这个问题的答案是肯定的。现在有一个完整的产业可以帮助你实现这一目标。有一点应该提前说明：如果你正在考虑这个问题，可能就是时候申请安宁疗护了。安宁疗护是在家中获得最多服务的护理方式，其服务包括在半夜响应电话求助。它可以帮助你减轻几乎所有的痛苦，然后再拨打急救电话去医院处理。如果想在家中度过最后的时光，那么申请安宁疗护可能是你所能做的最重要的选择。这句话说多少遍都不算多：选择安宁疗护并不等于放弃治疗。当人们告诉我们说他们"还没有准备好接受安宁疗护"时，我们总是不得不问："你的意思是你和家人还没有准备好获得更多帮助吗？还没准备好更好地控制疼痛吗？还没准备好跟医院说再见吗？还没有准备好在家里享受尽可能舒适的生活吗？"只要你符合条件，（详见第 11 章"安宁疗护与缓和治疗"），申请安宁疗护永远不算太早。看到人们由于误解而遭受的本不必要的痛苦，我们也很心痛。

最 / 好 / 的 / 告 / 别

我们都需要帮助，不要等到自己倒地不起再去求助。请听此一言。让人们看到你狼狈不堪的样子可能很难受，但这种无谓的自尊心不要也罢。需要别人帮助并不可耻，这恰恰是你谦卑、优雅和勇气的体现。人们都喜欢帮助别人。你也愿意为别人提供帮助，为什么不能接受别人的帮助呢？

第 15 章

关心照顾者

> 照顾者需要做什么；
> 照顾别人的收获和挑战；
> 经济账；
> 如何休息。

在全国各地，有很多像你一样的照顾者：他们会在下班后开车去医院取药，他们会利用午休时间看望某人并为其做饭，他们宁可错过与朋友的约会也要确保某人在上床睡觉之前一切安全，他们时常要往医院跑。作为一名照顾者，你可能会忘记自己还有背痛的毛病，或者忘记自己已经足足一年都没有锻炼或理发。

照顾亲友会给你带来快乐和满足，但也意味着牺牲与付出（可能还会让人幻想逃离）。你的情绪和能量水平可能会不停波动，每当你以为进入了稳定的生活状态时，就可能会出现新的状况。

因此，尽管本书的其余部分内容提到的"你"都直接指的是"患者"，但在本章中，当我们提到"你"时，指的是"家人、朋友、邻居、教友"，以及其他任何勇于担起他人需求的人。

小贴士

照顾者平均每周的看护时间超过 20 个小时，持续 4 年。

照顾者需要做什么

就待在那里

过了某个时间点以后，斯坦利·伯杰就好像进入了一个非常缓慢而安静的世界。哪怕是转头看向我这样简单的动作，他都要花上很长时间，我们就好像被冻结在了时间里。医生说他现在需要平静的生活，不能有剧烈刺激。因为我不是一个特别安静或慢性子的人，所以要成为一个好的照顾者就意味着我必须调整自己的节奏，与他同步。每次吃饭都得把一根吸管放在他嘴边保持整整一分钟，这样他就可以吸几口，然后一次次重复，直到他喝掉碗里二三厘米高的流食。每次陪伴就是开着电视，然后静静地并排靠在他的床头，或者一起坐在沙发上看着我的孩子们在他的客厅里玩耍。

虽然听起来好像很轻松，但对我来说很痛苦。我有脏衣服要洗，有东西要买，还有堆满水槽的餐具要清理。饥饿的孩子们就好像举着一块抗议牌，上面写着：不要只是坐在那里，做点什么！然而作为照顾者，你又必须把这句话颠倒过来：什么都不要做，就坐在那里！我把所有的注意力都集中在我和父亲之间的狭小空间，才终于能做到这一点。此时我的内心是如此的充实，以致我感觉胸腔都在发热。用闲聊来活跃氛围已经没有任何意义了，而我也再没有那种迫不及待地想要向他报告最近的成就、得到他认可的心情了。他也不需要听这些了。毕竟，他头脑里的语言处理器已经遭到严重损坏，无法真正理解我在说什么了。他现在只需要有人握住他的手，别让他一个人陷入遗忘的深渊就行。

与现实决斗

我们很想在这里先列出关于照顾工作"好"的一面，然后再是"坏"的一面。但真实情况没有这么简单分明。大部分时间，照顾工作都是好坏兼有，而且非常乏味。每当你筋疲力尽，找不到意义时，爱似乎都是最好的方向舵。坦碧·洛克说："学会尊重人类与生俱来的脆弱性，并在此基础上理解别人，是我一直牢记在心的话。这也让我最终变得更坚强。"她照顾了丈夫 10 年，直到他死于平滑肌肉瘤。她说："你以为照顾只是单方面付出，但其实你也有同等的收获，无论是患者对你的爱还是别人伸出的援助之手。"

承担护理工作可能会缩小你在日常生活中的视野，但同时也会提升你的眼界。你可能会发现有太多事情不必再担心，比如办公室里的钩心斗角、晚间新闻、交通状况等。现在更有可能打动你的反而是沉默、晨鸟以及善意的举动。你是照顾者，你在别人需要时挺身而出，你与患者一起面对现实，你不断挑战极限，而在此过程中，也许你对自己也有了新的认识。

与此同时，患者还是你害羞的父亲，而你要为他更换导尿袋。你的日常工作涉及血肉、尿液、粪便和痰液。有时这和照顾新生儿没什么不同，只是没有那么可爱罢了。在涉及相处多年的亲密关系时，照顾工作会变得比你想象的更加复杂和难受。（或者也可能和你想象的一样复杂）珍知道事实确实如此，她说："我经常感觉自己好像 70 多岁了，但其实我没有那么老。我丈夫的周围都是一群爷爷奶奶辈的人，他们的情况都差不多，而且我还要照顾我的孩子。有时我会出去吃饭，参加聚会……还会叫朋友过来吃午饭。只有在这种时候我才会想，'哦，这才是我这个年纪的人该做的事！'所以有时候我觉得我真的不理解我在做什么，我会对自己说，'这简直就是地狱。'"

患者在公共场合突然情绪失控或不停呕吐会非常考验你的耐心和自尊心。当你和被照顾的患者一起出门时，遇到类似突发事件的情况并不少见。但无论有没有这样的情况，出门还是很有必要的。这就是现实生活，而且向大众揭示现实生活脆弱的一面也是一件好事。更重要的是，你的亲人能够换换环境，享受外界的空气、阳光和社交。不管是对于患者，还是对于你自己都有好处。

准备应对意外情况

在制订照护计划时，你必须为无法预料的事情做好准备。如果你不事先准备好主动应变，就会被动应变。这种准备包括两个部分：第一部分是为你现在无法预料的事情保留一些灵活应变的空间。对照顾者来说，比较现实的待办事项清单可能是：购买日杂、打电话续药、送患者去做物理治疗，以及处理无法预见的情况。这种情况可能意味着你整个早上都要和保险公司通电话，而不是去超市。

第二部分是解决可以预见的问题。你无法控制的事情太多了，但是今天未必会发生意外情况。哪怕意外情况确实发生了，你也还是要重新推进计划好的事情。不过，像是用餐前后保持患者衣物干净这种小事，不是必须完成的。谁会在意呢？你要做的是在遇到意外情况以后及时恢复过来，而不是一定要加倍努力，把每件事都做到最好。

任务清单

做饭、跑腿、整理药物，这些事听起来没什么特别的，对吧？然而，除了这些任务，你可能还要做一些从未想过会为另一个成年人做的事情。以下是一些可能会进入任务清单的事项：

- 更换弄脏的尿布、床单和衣服。
- 帮助患者上下床。
- 帮助患者洗澡穿衣。
- 包扎伤口和给药。
- 预约医生，送患者去看病，看病时辅助记录医嘱。

小贴士

如果照顾对象是患有长期痴呆症的病人，那么照顾者本人也很容易出现健康问题，包括心脏病、免疫力低下、睡眠不佳以及酗酒和吸烟等问题。

- 跟踪用药情况，及时补充药物和日用品。
- 及时发现和解决问题。
- 耐心聆听，不做评判。
- 当恐惧、悲伤或焦虑等情绪爆发时，保持稳定。
- 分享开心和惊喜或成功的事情。（哪怕很小的事也可以）
- 统筹组织其他帮助者。

照顾者的挑战与收获

职业危害

长期的照护工作确实会对照顾者的健康产生影响。照顾者因帮助患者上厕所或上下床而腰痛或受伤的情况非常常见的。照顾者经常忘记自身也需要做检查、服药、锻炼或规律饮食。他们患抑郁、焦虑和压力的风险都会升高，而且这种风险在亲人离世后还会持续很久。一天只有 24 小时，还没有多少时间属于你自己。作为照顾者，你很有可能必须辞职，而且开销也会变多。这种情况又反过来让你更难继续承担照顾者的责任。就像是祸不单行一样，你付出的更多，得到的却更少了。下面是一些残酷的统计数字：

- 照顾者每年平均损失其收入的 33%。
- 照顾者需要自掏腰包支付许多费用，平均每年超过 10 000 美元。
- 有 11% 的照顾者必须辞掉工作以便全天候照顾患病的亲人。
- 如果因照顾亲人而离职，照顾者一生中平均损失的工资、养老金和社会保障福利总计超过 300 000 美元。
- 由患者家属提供的非正式、无偿的高级护理工作的估计价值接近 5 000 亿美元。这是花在正式、有偿护理工作上的两倍。

照顾他人的潜在风险

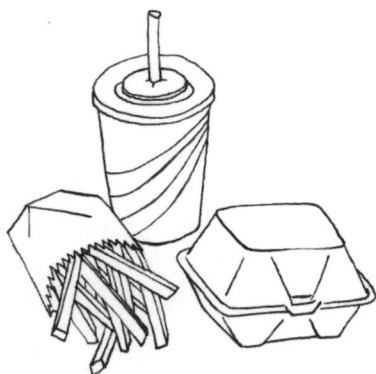

饮食不规律

钱包被掏空

腰酸背痛

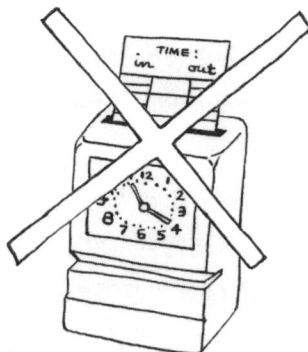

全年无休

照顾者是缺少被关注和关心的无名英雄。除了照顾生病亲人的住房、保险、身体和情感需求外，他们许多人还要从事全职工作，照顾自己的小家庭。他们为此不仅掏空了钱包，还累坏了身体。

在照顾患者时，保持警惕是有必要的，但休息和恢复也是如此。这意味着你既要及时发现问题，也要在没有问题（或对此无能为力）时尽量放松。人不可能长时间处于危机模式而不崩溃。本章前面提到的洛克就建议照顾者要趁着患者病情良好的时候好好休息。"如果患者感觉良好，而你也感觉不错，那就利用好这段时间。你们可以出门走走或者去看场电影，倒也不必盛大庆祝。"照顾者应只在必要时进入危机模式，并尽早结束。

小贴士

如果患者申请了涵盖家庭护理费用的医疗补助，那么该患者就可以指定一位朋友或家人作为照顾者，其工资将由医疗补助支付。美国各州关于谁能担任照顾者并领取工资的规定并不相同，因此你需要咨询所在地区的医疗补助办公室。

不要过分自责

人们总是喜欢寻找责怪的对象，尤其喜欢自责。认为自己是罪魁祸首，可能要比承认自己几乎没有任何掌控权更容易接受一些。

曾经有一名男子抛下了在墨西哥的家人，到美国得克萨斯州组建了一个新的家庭。他深信是自己导致儿子患上了癌症，而这是对他的惩罚。正因为如此，他都不敢走进儿子的病房，甚至无法与妻子交流，最终导致她深陷完全孤立的痛苦中。也许，你也坚信自己本来可以通过敦促亲人吃得健康一点或戒烟来预防现在的病情。

但是，如果你将他人的疾病归咎于自己，可能会在无意中降低你为生病的亲人提供帮助的能力。你的亲人现在需要你，而自责和内疚只会让你把注意力转移到自己身上。如果你真的有过错，请尽力尽快去弥补。但是，如果内疚的感觉让你突然介入患者的护理工作，擅自改变全程参与护理的家人经过深思熟虑制订的计划，那你就需要反省一下了。

当你所照顾的人做出你不同意的决定时，作为一名优秀的照顾者，你的职责就是接受。对于你的亲人来说，无论你或别人做什么，有些痛苦可能都无法改变。不管你们两人有多亲近，你们之间总有一个无法逾越的鸿沟。最终是患者要面对死亡，而你对照顾工作的信心不应该取决于患者的表现如何，也不应该取决于患者的满意度。问问自己：我做了我应该做的吗？我做了我能做的吗？我做了我认为正确的吗？如果答案是肯定的，那就不用纠结了。

照顾好自己

正如飞机上常见的提示：为了帮助他人，我们需要先戴上自己的氧气面罩。你还要继续走下去，因为有人依赖着你。照顾好自己并不自私。

自我照顾是现在流行的概念，它指的并不是自我放纵。自我照顾不仅仅是一次背部按摩、一块蛋糕或一杯好酒。这些都很好，但是还不够。自我照顾是一项需要学习的技能，要让它成为你日常生活的一部分，而不是一种罕见的享受。这意味着哪怕你唯一想关心的就是你的亲人，你也要同时关心自己。你要提醒自己，照顾自己和照顾亲人是一回事。下面是一些值得尝试的建议。

独处。培养某种独处的习惯，可以是祈祷、冥想、瑜伽、健身、远足、骑车、跳舞、园艺、写作等。你要找到一些与自己的灵魂和肉体沟通的方式。

倾诉。列一个愿意不加评判地倾听你谈论任何事情的联系人名单，比如同事、配偶、朋友、治疗师等。你不一定要找心理医生，尽管他们确实能为你提供帮助，只要和信任的人一起喝杯咖啡就足够了。无论以何种方式，只要能倾诉心声就好。

调整节奏。如果你的亲人已经处于疾病的晚期阶段，只有最后几周的时间。那你就要像最后冲刺一样，全力以赴地照顾患者。如果患者还有几个月或几年的生命，那么你就要像参加马拉松比赛一样，控制好节奏。在一切结束之前，不要过早屏住呼吸、全力冲刺。

分散注意力。看电影、打高尔夫、看书、对着月亮号叫，凡是能让你暂时抛下一切的事情都可以。喝一两杯酒可能并不为过，但要小心不要染上酗酒的坏习惯。

寻找休息的机会。找人暂时代替你的位置，或申请成人日托项目。如果患者正在接受安宁疗护，也可以安排患者在安宁疗护中心或疗养院住几晚。你可以尽可能多地安排短时间的休息，并偶尔安排长时间的休息。

注意自身健康。一定要考虑到你自身的健康状况和身体局限。你需要看病吗？你有哪里疼吗？你的药物还跟得上吗？诚实地回答这些问题，然后再安排好患者的生活。

参与安宁疗护和缓和治疗。这两种服务都涵盖对于照顾者的支持。是的，你自己需要帮助就是申请安宁疗护的充分理由。

寻找类似处境的人。正如有针对不同疾病患者的支持小组一样，也有针对不同类型照顾者的支持小组。你是阿尔茨海默病患者的丈夫吗？还是肌萎缩性侧索硬化症患者的女儿呢？在线搜索"照顾者支持小组"＋"（疾病类型）"就能找到对应的支持小组，总有一个适合你。

联系朋友。他们可能并不知道该如何帮助你，如果你能简单地告诉他们你需要什么，他们会非常愿意帮助你。你甚至可以让他们提建议："帮我想想除了疾病以外的事情。"

联系人事部门。请务必咨询你工作单位的人事部门，了解你是否有资格享受法律规定的病假福利，以及如何最好地利用该法案。如果你是在小企业工作，可能不受法律的保护，但你还是应该问一问。无论你是否符合条件，如果你和老板有良好的信任关系，请务必与她谈谈你的情况。很多时候，你总能找到一些创造性的方法让自己能够休病假。

分担责任

作为照顾者，你所能做的最好的事情可能莫过于邀请其他人，比如朋友或专业人士加入照顾工作。以下是统筹组织其他帮助者的方法。

弄清楚需要做什么。创建一个按顺序排列的任务列表、比如取药，去超市购物、开车往返送患者看病、接送孩子上学和放学、联系修理工、准备饭菜等。

确定谁可以提供帮助。列出可能有时间、有能力和有意愿提供帮助的朋友、家人和其他人。记好他们的电话号码和电子邮件地址。

通知。分别给名单上的每个人打电话或发电子邮件，说明你希望他们帮你做些什么。

会面。与每个人见面讨论需要完成的工作，并根据其专长和空闲时间来分配任务。

以下是你可能会要求其他人帮忙做的 4 件事：

- 当你去散步或在另一个房间休息时，在患者身边陪护。

- 跑腿买东西或者送饭。

- 陪患者去看病。

- 洗碗洗衣等。

不知道该怎么感谢或回报别人？永远不要低估比萨的力量！

最 / 好 / 的 / 告 / 别

　　你在照顾别人的同时也需要照顾好自己，因为你与被照顾的人之间是休戚与共的关系。照顾工作的好处在于让你更明确人生的意义、价值观和爱，你要试着牢记在心。这些东西并不总是能让你的辛劳变得愉快，但它们会帮助你保持理智。你从事的是非常重要，但却被低估的工作。虽然因为照顾他人你牺牲了很多，但许多照顾者依然觉得他们所选择的生活比放弃的生活更加真实、更有价值。尽管这些日子可能很艰难、很痛苦，但未来某一天当你回顾过去时可能会怀念这段时光。

人固有一

死。

第 16 章

人固有一死：如何告诉孩子

| 小孩子常问的 8 个问题及回答方法。

如何告诉孩子

人们可能以为不谈论死亡是在保护孩子，但是当死亡出现时，他们会提出问题，如果我们不回答，他们就会认为不谈论死亡是因为它太可怕了。当下流行的积极心理学，即只要微笑，一切都会好起来的理论，对孩子是不起作用的。小孩子其实比我们想象的要聪明得多。如果你想知道哪些事情是应该告诉他们的，可以根据经验法则让他们自己决定。

反过来说，如果他们相信你是认真的，他们会感到更安全，也会更乐于交流。当然，只有你最了解什么方式适合你的家人。这只是我们的建议，并不是金科玉律。以下是一些可能会出现的问题，以及如何回答的一些指导。

"我必须去医院看奶奶吗？"

你可以用任何你喜欢的方式说再见。如果你想给她画一幅画或给她写一封信，我可以拿给她。

没有理由阻止孩子们看望垂死的亲人。你只需要提前让他们为即将看到的场面做好准备。如果你打算带孩子去重症监护病房或护理机构探视，可以提前用手机拍下患者的照片，然后问孩子："你想看看爷爷现在的样子吗？"如果他们回答是，那就和他们一起先看照片，询问他们是否有疑惑。比如，为什么他看起来这么矮小憔悴，或者他旁边的机器是做什么的。通过你的解释，他们就会明白从患者鼻子里出来的管子是帮助患者呼吸用的，而不是他们想象中的某种奇怪的东西。

虽说你并不需要故意绕圈子来保护孩子，但是如果孩子不想去探视，强迫他们去也不是一个好主意。你可能觉得他们以后会后悔没有最后再握一次奶奶的手，但他们可能想以不同的方式说再见，比如画一幅画或写一封信，这都是可以的。并不是只有去患者床边道别才算数。

如果孩子们需要的话，可以让他们暂时退到一边。如果孩子正在探视的患者看起来很吓人，告诉孩子他们可以坐在病房或走廊的角落里，安静地画画或玩耍。孩子们知道自己在什么情况下会受不了，所以他们会走开，准备好了再回来。除了去床边告别，还有许多创造性的方式可以让孩子们与临终的亲人互动。下面有一些方法可供参考：

- 写一张便条给亲人，或放在他们的床边或枕头下。
- 录制一首全家人最喜欢的歌曲，或制作一份播放列表，在亲人的房间播放。
- 画一幅画挂在亲人的房间里。
- 用手机录下孩子朗读自己最喜欢的书的音频，然后播放给亲人听。
- 让孩子为临终的亲人涂指甲油或梳头发。
- 带去一件孩子最喜欢的，且让人感觉舒适的物品（保暖的袜子、毛茸茸的毯子）。

"死是什么意思？"

死亡意味着身体不再工作。它不再呼吸、不再移动、不再感冒、不再饥饿或受伤。植物和动物也会死亡。死亡是人生的自然规律。

在儿童电影和书籍中，角色的死亡画面通常是其灵魂化作一团烟雾升起，然后身体扑通一声倒下，脸颊如苹果般鲜红，仿佛还充满活力。所以对于年幼的孩子（6岁以下）来说，死亡可能是一种暂时的、抽象的概念，而且只会发生在其他人身上，不会发生在他们或他们的亲人身上。不过，哪怕你现在就去问孩子们想不想知道家里某位临终之人的情况，其实也不算早。对于两三岁的孩子，你可以坐下来问："你觉得爸爸怎么了？你想知道更多吗？还是不想知道更多？"即使是三岁的孩子也会说："爸爸病了。我想去玩。"年幼的孩子其实也能清楚地表达他们的需求，这一点出乎很多人的意料。

与孩子谈论死亡其实并没有什么特别之处。你只需要抛开先入之见，然后提几个问题。卡姆·萨特（Cam Sutter）是波士顿附近的牛顿–韦尔斯利医院的儿童生命专家，主要工作是帮助孩子们应对疾病和死亡。她说："不管你作为父母是怎么想的，也别管你的内心正在经历何种煎熬，你能做的最重要的事情就是抛下这一切，直接去问问孩子们。"孩子们在被问到时会以非常直接的方式告诉你，他们对于当下的情况有什么了解和困惑。有些孩子想知道更多，有些孩子则非常清楚地表示他们只想出去踢球。

"你也会死吗？"

我应该很久以后才会死。我现在很健康，我会一直陪在你身边。假如我死了，也会有很多人来照顾你，比如你的叔叔阿姨和爷爷奶奶。

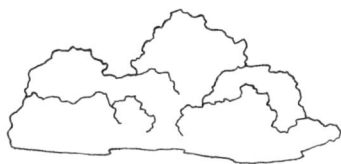

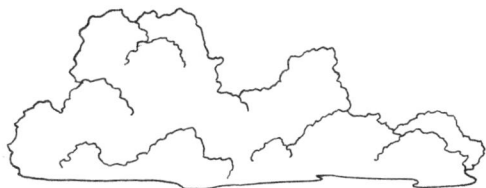

甦 是 什么 意思 ？

对你的孩子来说，最重要的是会有人在身边照顾他们。他们是小小的生存主义者，比起其他事情，他们可能更关心的是谁来送他们上学。即便你正处于悲伤之中，每次从浴室里出来都哭得双眼浮肿，无法思考任何事情，你的孩子也很可能还是以自我为中心，不在意他人的感受。他们更关注的是你的悲伤会不会影响到你照顾他们，而不是你悲伤的原因。

"我们在葬礼上要做什么？"

爷爷会躺在一个棺材里，那是一个存放遗体的容器。你能够看到他的脸。如果你愿意，也可以摸摸他。人们会站起来发言谈论爷爷的事情，可能还会因为悲伤和想念而哭泣。如果你不想待在那儿，也可以出去玩。葬礼结束后我们要把爷爷火化，他的遗体会变成骨灰。我们要把这些骨灰带到爷爷喜欢的地方，然后洒在那里。

你可以带任何年龄的孩子参加葬礼，全凭个人选择。只需要确保他们提前做好了心理准备。如果棺材是打开的，你可以告诉孩子们，他们会看到爷爷的遗体，他看起来就像睡着了，但是他不会醒来。他们还应该知道人们在葬礼上可能会哭泣，也可能不会说很多话，这些都是告别仪式的一部分。他们可能会受不了安静和忧郁的氛围，所以请找一个让他们觉得亲近的人（一位保姆或不参加哀悼的朋友）把他们带出去。这样你就能留下来继续参加葬礼，而他们也能大声玩耍。

当我父亲去世时，我的两个孩子分别是 6 岁和 8 岁。他们想给爷爷写一封告别信。在他已经无法读信的情况下，我很好奇孩子们会写一封什么样的信。"我们能不能把一些东西和爷爷一起埋进地里，这样他就能收到了呢？"我儿子问。我觉得是完全可以的。我问了葬礼策划人，放入棺材的物品是否有相关限制，她想不出有什么。于是我的孩子们画了一些图片并写了几句话："我爱你"和"上吧，熊队！[①]"（我父亲曾是该研究中心团队成员）。我们把卡片放在棺材顶部，然后将棺材埋入地下。这个小小的举措似乎让我的孩子们倍感安慰。那些卡片会一直留在他身边，直到他们一起化为尘土。

"为什么爸爸有妈妈和爸爸，而你只有罗杰外公？"

　　　　我妈妈在你出生之前就离世了。我那时非常难过，不过现在没事

---

① 伯克利评估与研究中心（Berkeley Evaluation and Assessment Research Center）的简写昵称。——译者注

了。我可以给你讲一个关于她的故事吗？

如果你的父母在你的孩子出生前就去世了，你的孩子可能会对他们的（外）祖父母感到好奇。向孩子讲述你与父母一起生活的故事是一种绝妙的传承父母精神的方式。你还可以使用你继承的物品，如钓鱼竿、戒指、照片或硬币收藏等，来帮助你的孩子去了解你的父母。让孩子知道他们是谁，他们喜欢做什么，以及你在孩子身上看到了什么样的品质，让你想起了抚养你的人。

"我会得癌症吗？"

　　你不会得癌症，同样也不会得心脏病。你很健康，很可能会活到变老，头发花白。

孩子们可能对疾病和死亡有各种各样的误解，比如认为死亡具有传染性。现在正是让他们摆脱这些错误观念的好时机。

为什么爸爸有
妈妈和爸爸，
而你只有
罗杰外公？

"上周我见爷爷时，对他很刻薄，是我把他害死了吗？"

说一些气话或者有坏的想法并不会把人害死。就像温柔善良并不能阻止死亡一样。爷爷离世，不是任何人的错。死亡会在不同的时间发生在我们所有人身上。他走了，我们都很难过，但这与你所做的一切无关。

回答时直截了当，把疾病描述成坏人，这样就能减轻孩子的内疚感，并清楚地表明亲人并不是因为他们所做的任何事情而死的。你可以这样说："你哥哥的心脏太累了。他的心脏病了，无法继续跳动。"孩子和成年人一样，在出现问题时总是倾向于寻找谴责的对象。最好将责任归咎于疾病，比如肾脏疾病、癌症、髋部骨折等。这样离世的亲人在孩子们心中仍然是知性勇敢的形象，孩子们也不会责怪自己或他人。

上周我见到爷爷时 对他很刻薄 是我把他害死了吗？

"我们死后会去哪里呢？"

人们对此有很多不同的看法。有的人认为我们会去一个叫作天堂、净土或天国的地方，在那里你会见到已经死去的亲人。有的人相信我们会投胎转世，变成动物或者人。有的人认为我们获得了一种特殊的力量，成为一个可以去任何地方的隐形灵魂，就像一个友善的幽灵。还有一些人相信我们会化为土地的一部分，然后长成树木。你觉得我们会去哪里？有一件事是肯定的：离世的人会永远活在你的心中。

大多数孩子会经历祖父母（或曾祖父母）患病或死亡的过程，然后开始明白人不会永远活着。事实证明，孩子们在7岁左右就学会逻辑思考了。即使死亡看起来很遥远，他们也会明白死亡是不可逆转的最终归宿。这种理解是很重要的，如果用委婉的语言暗示存在另外的结果，只会让孩子们更困惑。我们知道你很难直截了当地对孩子们说"奶奶死了"，但重要的是要确保他们知道实情。

与死亡的初次相遇可能会让所有人都很痛苦。你要向孩子们传授家庭价值观，帮助孩子们认识到自己既是家庭的一分子，同时也是更为宏大的人类精神世界的一部分。不过一定要确保他们不会误解你的话。不同的文化影响了我们的交流方式，而你需要用你觉得正确的语言来描述这件事。如果孩子有疑问，请不要使用对孩子没有参考意义的抽象描述。比如"去了"就是一个很好的例子。"去了"到底是去哪里了？再比如"奶奶睡了"这句话可能会让孩子们害怕睡觉。还有的人会说"她去了一个更好的地方"，这可能意味着她没有带孙子去这个很好的地方。那她为什么要这样做呢？

死亡对成年人来说也是毫无逻辑、不讲道理的。把这一点告诉孩子也没有关系。你可以说："我也不知道为什么会发生这种情况，这对我来说也很难理解。"

孩子会如何处理丧亲之痛

在孩子身上，往往会因亲人逝世而出现梦魇现象和其他行为，孩子的父母则是在亲人逝世前就会有所表现。不管你是深陷哀痛不能自拔，还是正竭尽全力放下哀思，都应尽最大的努力从孩子的角度出发来看待这件事。你可能会看到一些退化现象，比如最近接受过如厕训练的孩子可能又开始需要尿布。对孩子来说，回到更安全的、更熟悉的、不那么可怕的地方，是完全正常的。不用担心，除非过了好几个月他们还没有恢复。孩子们其实很坚强，他们会恢复过来，继续成长。

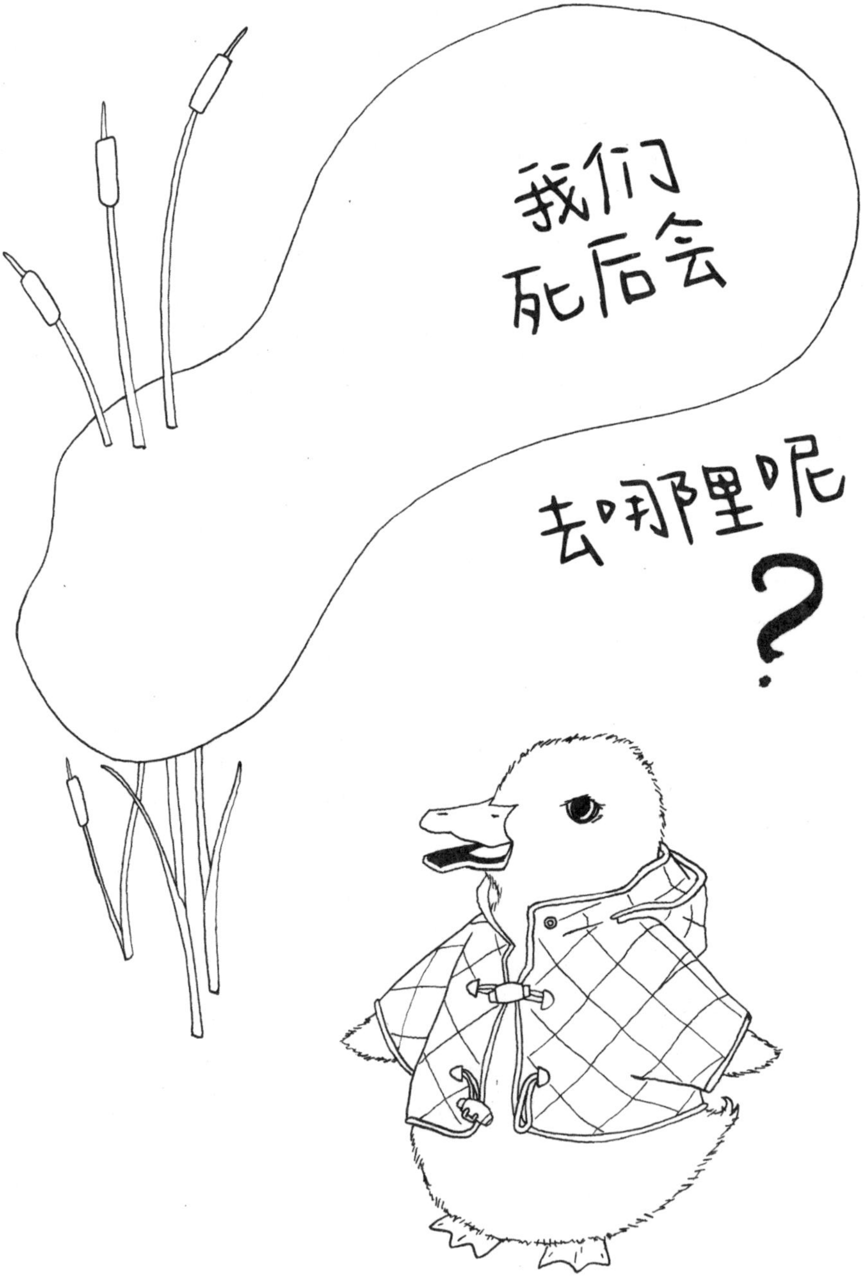
我们
死后会
去哪里呢
?

第四部分

临近死亡

　　计划自己的葬礼可能会让人感觉有点不舒服，可以将葬礼视为对自己的纪念，让人们知道你是谁，你喜欢什么，你可能会想留下一些指示，以便亲友按你的想法完成葬礼。其中所有涉及的决定都是很私人的。在接下来的内容中，我们将引导你去思考其中涉及的一系列事项，然后再做出决定。你还会在这一部分中看到关于选择死亡的内容以及选择死亡必须满足的要求，并了解死亡进行时是什么样了的。

第 17 章

遗体与葬礼

希望怎么处理自己的遗体；

计划葬礼；

殡仪馆是做什么的，有哪些替代选择。

你会把婚礼完全交给别人来安排吗？孩子的出生呢？恐怕不会吧。这些都是高度私人化的时刻，你得自己担任"项目"的创意总监。你的葬礼应该也不例外。不喜欢听《奇异恩典》（*Amazing Grace*）[①]？更希望大家齐唱《舞出彩虹》（*The Rainbow Connection*）？想要威士忌和瑞典肉丸？根本不想举行葬礼？不管有什么想法，你都可以告诉别人，或者留下说明。这是你送给朋友和家人的最后一份礼物，否则他们将不得不在一个复杂混乱的时期做出所有决定和计划。如果关于如何处理遗体你有自己的想法，比如有某个看中的墓地或某个希望抛撒骨灰的地方，请让你的亲友知道。更好的选择是，给自己买一块墓地。

现在越来越流行将葬礼称为"纪念仪式"。曾有一位以开冰激凌车为生的男子坚持要求在死后举行仪式时，在殡仪馆门口停放一辆冰激凌车，以便哀悼

[①] 美国乡村福音歌曲，常用于葬礼等严肃场合。——译者注

者可以享用几勺冰激凌。如果你是一个常去教堂的人，你很有可能会选择在那里举行葬礼。如果你不选教堂，也可以选择殡仪馆或租用一处大厅，甚至选择某人家中的客厅。总之，你可以选择任何你想要停放自己遗体的地方。

计划葬礼

如何选择殡仪馆

去趟殡仪馆，和馆长交流一下，你就能了解很多事情。很有可能你一走进去，就能立刻感觉到、看到或闻到某种让你想离开那里的东西。你的直觉会告诉你这个地方是否合适。当你还活着的时候，参观殡仪馆和墓地可能会感觉压力很大。这是可以理解的，不过提前选择一个殡仪馆也能增加你对未来的控制感。

写给照顾者 ──────────────

如果在患者离世前没办法去实地察看殡仪馆，也没关系。你还有机会做出比较和选择。你可以向朋友寻求建议，在网上查看附近的殡仪馆，并花费一个上午的时间给其中几家打电话。你可能想不到，在线点评网站也是一种可靠的咨询方式。你可以在上面与善意的殡仪馆工作人员交流。如果能与殡仪馆馆长聊聊，会很有帮助。他们是"无与伦比的向导和同伴"，加州大学旧金山分校缓和治疗项目的社会工作者布里吉特·萨姆泽说："他们什么都知道。"他们甚至知道如何获得在海上撒骨灰的许可证，以及葬礼时应该给祭坛助理多少小费等细节。一位好的馆长会带你了解整个流程。这可能是你第一次近距离接触和安排后事，但对于他们而言很可能已经重复了成百上千次了。

家庭葬礼

正如现在又重新流行起在家自耕自种，过自给自足的生活那样，人们对回归家庭葬礼的习俗也越来越感兴趣了。这也会带来更有参与感、更加个性化的葬礼体验。在家庭葬礼中，遗属会清洗逝者遗体，并为其穿上所选择的衣物，再准备土葬或火葬。遗属还会举行自家的专属仪式，并让尽可能多的客人过来参与仪式和告别。这样来访的亲友也不用排队进场，匆忙来去。

凯特琳·道蒂曾在一家火葬场工作，后来在洛杉矶开了自己的创业公司。她说与遗体共处可以让你接受已经发生的事情，而且你不仅是在为逝去的亲人悲伤，也是在为自己未来的离世悲伤，从宏观的、宇宙的角度去理解死亡。"传统葬礼可能让你有一种被公众审视的感觉，而且殡仪馆里还有各种时间限制。"她说，"这不是一个让人感觉舒适的、固定的空间。根据我们的经验，这正是传统葬礼最大的缺陷。"她现在通过课程教授人们如何在家里举行葬礼。

需要了解的问题

你与殡仪馆之间只有短暂的服务关系，所以最好能了解自己有哪些权利，并横向比较再作选择。下面是一些需要了解的问题。

取走遗体的流程是什么样的？一般的工作流程是这样的：会有两三名员工来到护理机构、医院或家里，在遗体的手腕或脚趾上绑好身份标签，再用床单包裹遗体或将其放入拉链袋中，然后用担架将遗体运送到殡仪馆。工作人员会将遗体冷藏，直到进行火化或进行防腐处理后埋葬。如果关于如何运输遗体，你有自己的想法，可以直接告诉他们，不用觉得不好意思。

能安排遗体的长途运输吗？这是可以安排的。殡仪馆会将遗体送上商业航班（你需要负责前往机场的交通费和机票费）。当遗体降落到达机场后，你选定的另一家殡仪馆会来接走遗体。遗属也可以选择在当地火化遗体，然后把骨灰带上飞机，而且要有殡仪馆的火化证明才能通过机场安检。你最好先弄清楚有哪些费用。

关于葬礼策划和接待，你们能提供哪些服务？音乐？献花？司仪？餐点？大多数殡仪馆都提供付费预订供应商的服务。

我们是否一定要使用殡仪馆的设施来举办葬礼？还是可以选择其他地点？大多数殡仪馆都有一个或多个房间，用于葬礼的正式接待和瞻仰遗容的环节。如果你愿意，他们还可以帮你找别的地方，比如你常去的礼拜场所。

殡仪馆会负责撰写死亡通告（讣告）吗？殡仪馆可能会提供模板或代写服务，然后交给当地报社印刷讣告。

殡仪馆可以帮忙筹备追悼会吗？有些殡仪馆可以帮忙预订位置，筹备追悼会。

我去世以后我的家人可以直接给殡仪馆打电话吗？在一些城市，你的亲人可以直接致电殡仪馆，要求他们宣布死亡并取走遗体。哪怕你的死亡是预料之中且不可逆转的，医护人员也可能会采取急救措施试图把你救回来，而这些急救措施会令亲人目不忍睹。这一点要提前弄清楚，因为并非所有的殡仪馆都提供这项服务。

殡仪馆会为送葬者提供交通工具吗？如果送葬的亲友想乘坐加长豪华轿车而不是自驾送葬，就要先确保殡仪馆是否提供此项服务，并问清费用。

写给照顾者

　　为了尽快给下一个家庭腾出空间，殡仪馆提供的模式化服务往往都很匆忙。没有人会喜欢模式化的悼词和匆忙结束的葬礼。

　　如果你想要获得更体贴的服务，最好提前去殡仪馆和馆长或神职人员沟通，这样他们就能为你的亲人致以合适的悼词。

希望怎么处理遗体

土葬 ① 还是火葬？大类之下还有细分

　　土葬。会对遗体进行防腐处理以供瞻仰，然后将遗体放置在棺材内，再把棺材放入墓室箱，最后埋入墓园。自然土葬（或"绿色土葬"）是指遗体不经过任何化学处理直接埋入地下，以便让遗体自然分解。

　　火葬。使用高温燃烧遗体，将其化为骨灰。生化火葬是一种能耗较低的处理方式，使用化学物质和水代替高温火焰来分解遗体。（详见本章后文）

---

① 在我国，一般人口稠密、耕地较少、交通方便的地区实行火葬；暂不具备条件实行火葬的地区，允许土葬。实行火葬和允许土葬的地区，由省、自治区、直辖市人民政府划定，并由本级人民政府民政部门报国务院民政部门备案。——编者注

传统土葬

除非你选择了自然土葬，否则遗体处理的第一步是进行清洁和消毒，然后是防腐处理。在处理过程中，静脉中的血液会被抽空，然后注入甲醛和其他物质组成的混合防腐溶剂。

看到逝者好像"睡着了"一样，会让遗属感觉非常欣慰，尤其是在逝者经历了漫长的疾病折磨之后。不过你需要知道的是，因为有防腐物质驱赶虫类并减缓遗体自然分解的过程，还有保护棺材的混凝土墓室箱（标配），所以遗体埋入地下后最终基本上都会变成木乃伊。如果你选择不进行防腐处理（出于环保、审美、宗教或经济原因），殡仪馆会让家人签署"禁止防腐处理"表格。如果遗体没有经过防腐处理，你的家人就必须尽快举行葬礼，特别是有瞻仰遗容环节的葬礼。

> **小贴士**
>
> 虽然大多数殡仪馆都建议在死后8小时内进行防腐处理，但他们并不能强迫你选择防腐处理。有些殡仪馆会提供长达一周的遗体冷藏服务。

回归大地

自然土葬或"绿色土葬"是将遗体直接埋入土壤中，使其分解并成为其周围土壤的肥料。这个过程就像树叶、动物和其他有机物质千万年来一直参与的自然循环一样。许多自然墓地兼作自然保护区，因此访客可以在到达墓地之前先在野地散散步。

如果你想以后被埋在自家拥有的一块土地里，就需要向当地政府申请以获得批准，并完成必要的文书工作。不同的地区有不同的规定，最好遵守相应法规。如果将来遗体因某种原因出土了，你的后代就需要提供一份书面证明，以表明你是通过正规渠道埋葬的。与所有受政府监管的项目一样，这项申请要获

遗体处理

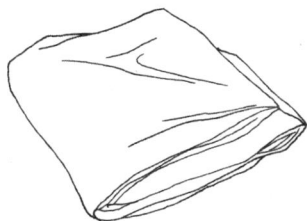

裹尸布

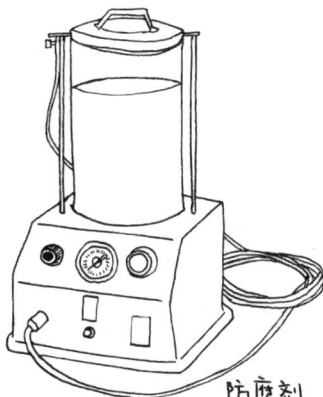

防腐剂

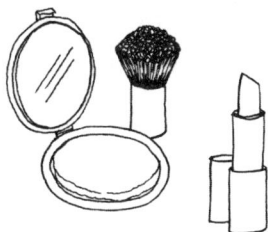

化妆

清洁

着装

殡仪馆在遗体埋葬前通常都会对其进行防腐处理，而棺材也存放在完全密封的墓室箱内，所以遗体几乎可以永久保存下去。如果你想让遗体自然分解回归大地，你可以选择拒绝防腐处理。

得批准也需要时间。你最好现在就开始办理手续，以免将来你的遗属还要把"在政府部门排队等候"加入他们的待办事项清单。

火葬

根据北美火葬协会的数据，近一半的美国人（2015 年为 48.6%）现在选择火葬而不是土葬。火葬流行的原因在于其平均成本不到土葬的一半，并且不需要集中放置在墓地，也不用担心影响环境。

火葬对遗体进行清洁和消毒，并移除遗体上的所有医疗设备，比如心脏起搏器。火葬场或殡仪馆的工作人员会用布（或其他可燃物）包裹遗体，然后将其放入看起来像工业烤箱的焚化炉。最后盛放遗体的容器可以是一个简单的木盒或其他的可燃物，你也可以自己带一个到殡仪馆。

> **小贴士**
> 不要相信殡仪馆说的火化需要棺材之类的话，其实并不需要。

高温火焰会将遗体烧成雪白的骨灰和碎片，此外还有无法烧毁的金属物体，如容器中的螺丝、钉子和铰链等。遗骸中还包含无法被火焰融化的身体部位，例如金牙、手术螺钉、假肢或其他植入物等。工作人员会使用强力磁铁或钳子来移除这些物品。在焚化过程中产生的气体会通过排气系统排出，所以骨灰一般没有什么气味。移除杂物后剩下的残骸会被磨成沙状，重约 2 千克，可以倒入骨灰盒或塑料袋中。

生化火葬

有一种通过化学溶剂分解遗体的方式被称为碱水解法（也称生化火葬）。该方法最常用于医学研究和处理宠物尸体，处理流程是将遗体放入一个装有水和碱液混

> **小贴士**
> 火葬不是最环保的选择，最环保的是自然土葬。

合物的炉室中，并在高压下加热到 178℃。高压可以防止沸腾，在大约 3 个小时内完成遗体分解。

穿什么衣服永眠

你可以提前决定离世后埋葬时要穿什么衣服，以及是否要化妆。当丽贝卡·索弗看到因车祸而去世的母亲躺在棺材里的样子时，她被吓坏了。"我妈妈永远不会涂那种颜色的口红！"她想。震惊和哀痛已经令她不知所措，这最后的冒犯让她无法忍受。所以她偷偷擦掉了那种颜色的口红，换了一种更像她妈妈风格的颜色。

20 世纪的穿着"最好的衣服"入土的传统正在逐渐改变。现在的人什么都要个性化，对于这辈子最后的一身服装也想要掌握发言权。在网上搜索"我要穿着这一身入土"，你会发现很多年轻人露着大片光滑皮肤的自拍照。他们觉得这套衣服穿起来很好看，想要永远穿成这样。作为一个老年人，你可能会放弃露脐上衣而选择一件整洁的夹克。但是考虑一下"我要穿着这一身入土"的问题其实并没有坏处。为什么不自己选择呢？即使你的家人认为你的审美不太行，他们可能也会同意你最后的要求。也许你就喜欢舒服一点，所以希望穿着运动服永眠。

虽然通常是殡仪馆工作人员为遗体穿衣，但是逝者的家人和朋友也可以承担这份工作，再与逝者共处一段时间。虽然遗体确实很难搬动，但最后一次为逝者扣上其最喜欢的衬衫也是哀痛者迈出的第一步。

> **小贴士**
>
> 如果选择火葬，那么在默认情况下你会穿着死亡时穿的衣服火化，不管是医院的病号服、睡衣，还是疗养院的衣服，除非你另有安排。

你的棺材你做主

如果你有心仪的款式，可以通过殡仪馆订购，也可以在网上或在专门订制棺材的实体店购买。没有人会通过你选择的棺材上的天鹅绒的柔软度或钢材的厚度来评价你。殡仪馆的人可能会试图向你推销他们库存积压的奢侈产品，所以你最好直言不讳地告诉他们你打算花多少钱。他们很可能会把镀铬的棺材放在最前面，根本不展示更实惠的选择，所以你应该要求查看库存产品的完整清单。再强调一遍：如果你想火化，就不需要购买棺材。棺材的类型主要有 3 种。

半塌式棺材。可能是最常见的设计，棺盖分为两部分，通过铰链与棺身连接。一般只打开上半部分，以供瞻仰遗容。

全塌式棺材。这种棺材的盖子是一个整体，所以打开时会看到完整遗体。

绿色棺材。对于想要尽量环保的人来说，可以使用可再生材料，如竹子、藤条、软木，甚至是回收纸板制成的棺材。这种棺材会在地下快速降解。

选择墓地

你可以步行游览几处墓园，看看自己是喜欢某处山顶的风光，还是某棵大树的荫蔽，抑或是市郊某处方便亲友祭扫的地方。如果你没有事先声明自己的偏好，墓地的选择权将属于你的遗属。最终的安息地有许多不同的选择。

户外独葬地块。一人使用。

户外合葬地块。一对夫妇使用（两处墓穴并排或叠放。后者通常称为"双倍深度"，费用更低）。

> **小贴士**
>
> 一次购买的地块越多，平均花费就越低。

户外家族地块。只需一块刻有家族姓氏的大墓碑，然后刻上每位埋葬在那里的家庭成员的名字。这样更便宜，因为不需要为每个人单独立碑。

骨灰埋葬地

壁龛。地上建筑内的小阁子，用于密封放置骨灰盒。

陵墓。陵墓地下包含很多用于埋葬骨灰的墓窖。

预付墓地

提前购买"安葬权"，比如一处墓地或墓窖，可以为你的亲人省去很多开销和压力。不过这样做的风险是你的亲人可能以后不想被埋葬在那里。众所周知，现代家庭是脆弱而复杂的。如果家庭经历了分解和重组，那么死后的埋葬地点（或骨灰存放地点）可能会成为引发争论的问题。例如，如果你的母亲本来和你父亲一起买了一处墓地，很久都没有改变安排，直到她在 60 多岁时突然找到了"真爱"。这时你就会遇到很头疼的情况。那么，如果在预购墓地之后又想改变安排该怎么办呢？在美国的有些州，你需要优先将安葬权卖回给墓园，而不是直接出售，因此必须先询问墓园管理方。如果墓园不回购，你可以在网上找一个经纪人来处理变卖事宜。你需要按月支付广告费用，或按最终交易额的一定比例支付佣金，或两种费用兼有。

你在广告中一定要说明，待售的墓地在墓园中的具体位置以及编号等信息。此外还要提供一些现场照片，这一点很重要。这类交易不管是在经济上和心理上都有很大分量。所以买家肯定想先看看周围是什么样子，再判断这处墓地是否合适。

小贴士

如果你不想使用预先购买的墓地，可以找墓地经纪人代为出售。

各种价位的
棺材都有

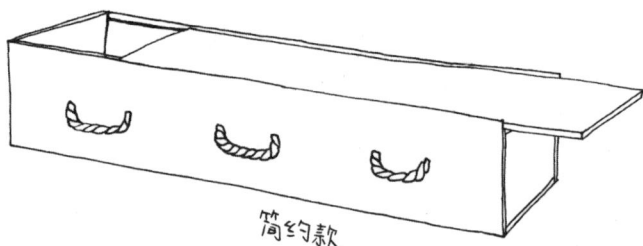

简约款

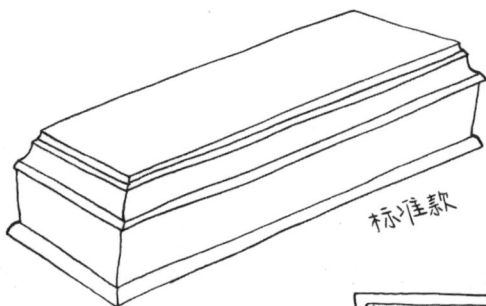

标准款

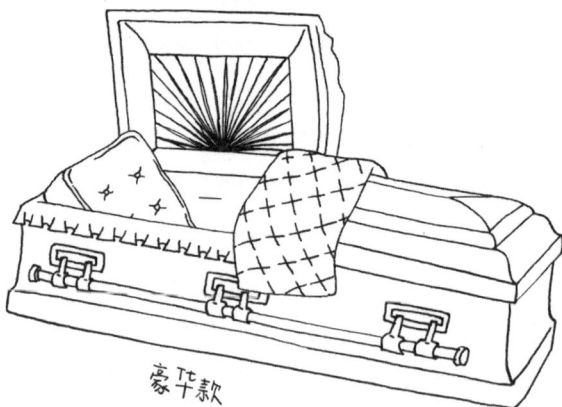

豪华款

如果你觉得逝去的亲人并不在意棺材是否豪华，那就不用在这方面多花钱。

如果家人住在不同的地方

如果你的伴侣有一块家族墓地，其中已经埋葬了好几代人，但是你和伴侣在千里之外的地方安家并生活了几十年，那么你们选择在当地埋葬也是可以的。如果你的亲人居住在两个（或多个）不同的地方，并且无法就你最终的安息地点达成一致，你可以在两个地方各购买一处墓地，最后再埋在其中一处地方。公墓中通常都设有一面遥祭墙，你可以在那里购买一块纪念铭牌，无须埋入遗体或骨灰。

当然，如果你选择埋葬在一个远离你的孩子（或第一次婚姻中的孩子）的地方，他们以后可能不会去你的墓前祭扫。如果你非常想埋葬在某个地方，一定要告诉别人。

最 / 好 / 的 / 告 / 别

你的葬礼是为你而办的，那么谁又能比你更有权决定应该怎么安排呢？提前做出一些选择可以为你的亲友提供方便，他们只想全心全意地缅怀你，并不想为买什么样的棺材而劳心费力。筹划这些最后的安排对你来说也是一种安慰。不过哪怕没有提前计划，也不用担心，有成熟的殡葬行业可以帮助你的亲人。他们会渡过难关的，每个人都会以某种方式迈过这道坎。

第 18 章

可以选择尊严死吗

医师协助离世；

谁有资格；

法律的不足之处。

医师协助离世或医疗辅助离世，指的是医生为你开具旨在结束你生命的药物处方。你可能听过的另一个术语是安乐死 ①。不过安乐死一般是指医师有意识地施打致命剂量的药物。除监狱系统外，安乐死在多数国家是非法的。在协助离世的过程中，患者需要主动服药（致死）。这种情况下，离世是解脱，而不是刑罚。

医师协助离世

敏感的话题

100 多年来，美国的法院一直在争论医师协助离世是否合法。1997 年，最

---

① 安乐死在中国是非法的。——编者注

高法院最终把球踢回给各州，同年俄勒冈州通过了《尊严死法案》。目前，协助离世在哥伦比亚特区、佛蒙特州、蒙大拿州、加利福尼亚州、夏威夷州、华盛顿州和科罗拉多州的七个司法管辖区内也是合法的。在本书成文时，内华达州、田纳西州、马里兰州、新泽西州、纽约州和康涅狄格州正在考虑类似立法。另外还有几个州的努力未能成功，不过鉴于这场争论的激烈性及其对于医疗实践的重要性，这些州很可能在不久的将来重新审视这个问题。在本章中，我们将援引俄勒冈州的《尊严死法案》作为示例。

对于协助离世，人们心中有各种强烈的情绪。支持合法化的人认为，协助离世为绝望的人提供了选择。这些人原本要面对无情症状的折磨；失去了人生的意义或目标；忍受慢性的死亡；逐渐失去自主。协助离世可以让他们从无意义的痛苦中解脱出来。

反对者则认为，我们的社会体系，尤其是医疗保健系统，应该划清界限，不能走到认可死亡的一边。或许他们担心这样的法律会创造出一个不公平的世界，死亡成了绕过系统性问题的捷径。

但无论站在哪一边，大多数人都会同意，我们的医疗保健系统、我们的政治制度和社会制度，并没有尽其所能帮助人们减少痛苦。对于现实的怒火会引导人们走向何方，双方都认为自己站在道德高地上，没有多少妥协的余地。

你怎么认为呢？你相信什么呢？

什么是医师辅助离世

在媒体的渲染下，人们往往觉得协助离世是某人对身体疼痛感到绝望的反应和最后的选择。但其实对于协助离世的需求更多地源于心理或社会压力。患者感觉很孤立，或者觉得自己是亲人的负担，或者害怕除此以外的离世方式。对许多人来说，这种选择与其说是为了摆脱痛苦，不如说是为了获得自决和控制。这就解释了为什么我们不用"自杀"这个词来描述协助离世。这也解释为什么大约 1/3 的接受了致命药物的人，到最后也没有使用。

我的患者泰克拉就是其中之一。"它提供了预期的效果，让我知道我有选择，而且我不必承受自己不愿承受的痛苦，"她说，"在几乎无法控制的病情发展过程中，它让我觉得我仍然在有意识地生活，并且可以在某种程度上控制自己的离世方式，而不是无助地成为这种该死疾病的受害者。"对于许多人来说，协助离世的好处在于他们知道自己在需要时可以选择结束一切。

在美国，每年的死亡人口中只有极少数是自行服用致命处方药而离世。在俄勒冈州，《尊严死法案》已施行了 20 多年，但协助离世仅占全部死亡人数的 0.4%。所以实际上，法律只影响了极少数人的选择。但如果你是正在考虑协助离世的极少数人之一，那么你就需要家人和医生好好沟通。

这是一个很复杂的话题，所以可能会引发一些意料之外的感受。我有一位朋友患有逐渐恶化的神经系统疾病，他在家人面前提起了这个话题。刚开始他只是随便聊聊，没有明确的想法，因为那时加利福尼亚州刚通过相关立法。他表示有兴趣在未来的某个时候会选择协助离世，并想听听家人对此有何看法。他们听得很认真，也很支持他。

在深入思考后，他发现协助离世根本不适合自己。但是当他告诉家人时，却吃惊地发现他们有点失望。他们没有表现得很明显，但他能感觉到。原来这个想法已经在他们心里扎根。他们担心钱的问题，因为他自费雇用了一名全职照顾者。他们本来以为结局就在眼前，已经有了一种解脱感，所以有点失望。他带着几分笑意向我讲述了这个故事，但我能看出来这件事情已经对他造成了伤害。

这个故事告诉我们，协助离世是一个很复杂的问题。你可以理解为什么有的人不希望协助离世合法化，因为这样就不会出现那种让人心碎的情况了。但是既然讲到这里了，我们必须得说一句。哪怕关于协助离世的讨论让人很尴尬，很痛苦，这种讨论仍然是很重要的。我们的决定会以自身都意识不到的方式相互影响，但我们不应该觉得自己没有反悔的权利。

到了某个阶段，你也需要和医生讨论协助离世的话题。不过你要做好心理准备。毕竟，要别人帮助你结束你的生命并不是一件小事。医生必须确保你的决定是理性的，而且并未受到强迫，你自己也要确定这一点。这种大问题不是查看流程图就能轻松解决的，而是需要进行深入的对话。根据法律要求，医生必须跟你讨论以下几点：

- 协助离世的药物将如何起效，以及服药后可能并不会立即离世的事实。
- 有哪些现实可行方案能代替药物帮助你，比如安宁疗护或缓和治疗。你是否明白这些方案可以怎样帮助你？
- 你是否会通知近亲属，你服药时是否会有其他人在场，你是否会参加安宁疗护计划（这些都不是必需的，但是我们强烈建议这样做）？
- 你不能在公共场所服药。
- 你是否想要撤回协助离世的请求？

停止进食和饮水

除了医疗辅助离世，还有其他替代方案。

自愿停止饮食（VSED）是指选择不再摄入食物或液体。没有食物，人会

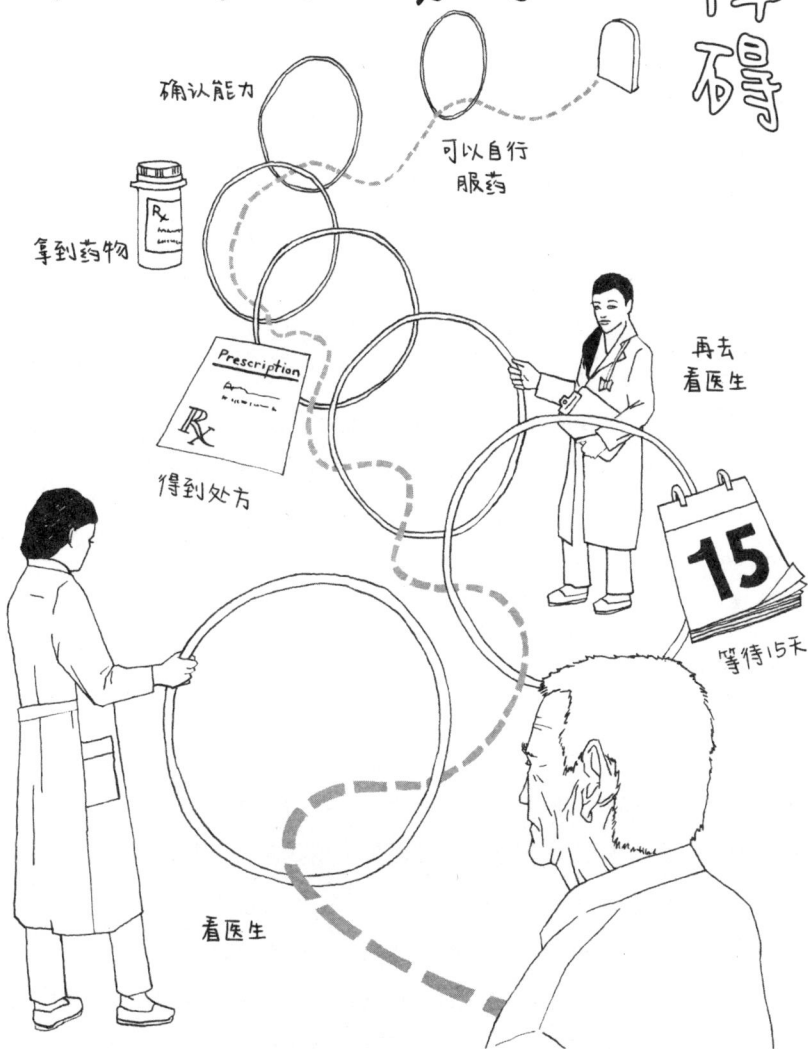

在这条路上要跨过的障碍

确认能力

可以自行服药

拿到药物

再去看医生

Prescription
Rx

得到处方

15

等待15天

看医生

最大的障碍是很难找到同意协助的参与者。这是无法保证的，因为不管是医院还是独立行医的医生，都没有义务开具协助离世的药物。

在一个月左右离世；没有水，人很难活过一周。因此，自愿停止饮食实际上就是选择脱水而死。

自愿停止饮食是一个缓慢的离世过程，这一点好坏参半。好处是你有更多时间重新考虑你的决定，但坏处是无法确定死亡到来的具体时间。由于酮症（身体对禁食的反应），你可能会变得越来越困倦，甚至可能会出现梦幻般的欣快感。然而，自愿停止饮食而离世并不是一个舒适的过程。在重症晚期，患者的食欲本来就很低，因此饥饿感不是问题。但是口渴可能会让人很难受。不过可以通过保持口腔湿润来缓解口渴。此外还要准备好治疗常见的临终症状，包括疼痛、恶心或谵妄的药物。如果痛苦不堪重负，也可以用药物镇静，帮助你在睡梦中离去。这一操作也称为终末镇静（或缓和镇静）。但实际上你只有在安宁疗护机构的帮助下，并且提前与临床团队充分沟通，才有可能得到终末镇静。因为护理人员有责任确保你是按照自己的意愿决策，没有受到胁迫，并且不存在其他合适的选择。

> **小贴士**
>
> 与协助离世不同的是，自愿停止饮食不需要医生的同意即可开始，也没有法律上的程序障碍。

来自患者床边的启示

杰奎琳选择了协助离世。在她服药去世几个月后，她的丈夫汤姆从他的角度向我讲述了这段经历。他们多年来一直在讨论协助离世的话题。这对他们俩来说都很痛苦，但她的想法很坚定，这对她来说是两害相权取其轻（药物致死或疾病致死）。而他也清楚地表示他会一如既往地履行爱的承诺。他说自己经历了无数哀痛，但很少有遗憾，并在最终获得了一种平静感。在杰奎琳去世几个月后，经过反复思考，他说他以后会建议其他人谨慎选择讨论这个话题的对象。他们夫妻是有信仰的人，而他也注意到教会里的一些朋友不赞成他们的决定，并变得疏远了许多。其实他和朋友都很心痛。尽管如此，汤姆心里还有安慰，因为他知道自己尊重了杰奎琳的意愿，而这也减轻了他的哀痛。汤姆比任何人都清楚，这是出于深深的爱意。

汤姆还提到，他们非常感谢有一名安宁疗护护士陪伴他们度过了整个过程。隆妮·沙维尔森博士是旧金山湾区一位著名的医生，专注于研究医疗协助离世。他希望他的所有患者在去世前都接受安宁疗护，这样他们就能获得更多的支持。沙维尔森提倡患者服用致死药物时，请一名医疗专业人员在床边陪护，以提供技术和情感支持。患者和家人在这个时候都会有很大压力，如果身边有一位经验丰富的临床医生，可以大大减轻家庭的负担，并确保离世和随之而来的哀悼过程尽量顺利。

完善立法任重而道远

协助离世的相关法律并不完善。旨在提供帮助的保障性规定有时反而会成为阻碍。例如，也许你现在的痛苦已经超出了忍耐极限，并且你十分确定想要结束生命，但是你还是必须等待 15 天。当然，结束生命不应该是一个冲动的决定，但也许你确实不想再等待 15 天的时间。此外，目前仍然需要完善的还有以下问题：

因患有某种疾病，你无法吞服任何药物。或者因为某些癌症，你的胃肠道无法正常工作。或者你无法自行将药物举到嘴边然后吞下，比如患有肌萎缩侧索硬化症或四肢瘫痪。目前，相关法律不允许通过静脉注射给药。

那些处于认知障碍（如失智症）晚期阶段的患者，就算满足预后生命不足 6 个月标准，其认知水平也不足以申请协助离世。

> **小贴士**
>
> 在协助离世合法的州，协助离世不会被视为自杀，也不会影响人寿保险支付，但自愿停止饮食仍会被视为自杀。这意味着，如果被保险人在购买人寿保险后的两年内因自愿停止饮食而离世，保单可能会失效，其遗属不会获得全额赔付，只能得到较少赔偿。两年期限是保险行业关于自杀案件的标准规定，但具体情况还是取决于你的保单条款。

价格高昂。随着需求的增加，药物的费用也在增加。这种药物的价格以前很便宜，但自 2010 年以来，已经上涨了 1 000% 以上。联邦老年人医疗保险不报销该费用。在加利福尼亚州和俄勒冈州，医疗补助可以用于支付该费用。此外还有很少的一些商业保险也可以报销。在不同的情况下，你需要自付的费用从 500 ～ 4 000 美元不等。

最 / 好 / 的 / 告 / 别

这是你能做的最私人的决定，必须是内心最深处的渴望。与此同时，因为涉及医护人员批准死亡，所以你的医生有法定责任，必须判断你是否有必要提前离去，或者至少有责任判断她自己是否基于善意在帮助你。如果你决定在协助离世合法的美国的某个州采取该措施，你需要有清醒的头脑、几周的时间，以及至少两名医生的参与，而且你还要在无须（很多）帮助的情况下，自行服药。

第 19 章

最后的日子

> 生命走进终程进行时是什么样子的；
> 用好阿片类药物；
> 陪在床边；
> 停止生命支持系统。

你可能听过人们用"神圣"这个词来描述陪伴在临终者床边的感觉。这感觉是对的。生命的所有组成元素，在那一刻全都浮现了出来，仿佛只要推开眼前的一扇门，就能知晓生命的终极秘密。

生命走进终程时，即肉体生命的最后几小时到几天的时间，与生命的其他阶段大不相同。"死亡"不再是一个抽象的概念。身体机能逐步停止运转，并开始遵循不同于以往的规则。无论迄今为止的护理方案有多么激进，在生命走进终程时都不应该急于介入，或采取更多干预措施。现在不管是转院，打急救电话，切换新的生命支持系统，还是其他一系列的措施，都不会像你希望的那样有帮助。繁复的急救措施只会分散你的注意力，让你无暇感受死亡这一最为深刻的人生经历。现在是时候停下脚步，放慢节奏，活在当下了。

正如本书中大部分内容一样，本章内容是我们想要直接对作为患者的你说的。但从实际操作的角度来看，本章中的信息对你的照顾者来说更加有用，因为到这一阶段时，你可能已经失去知觉。大多数情况下，人们在生命走进终程时都是无意识的，至少没有科学意义上的意识。本章内容会让你想象自己生命的最后时刻，所以你会感觉不太舒服。如果了解生命最后阶段的样子对你来说是有帮助的，那么你可以继续往下阅读。

死亡近在眼前的迹象

要如何知道什么时候是进入生命终程了呢？有以下几种迹象可供参考。

谵妄

当你的身体机能逐渐停止运转时，你的神经系统功能，包括你的思维能力也会逐渐降低（关于谵妄的详细介绍，参见第 12 章"晚期症状指南"）。简言之，谵妄会导致患者不能正确认知现实时间和地点。谵妄症状往往间歇出现，所以可能前一刻你还思维清晰，活在现实当中，下一刻你就以为时间回到了1941 年，而你在空中飞行或在街头与一只猫打架。旁观者可能会看到你对着空气、衣服或床单指指点点，或者对着不存在的东西手舞足蹈。你的身体会躁动不安，即使你不能起床，也会迫使你起床，所以跌倒是很常见的事情。谵妄症状也可能表现得很轻微，不过安宁疗护和缓和治疗领域的医护人员特别擅长发现和治疗谵妄，并指导照顾者如何处理。

写给照顾者 ———————————————————

在谵妄的折磨下，你的亲人可能会说出非常甜蜜和奇怪的话，也

死亡近在眼前的迹象

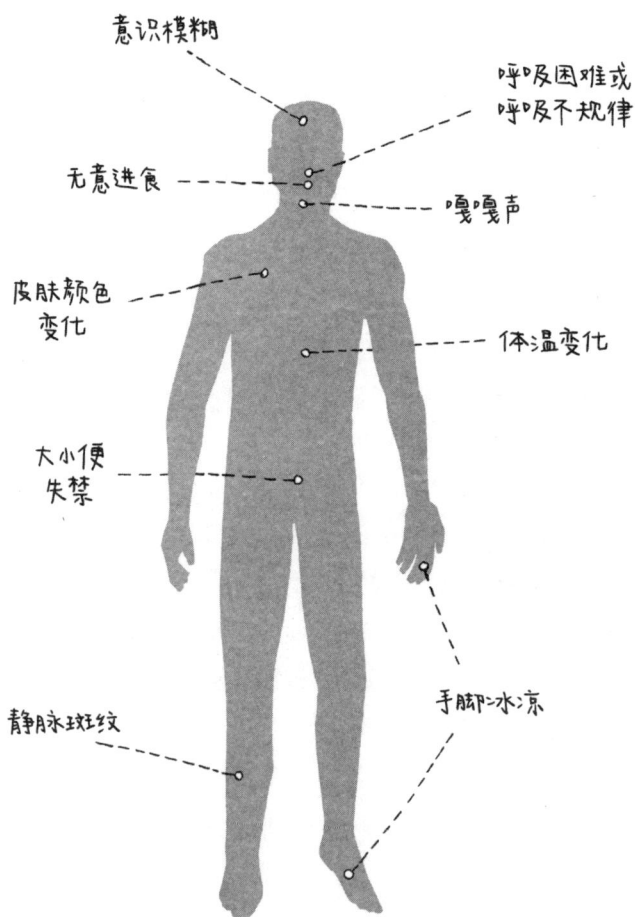

意识模糊

呼吸困难或
呼吸不规律

无意进食

嘎嘎声

皮肤颜色
变化

体温变化

大小便
失禁

静脉斑纹

手脚冰凉

在此阶段，身体会遵循一套不同以往的规则。如果你知道有哪些迹象，那么你就会知道什么时候是进入生命终程了。

可能会说出非常刻薄和可怕的话。我最近在一次聚会上遇到了一位丧偶的女性，她泪流满面地描述了与她相爱 55 年的丈夫在死前如何对她厉声责骂。从她的描述中可以清楚地判断她的丈夫患有谵妄，但从来没有人向她解释过什么是谵妄。她把丈夫所说的一切都放在心上，这让她的悲痛无以复加。她的煎熬都是源于对谵妄的无知。

回光返照

在生命结束前，短暂地恢复清醒的情况并不少见。患者在谵妄或昏迷几天后可能会自发地清醒过来，能叫出每个人的名字，可以连贯地对话，处于完全清醒、思维清晰的状态。这一景象可能会让人惊叹。如果出现了回光返照，清醒的窗口期不会很长。

写给照顾者

有时，人们会以为回光返照是出现了奇迹，他们的亲人会好好活下去。而之前的状况都是误会，亲人是不会离开的。他们可能还会开始庆祝或计划患者康复后的一系列活动。但是当患者再次失去知觉时，他们就会被现实打垮。所以既要留意这个窗口期，也要注意别想太多，只要享受这段相处的时光就好。

无意进食

在死亡临近时，身体会拒绝食物。这是身体在自我保护，而不是自暴自弃。无法进食是身体机能停止运转的表现，而不是其原因。在这种情况下，强行进食或饮水，无论是通过嘴、饲管还是静脉，都无济于事，反而可能造成伤害。在有些文化中，确保临终之人不会饿着肚子去世是很重要的。如果你遇到这种情况，请与临床团队讨论如何在尊重传统的同时保证你的舒适。比如，如果你身上本来就有喂食管，可以要求临床团队通过喂食管提供一点象征性的食物。或者在手上或口袋里放一些食物，但不是用来吃的，只是作为心理安慰。

皮肤斑点

这是指远端四肢（手和脚）上的静脉变得十分显眼，形成蕾丝状斑纹，通常呈蓝色或紫色（这种颜色变化也称为发绀）。这一现象表明血液流通不畅。对于那些原本就患有静脉曲张的人来说，这种变化可能不太明显，但与平时相比还是会有不同。随着血液循环减弱，手脚摸起来会很冰凉。

脉搏变快变弱

随着身体机能逐渐停止运转，由心脏和血管组成的心血管系统也会不断衰弱。离心脏最远的脉搏点最先静默。这时如果有人把手放在你的手腕上，可能会找不到脉搏，或者感觉脉搏越来越微弱。如果把手放在胸部或颈动脉（脖子两侧）上可能会感觉到微弱的颤动。如果你植入了心脏起搏器，它还会继续平稳运行。因此，你最好和心脏病专家或安宁疗护医生讨论一下，在生命走进终程时该如何处理它。许多心脏起搏器都配备了自动除颤器，如果心脏出

小贴士

作为临终准备的一部分，植入了心脏起搏器（除颤器）的患者应提前与医生和护理人员讨论，决定在何时，以何种方式关闭该设备。

现问题，它就会根据设定的程序来电击心脏。这一功能在平时是很好的，但是当人进入生命终程时，这种电击既痛苦又无效。哪怕在人死后，电击也不会停止，直到有人关闭设备。对于旁观者来说，亲人去世本在预料之中，安详且平静，结果却在离世后被电击除颤。这可怕的一幕可能会很难忘怀，而且会让他们更加哀痛。

呼吸混乱

呼吸急促或呼吸困难。这种呼吸频率通常大于每分钟 20 次。为了跟上呼吸节奏，患者颈部或胸部的肌肉可能出现明显紧张。这种情况一般可以通过阿片类药物缓解。

呼吸暂停。呼吸暂停指的是呼吸之间的长时间停顿。这种停顿可能会持续20 秒或更长时间，经常让旁观者怀疑患者是否已经离去。

下巴低垂。下颌骨，也就是下颚，会下垂并随着呼吸而移动。

呼吸时出现口腔分泌物残留的声音，也称为"死亡嘎声"。这是因为喉咙后部的唾液池在呼吸时发出了嘎嘎的声音。在健康人的身体中，过多的唾液会触发吞咽反射。想象一下如果有什么东西卡在你的喉咙里，你会本能地立即采取行动，不假思索地清空喉咙。这时你就会发出类似声音。请注意，虽然这种声音可能会让周围的人感觉不安，但临终的人自己并不会感觉不适。这种声音的存在告诉我们，患者身上有意识和无意识的反射行为都不再起作用了。这也意味着患者并不会意识到周围的人听到了什么。作为照顾者一定要知道的是：临终者发出这种声音并不代表他呼吸困难。

写给照顾者 ──────────────╮

有些药物可以减少患者的口腔分泌物，避免出现"死亡嘎声"，但这些药物本质上是为你服务的。如果可以的话，试着轻轻地搬动患者，稍微抬高其头部并小心地将头转向一边，这样重力就能让唾液流出。

虽然有很多人在生命的最后阶段都表现出了几种上述迹象，但是每个人的情况都不尽相同。哪怕出现了一两个迹象也并不意味着你就一定进入生命终程了。这些只是参考，并不是金科玉律。每种迹象都必须结合具体情况分析。如果有疑惑，可以找经验丰富的护士或安宁疗护工作者或死亡助产士帮助分析。

写给照顾者 ──────────────╮

如果你在医院或护理机构中照顾患者时，注意到了生命进入终程时的迹象，并希望获得更安静的环境，可以询问管理人员是否可以搬到单独的房间。

会受苦吗

这些都是很重要的问题，因为我们大多数人最害怕的就是痛苦。由于存在条件反射和生理反应，我们的身体总有揭示疼痛的方法。因此，就像人们会观察到生命进入终程的迹象一样，哪怕你无法说出"我很痛苦"，你的照顾者也有办法知道。下面就是其中一些判断方式。

呼吸急促或呼吸困难。呼吸节奏较慢时并不难跟上，但呼吸节奏过快就很难跟上了。注意患者的呼吸频率是否超过每分钟 20 次，或颈部和胸部肌肉是否出现明显紧张。正如我们在前面刚刚提到的，这一现象可能意味着生命将逝，但也可能是患者痛苦挣扎的表现。

不停做鬼脸或皱眉。患者脸上偶尔会出现痛苦的表情，就像做梦一样。但要注意他的痛苦表情是否持续出现。如果是的话，就意味着患者不舒服。

躁动不安。注意观察患者是否烦躁不安。如果只是短暂出现，则无须担心。但如果持续出现，就意味着患者不舒服。

照顾者的直觉。作为患者的亲人和长期照顾者，你是最了解患者的人。如果出现问题，你的直觉会告诉你的。

上述迹象一旦出现，就是在提醒照顾者要采取行动：帮助患者改变卧床姿势，抬起或转动患者头部，给患者加盖毛毯或者取走毛毯等。医生和护士一般会明智地使用几种不同的药物，宁可多用一点药，也不要让患者觉得不舒服。

写给照顾者

事实上，我们无法绝对肯定地说，我们知道该如何理解某人在生命进入终程时发出的声音和呈现的状态。据我们所知，没有人可以做到。你要尽量相信自己的直觉，同时注意不要将自己的想法和感受投射到患者身上。当你陪同某人一路走到生命的边缘时，当你自愿凝视死亡的深渊时，最好对未知保留一份敬畏。

阿片类药物

滥用阿片类药物会给病人造成极大的痛苦。但如果使用得当，也能减轻病人的负担。人们应该敬畏这类药物，并在专业医师的指导下谨慎使用。对于疼痛、呼吸急促和腹泻等症状，阿片类药物从古至今都是一味良药，其效果在今天仍然无与伦比。在饱受痛苦的临终阶段，阿片类药物不会让你上瘾。而且，如果使用得当，这类药物也不会加速你的离去。哪怕你为了治疗疼痛或呼吸急促使用了很高的剂量也不用担心。医生说的"上吗啡"并不是"杀死患者"的暗号。

有些人认为，如果患者在注射了一剂吗啡后去世了，那就是药物杀死了患者，而且过错全在给药者身上。请注意，事实并非如此。在患者去世前，会经历无数的"最后一次"，吗啡只是其中之一。两件事情相继发生，并不意味着两者之间有因果关系。

有意识地离去

正如有些母亲想在分娩过程中保持清醒一样，有些人会在离世过程中努力保持清醒。为了做到这一点，他们通常都会限制使用某些药物，比如止痛药、抗焦虑药等。

如果这对你来说是一个很重要的目标，请务必让你的家人和医生知道。但是请记住，无论意志多么坚定，你都无法在离世前一直保持清醒。无论你做什么，总会有一些常见的情况，如肾功能或肝功能衰竭、谵妄或感染等，来改变你的意识状态。剧烈的疼痛可能比止痛药更让人迷失方向。换句话说，如果你的目标是有意识地离世，那么拒绝用药可能是完全错误的做法。除非你是绝对的纯粹主义者，否则对你来说更好的目标是折中：追求相对有意识地离世或尽量有意识地离世。

如果你想知道临终者能否听到周围的人在说什么，那么答案是他们多半能听到。安宁疗护医生经常说，听力是人离世前最后丧失的能力之一。我们可以用合理的理论来支持这一点：大脑最原始的部位，即听力所在的部位，往往是最后关闭的。这并不一定意味着你应该管住自己的嘴。在我看来，临终之人知道他们正在离去。如果周围的人也能接受这一事实，他们也会感到欣慰。换句话说，如果他们在那一刻还有意识的话，他们一定比我们更了解死亡。因此，在临终者面前坦率直言，才是最尊重他们的表现。

写给照顾者

如果患者无法明确说出自己希望临终前的场景是什么样的，那么就要由作为照顾者的你来决定。你要代入临终者的思维去考虑一切，包括文化偏好，比如何种仪式和风格塑造了临终者的生活。在我工作的安宁疗护中心，从一个房间进入到另一个房间可能会让人有一种时空错乱的感觉。在前一个房间里，人们还在为患者举杯欢笑，分享故事和笑话。进入后一个房间，你却觉得发出任何声音都是一种冒犯。临终者床边的场景有时是肃穆的，有时是喜庆的，但更多时候是两者的结合。

停止生命支持系统

到底何时该努力坚持，何时又该屈从现实？这是生命支持领域难以解答的核心问题。生命支持系统有很多种形式，一般指的是呼吸机，但也可以是任何一旦停用就会导致离世的东西，如心脏起搏器、药物、肾透析或喂食管。虽然生命支持系统在某些情况下可以成为起死回生的桥梁，但它也很可能成为一座没有终点的桥梁。在这座桥上你会很容易迷失方向，然后问题就来了：什么时候应该放弃？虽然患者在生命支持系统中也是有可能去世的（即无须主动停止生命支持），但是由于技术的进步，其肉体生命很有可能一直延续下去。这就意味着在某个时间点，必须由某个人做出停止的决定。然而选择停止生命支持系统，会让人感觉像是在安排离世。

停止生命支持系统和维持生命支持系统，这两种决定在法律上没有区别。不过你的宗教信仰或文化传统可能对此有不同解读。因此你应该在开始任何此类治疗之前三思而后行。从当今占主导地位的西方法律和生物伦理的角度来看，你完全可以停止已经开始的治疗，就像你可以在开始前就放弃治疗一样。你可以通过各种方式停止生命支持，比如关闭起搏器、撤掉呼吸机、停止给药或停用喂食管等。

如果你或你的家人正在权衡是否该采取插管措施（将一段塑料管插入气管帮助呼吸），请尽量暂停一下。这是一个需要谨慎考虑的选择。每当你觉得很犹豫，不知道尝试某种干预措施会失去什么的时候，都应该与治疗团队坦率沟通。话虽如此，哪怕你在生命最后阶段，出于选择或意外接受了生命支持，你的家人也可以在停止生命支持系统的过程中获得帮助。也许有医院牧师参与进来为他们提供慰藉。也许他们或治疗团队担心你的舒适，于是去寻求缓和治疗团队的帮助。此外，许多重症监护病房都有药物，可以帮助你在停止生命支持的过程中免受痛苦。请放心，根据相关规定要求，在这个重要的时刻，你的亲人都会聚集在你身边。重症监护病房的工作人员和缓和治疗团队都很擅长安排这一环节。

不必守候到底

有些人坚持要在亲人离世的那一刻陪在其身边。但这可能需要经历痛苦的等待过程，甚至没有时间洗澡或小睡。一旦生命终结近在眼前，哪怕几分钟的时间可能都像几天甚至几周那样漫长。人们经常发现自己因为即将逝去的亲人徘徊太久而感到厌烦，不知道生命的逝去竟然需要这么长时间。原本长期努力阻止生命终结，如今却觉得生命终结来得不够快，这种感觉可能会让人惊讶。不用觉得羞耻，这是很正常的。这感觉既源于生活和爱本身的矛盾性，也是因长期照顾患者而疲惫的表现。等待生命终结可能会成为一种折磨，让你无法忍受，无关乎你对病床上的人有什么感觉。我见过许多人坚持在床边守夜，好几天不睡觉，不吃饭，也不离开房间，为了自己或者亲人的感受，不想错过最后一刻。

我们所能提供的最好的建议是不要苦等死亡的到来，要照顾好自己。正常吃饭、睡觉，偶尔出趟门。否则这最后的时间会变得无比单调乏味。当你离开时，只需告诉亲人你要走开一会儿，还可以给患者一个安抚的亲吻。你心里也要明白，可能你回来时他已经离开了。也许你们注定要以这种方式分别，因此离开床边也是一种爱的表达。

小贴士

经验告诉我们，有时候关系最亲密的人在最后一刻却需要独处，就好像亲人在旁时，患者无法走出那一步。

最 / 好 / 的 / 告 / 别

这是安宁的时刻。生命将逝的身体知道该怎么做。你和你的亲人都不需要做太多事情，只需注意少量症状和生命将逝的迹象。现在该试着安定下来了，尤其是当你已经在安宁疗护或其他专业人士的帮助下满足了舒适的需求之后。这最后的阶段其实有着惊人的魅力。

死亡是自然的规律

大自然的死亡之道

何其强大坚韧、生机勃勃、长盛不衰！此乃沉默的雄辩！

——摘自《一棵树的启示》，沃尔特·惠特曼（Walt Whitman）

想想一棵树的生命吧。它的树冠和根系为鸟类、昆虫、真菌和其他植物提供了栖息地。树的生命周期既关乎自身的健康，也同样带给周围一切生物的福祉。例如，一棵大树有 300 年寿命，第一个百年重在生长，第二个百年在于生存，最后一个百年则围绕死亡。树不会随着年龄的增长而减慢生长速度。恰恰相反，它会在死亡阶段快速生长。树并不会一直囤积资源直至死亡，而是开始释放过去两百年中积蓄的养分，滋养周围的生态系统。它将营养和能量向下输送到其根系网络中，惠及数百个其他物种。最后的一百年实际上是树的一生中最高效和最慷慨的时期。树的生命进入大自然的循环，并不是通过分解自己来创造新的生命，而是消耗大量的能量来保存尽可能多的营养，以供周围的生物使用。长期以来，大自然一直在探索如何生得其时，死得其所。

第五部分

逝后

尽管离世是一件大事，但生活并不会在亲人去世后停止。你还有很多事情要做，从通知亲友到举行葬礼或追悼会，再到写一份离世通告，再到处理银行账户和社交媒体账户等手续复杂的问题。而在此期间，你唯一想做的可能只是找个地方透口气。在你关心的人去世后，世界会呈现出朴实无华的原始特质，让你感到生命的脆弱，也让你对什么重要（什么不重要）有一个清醒的认识。在这一阶段，你与逝者的关系会以一种新的形式继续存在下去。

第 20 章

最初的 24 小时

先给谁打电话；
与逝去的亲人共处一会儿；
死亡证明非常重要；
告诉大家；
处理医疗设备和药物。

人们常将亲人离世后最初几个小时的体验描述为穿行在迷雾中或穿越到另一个宇宙。自然的麻醉剂起效了，我们经历了一段麻木或痛苦的时期，这感觉实在太过奇异，以致我们都无法确定自己的感觉是什么。现实在此时变成了超现实。

从震惊转变为忙碌可能正是你所需要的。然而你知道应该采取哪些措施吗？我和姐姐在父亲去世后茫然无措，最后只好去网上搜索"亲人去世后该怎么办"。如果你也这样做，就会发现有一堆任务清单。尽管这些清单也有帮助，但它们并不会考虑到你此刻的感受。如果你有信任的人可以承担这份工作，不管是亲戚、朋友、社会工作者还是雇用的护理人员，都可以让他们代为处理。无论由谁来做，总有一些事情需要在逝者离开后尽快完成。稍后会有更多工作要做，但就目前而言，一步一步推进是度过这一阶段的好办法。这些需要采取的步骤（顺序可以自由调整）有：

- 正式宣布离世（拿到死亡证明）。
- 如果你愿意的话，可以与逝去的亲人共处一会儿。
- 致电殡仪馆。
- 通知家人和朋友。
- 休息一下。
- 妥善处理药物。
- 致电医疗器械公司。

正式宣布离世

严格来讲，在医务人员宣布逝者离世之前，不能进行土葬或火葬。这可能会让人觉得有点荒谬，尤其当逝者的离去看上去很自然合理的时候。但是该有的程序必须有。

如果逝者在家中去世，且正在接受安宁疗护

致电安宁疗护机构。那里的人将引导你完成接下来的步骤，包括派护士宣布死亡，并联系殡仪馆运走遗体。无论在去世前是否要求过，他们都应该能够提供帮助。

如果逝者在家中去世，没有接受安宁疗护

拨打急救电话。告诉调度员这不是意外死亡，要求救护车"不开警笛"，并准备好完整的预立维生医嘱或拒绝心肺复苏表格。如果没有准备好相关表格，就无法证明患者生前的意愿，那么救护人员来了以后，可能会尝试给你的

亲人做心肺复苏。看着他们实施胸部按压和电击等操作，可能会让你内心很受折磨。如果患者明显已经去世，并且超出了可能抢救的时间窗口，即其皮肤冰冷或出现逝后僵直（肌肉僵硬），救护人员应该会放弃抢救措施。（如果逝者在半夜去世，直到早上检查时才发现，就会出现这种情况。）救护人员还会将遗体连接到心电监护仪上，确认没有心跳后再宣布死亡。

小贴士

如果你提前约好了特定的殡仪馆，或患者的主治医生来宣布死亡，那么在患者去世后你可以直接打电话给他们。

在宣布死亡之前，殡仪馆不能移走遗体。如果救护人员怀疑不是自然原因导致的死亡，就会致电验尸官，以确定是否有必要开展进一步调查。这也是他们可能要求进行尸检的唯一原因。不过逝者家属可以出于任何原因要求尸检。除此以外，则不需要尸检。

如果逝者在医院或护理机构去世

告诉护士。尽管在大多数情况下，必须由医生宣布死亡，但美国至少有 20 个州（包括纽约、加利福尼亚、佛罗里达和俄亥俄）已经通过立法，允许注册护士宣布死亡。这一政策给急于出院的家属减轻了不少负担。无论哪种方式，第一步都是通知临床工作人员。在移走遗体之前，每个机构都有必须完成的程序。如果是在医院，你可能需要填写一些表格。

小贴士

如果逝者同意去世后捐赠器官，那么这就是逝者去世后的一项紧迫任务。实际上，除了角膜和某些自愿参与的遗体实验项目外，器官捐赠只有在医院死亡时才能实现。遗体的心脏、肾脏、肝脏等器官只有在医院才能通过机器保持活性，直到移植团队到达。

与逝去的亲人共处一会儿

如果你的亲人在家中去世，而你想与遗体共处一会儿，那就不必急于打电话给任何人或做任何事情。你很快就会发现遗体出现了变化：嘴可能会张开，皮肤会变凉，肌肉会变硬。不过死亡并不是紧急情况，遗体也没什么好怕的。

你可以多待一会儿，不必着急。"我觉得如果殡仪馆来运遗体时，家属却还没有准备好，就会更加痛苦，"社会工作者凯蒂·塔加特说，"我看到过在那种情况下有人崩溃倒地、歇斯底里。"如果你需要为远道而来的亲属争取时间，或者根本没有准备好将遗体送走，那么你可以等待 24 个小时，甚至是 72 个小时。

在疗养院里，你也可以与逝去的亲人共处一会儿。不过这可能需要多协商，因为工作人员也必须尊重其他患者的感受。你可以问问疗养院能否提供一个私人房间。

在医院里，从患者去世到遗体被送到太平间冷藏的时间窗口一般是 4 个小时。有时医院已经人满为患，因此必须迅速腾出房间。我们听说过一些很让人难过的故事，比如在患者去世后清洁人员几乎立刻就出现在房间里准备进行清理，或者医生走进来，冰冷地宣布死亡，一句别的话也没有对家属说。

许多超市都有干冰袋，可以放在遗体周围减缓腐烂。这样，在遗体被运到殡仪馆之前，你就有更多的时间与逝去的亲人共处一会儿。

不过我们也听过很多人称赞护士和医生不遗余力地满足家属的愿望。争取医护团队成员的帮助，让他们支持你获得更多与逝者共处的时间。护士一般是最好的争取对象，也是你最容易接触到的人。如果协商没有成果，你可以要求找护士长，他们往往拥有较大的权限，并且知道医院里每时每刻有多少资源和需求。

无须畏惧遗体

虽然我们并不习惯和遗体共处，遗体也可能会让我们感觉不舒服，但是遗体并不危险。除非逝者死于埃博拉病毒等具有高度传染性的疾病或患有炭疽病，否则遗体都是安全的。我们在接触活着的患者时使用的简单预防措施同样适用于处理遗体。

留下告别时间

诺拉·门金是西雅图的一名葬礼策划人，她教人们在亲人死后该怎么做。有一次，她接到一位妻子的电话，她说："我已经准备好了让你来接他。"当她问起对方丈夫什么时候去世时，对方的回答是："哦，周二 4 点的时候。"那是对方打电话的两天前。门金喜欢接到这样的电话。这意味着逝者家属已经花时间做好了过渡准备。当门金到达逝者住所时，她发现逝者身上穿着 3 件套细条纹西装，胸前口袋里有一个笔袋，里面装满了他生前常用的钢笔。此外，他还戴着怀表，表链挂在背心上。逝者的妻子和妻姐给他清洗身体，穿好衣服，然后就一直坐在他身边，直到她们准备好的那一刻。"他看起来衣冠楚楚、英俊潇洒。家属已经完成了他们想做的事情。"

致电殡仪馆

有人会过来运走遗体，送到殡仪馆存放。你有选好的殡仪馆吗？如果没有，请阅读第 17 章 "遗体与葬礼"，了解如何选择殡仪馆，殡仪馆能为你做什么，以及殡葬行业的相关情况。

通知家人和朋友

将死讯通知到每个人可能是一项艰巨的任务。你自身本就承受着悲伤的情绪，却还要将悲伤的消息转告别人。不过这个过程也可能是一种宣泄，使你在最需要的时候与他人建立起联系并获得同情。

在莎拉因胰腺癌去世后，她的女儿躲到了童年时的房间里，不过莎拉的丈夫大卫还是拿起电话，给参与她的治疗过程的每一位朋友和家人都打了一个私人电话。他打了好几个小时的电话，每次接通时都要重新讲一遍妻子最后几个小时的经历。这正是他的应对方式。对他来说，把妻子的死讯告知最了解她的人并收到慰问，可以帮助他渡过难关。如果你不想花很长时间打电话，也可以请你信任的人代替你通知别人，或者把这个任务分别交给几个人。可以参考以下方式：

在逝者的社交圈里找一到两个 "社交达人"，将收集联系人的任务分配给他们。逝者的社交圈可能包括朋友、同事、读书会的同好、一起运动的伙伴、同学，以及每年举办派对或寄节日贺卡的亲戚等。不要忘记最后还要在社交网络上通知好友。让他们以你选择的方式向你提供联系人的信息：电子邮件、电话、短信或书面清单。

对与逝者关系亲近的人，应该通过电话或电子邮件单独联系。如果他们曾经参与过患者的日常护理，那么群发通知可能会让他们感觉受到轻视。对于其他人，群发邮件通知即可。没有人会因此而责怪你。

我父亲的好友同时也是他培养的第一个研究生，主动承担了联系父亲的其他学生和同事的工作。这次援手对我来说很重要，因为我当时只想找个地方躲起来，而公布死讯还意味着我和姐姐会收到以前从不认识的人的回复。下面是我在父亲去世后群发的通知邮件，内容简明扼要：

> 你好，
>
> 我真的很想当面和大家说，但现在实在是很难做到，所以我要为采用电子邮件通知的方式道歉。
>
> 你们很多人都认识我的父亲斯坦利，他在接受了短暂的安宁疗护之后，于昨天早上在家中去世。当他咽下最后一口气时，我就在他身边握着他的手。他走得很平静。
>
> 今天凌晨 2 点的家庭墓地服务结束后，我们将在家中服丧。在犹太传统中，遗属会在家里哀悼 7 天。家里有食物和酒，欢迎朋友和亲人过来吊唁。
>
> 我们邀请所有能来的人到我们家里来。周二从下午 5 点 30 分开始，周三从下午 4 点 30 分到晚上 8 点。我知道这周因为有感恩节大家很难抽出时间，所以如果你不能过来，也不用担心。
>
> 稍后我们还将举行更大规模的追悼会，并在加州大学伯克利分校设立一个捐款基金。我们会在定好详细安排以后通知你。
>
> 这是我们的地址和电话：×××
>
> 爱你的肖莎娜

休息一下

我们之前提到的那种精神上的茫然状态还会继续存在，而有时最好的解决方式就是让精神的迷雾吞没自己。你刚刚失去了一个重要的人，一个你爱的人。从已经习惯的往日过渡到当下的现实是需要时间的。这个时期的生活既平凡又可叹。你可以尝试去做以下几件事：

- 散步。只要走起来就会感觉好很多。用心去感受脚踩在地上的感觉。如果外出活动不会刺激到你，那就出去走走吧。外界的空气和光照可能有助于稳定情绪。
- 一口气看完你最喜欢的电视节目，也可以叫上好友一起看剧。
- 吃光一盘巧克力布朗尼或饼干或一大盒冰激凌（看你喜欢什么）。
- 睡觉。
- 跟别人喝一杯。
- 给自己买一件早就看上的东西。
- 好好淋浴或泡澡。
- 享用你最喜欢的餐厅的食物（如果可以的话就叫外卖）。

如果坚持完成日常的工作对你来说是有帮助的，那你可以继续做。否则就让别人替你做一些事情，比如做饭、照顾孩子、公布死讯等。把日常的工作交由别人代劳后，你就可以真正放下心防，释放情绪了。

最 / 好 / 的 / 告 / 别

　　是的，有些任务确实需要处理。不过你唯一需要在今天完成的任务，就是给护士、安宁疗护机构或救护人员打一个电话，由医务人员正式宣布病人的离世，以及给殡仪馆打一个电话。这是一个阶段的结束和另一个阶段的开始，你可能还没有准备好接受这个转变。所以在最初的这段时间，你可以慢慢来，不必着急。

第 21 章
悲痛

悲痛是什么，该如何应对；
如何发挥情感支持作用；
应该做什么。

当我和家人将妹妹丽莎·米勒的棺材缓缓降入墓穴时，我开始不受控制地大笑。我也不知道自己怎么了，反正听起来是在笑。这种行为和现场氛围无疑形成了一种可怕的反差。我觉得自己像一只豺狼或鬣狗，一只龇牙咧嘴的恶兽。但是我停不下来。妹妹的死让我觉得很荒谬，一切都感觉很不对劲。这种表现大概是我在那一刻最真实的反应。

悲痛是一种自然的力量。尽管丧亲之痛可能会引发种种问题，但这也是人性本质的重要组成部分，无论其表现方式如何。如果要你去享受悲痛可能太过不切实际，但了解悲痛和爱之间的关系对你来说很重要。道理其实很简单：失之痛源于爱之深。如果你不在乎，就不会那么难受了。

丧亲之痛与悲痛

让我们先花点时间解释一下两者的区别。悲痛是很宽泛的，不限于逝者的身份，也不论悲伤的程度。丧亲之痛则特指亲人死亡带来的悲痛。

我们的朋友杰西的姐姐 23 岁时死于脑动脉瘤。在姐姐去世后的那段时间，杰西感觉像是穿过了一条漫长的玻璃隧道。最初是震惊与茫然，不明白发生了什么。然后在床上躺了几天，太过悲伤，没办法做任何事情。最后是一种超现实的体验，感觉自己重新进入一个嘈杂和明亮的世界。在姐姐去世一周后，杰西在公共汽车上看到有人对司机嚷嚷，这让她感到很困惑。人们怎么能如此粗鲁地对待彼此呢？为什么这个世界好像什么变化都没发生过一样？我的姐姐可是死了啊！

悲痛分为三个阶段：逝者去世前的预期阶段、实际去世时的急速增强阶段，以及去世后的漫长消退阶段。最后那个漫长的消退期就是哀悼期。这就是人们常说的"她在哀悼"。哀悼是一个美丽的词，它涵盖了从悲痛的无底深渊中慢慢升起，最后找到一种看待世界的新视角的过程。当哀悼期结束时，你与逝者的关系并没有结束。这一过程不需要"推动"，而是自然地转变。哀痛已经根深蒂固，成了你的一部分。生与死的概念重新达成平衡，你会发现这个世界可以接纳一切改变，包括生命的逝去。你与逝者的关系也仍将继续存在下去，而且还会更加强大，让你的内心更加富足，哪怕这种关系已经不同于往日。

失去联系与支持

患者家属对医疗团队的依赖与感情一般都会越来越深，反过来说也是一样。可悲的是，我们的医疗系统没有太多富余资源可供继续保持这种联系与支持。在患者死亡后，医疗团队的精力必须立刻转移到下一位患者身上。这也是一种应对哀痛的方式。

悲痛并不总是会直接表现出来

悲痛会伪装自己。它常常表现为虚无主义、怨恨嫉妒、自我厌恶、无端流泪，有时甚至会表现为不合时宜的大笑。它可能会表现为麻木、乏味或嗜睡，也可能表现为冲动易怒、骚动不安，或者洞察力与创造力的爆发。关键在于，悲痛改变了你。除非你了解悲痛的一千种不同的呈现方式，否则你很有可能会误判自己或他人的情绪。

有时悲痛表现为对自己而非逝者的愤怒。人们会责备自己在逝者去世前没有说或做正确的事情。他们本来有机会说"再见"或"我爱你"，却没有说。悲伤心理治疗师克莱尔·比德威尔·史密斯（Claire Bidwell Smith）经常看到这种情况："他们为自己没有早点想明白这一点而感到非常沮丧，因此有太多愤怒、内疚和悔恨的情绪。"

丧亲之痛在一个人身上的表现方式和强度都是动态变化的。前一刻还麻木不仁，下一刻可能就泪流满面。

悲痛可能会让人感觉孤立无援

丽贝卡·索弗是在线分享丧亲经历的网站和社区 MODERN LOSS 的联合创始人。她的母亲在一场车祸中去世，那时她才 30 岁。索弗在母亲去世后请了两个星期的假，几乎没有悲痛的时间，接着就回去继续做电视制片人的工作了。3 年后的一天，她接到了一个电话，要她准备接回她父亲的遗体。原来她的父亲在去国外旅行的一艘游轮上心脏病发作去世了。接连失去双亲的打击让她崩溃，但此后不久她又重新投入到了工作中。"说实话，每次失去亲人，我都觉得自己的内心好像也快要死去，而且很少有人知道该怎么安慰我，"她说，"如果你自己没有经历过深刻的丧亲之痛，除非你是一个非常善于共情的人，否则你就很难真正理解正在经历这个过程的人。我觉得自己像个社会弃儿，因为丧亲的话题太过敏感，像是人们不愿触碰的禁忌。如果有人问我父母在哪里，我会说'在费城'。我不会解释说他们其实是在费城的地下长眠。有时含糊一点，反而更轻松。"

每当她对那些询问她家人情况的人坦白时，总感觉周围的一切好像突然被吸进了黑洞里。"没有什么话比'我妈妈刚死了'更具冷场效果，"她说，"我只是想自在地谈论我的经历，并不想看到别人因为我说了死字就觉得我好像会传染疾病一样。"

复杂性悲痛

一般在亲人死后 6 个月左右，悲痛的情绪会迎来一个拐点，你会逐渐恢复正常的感觉。这个时间点并不固定，但如果过了很久，你心中的情绪还是郁积难散，或者悲痛感特别强烈，那么你的情况可能是所谓的"复杂、长期或病态性悲痛"。

复杂性悲痛不同于一般的悲伤情绪，而是由抑郁、某种病情、酗酒或滥用药物等因素共同导致的复杂状况。在这种悲痛中，出现侵入性思维 ① 乃至暴力想法的情况并不少见，同时还会伴随有深刻的内疚情绪。这时，悲痛已经从一个虽然困难但却有益的过程，变成了一个纯粹的危害。悲痛本身成了一种疾病。

---

① 不受主观控制，突然侵入内心的负面想法。——译者注

正如你所想的那样，复杂性悲痛常见于易患精神疾病、易成瘾，以及本身就在处理心理创伤或处境艰难的人身上。如果去世的是孩子，或者去世原因是意外，又或者你与逝者之间有重大的矛盾还没来得及化解，也很容易出现这种情况。其他常见原因还有逝者死于暴力行为或自杀等。

> **小贴士**
>
> 复杂性悲痛不是可以靠自己克服的。如果你发现自己有这种情况，请联系心理健康专业人士。这种情况必须认真对待。

照顾好自己

你永远无法"克服"亲人的离去。你的目标不是这个，而应该是好好活下去。

一些可供参考的建议

请假休息。在美国，企业一般不提供带薪丧假，不过很多企业在员工的直系亲属去世时都能提供 3 ～ 5 天的无薪假。你可以问问人力资源部门。

联系本地的安宁疗护机构。这些机构被要求为社区提供丧亲抚慰服务，无论你去世的亲人是否参加了他们的安宁疗护项目，你都可以去申请服务。尽管法律要求机构提供丧亲抚慰服务，但是相关项目的资金太少，因此服务可能不太好，不过也值得一试。安宁疗护机构通常都有非常优秀的本地资源，并且一般都有社区心理治疗师和悲痛顾问的名单，这些人也许能为你提供进一步的帮助。

> **小贴士**
>
> 大多数教会都会欢迎任何有需要的人，无论信仰是否相同。他们也不会要求你接受他们的信仰和传统。

参加线下或线上的支持小组。和其他正在经历悲痛的人一起交流可以减轻不少压力（不用再假装一切正常）。这些互助小组通常有心理健康护理专业人员或其他顾问参与协助。另外还有不太正式的同伴支持小组，也很有帮助。这些支持小组的共同点都是提供一个安全的场所，无论是线下地点还是线上空间，你都可以在这里表达你的想法和感受，与处境相同的其他人一起交流。在这里，人们更理解你，而且不会评判你。你可以咨询安宁疗护机构或临床团队或医院，或在网上搜索本地的支持小组。

试试心理治疗。如果你容易出现抑郁症或焦虑症，一定要加以重视。悲痛和抑郁有时很难分辨，最好慎重一点，去寻求帮助。即使你没有抑郁，心理治疗也会有非常好的效果。

仪式化。现代的文化在很大程度上已经遗失了过去的悼亡习俗，比如在窗户上悬挂绉纱、穿黑色衣服、戴臂章等，也顺带遗忘了其背后隐含的智慧。这些显眼的标志可以让周围的人在与你交流时把握好分寸。人们会对你更加宽容和尊重，也不会对你有太多要求。通过这些传统习俗，你也可以借助古老相传的人生经验来理解自身的感受。有了确定的道路，你就可以清空繁杂的思绪，遵循古老的传统，没有思想的负担。不过若你不想遵循传统，也可以创造一种专属于自己的仪式，获得同样重要但不同的精神力量。你将永远铭记自己确立的规则。

写日记。每天睡前，写下你完成的一件事（起床也算）。或者就写一天的经历。你写的东西并不是必须保留的，如果不喜欢，也可以写完就扔掉。写作，就像与别人交谈一样，是一种理解和处理自身感受的方式。在悲痛时，你可能会有各种奇怪的想法，写作还可以让你不把这些想法太当真。

回归本质。悲痛会混淆人的感受，因此回归生活的本质很重要。你可以试着脱掉鞋子，感受脚下的大地，慢慢地深呼吸，好好吃

> **小贴士**
>
> 悼念逝者的仪式和习俗因文化而异：印度教鼓励削发剃须，而犹太教则是蓄须。不过研究表明，无论何种宗教习俗，都有助于减轻丧亲者的悲痛。

饭（用心品尝）、喝水、睡觉。

制定一些新的"家规"。 如果家庭的核心成员去世了，可能会动摇整个家庭的基础。你可以在每个人都能看到的地方写下一些家规，这是增强家庭急需的稳定性的一种方法。家规可以是宽容别人、保证充足的睡眠、尊重彼此的感受、共同努力完成事情，也可以是在需要时记得寻求帮助等。这些事情可以很好地提醒所有人，你们是一起面对悲痛的一家人。

除了上述建议外，还要记得尽量不要急于度过这一阶段。悲痛是人生必经的阶段，对真正理解人生并健康充实地生活非常重要。当我姐姐去世时，在别人的帮助和自己的努力下，我很快就跨过了这个阶段，并以为这是好事。丧亲之痛实在难以忍受，我知道自己最终要做的是重新认识这个世界，于是我就直奔结果而去，把太多的感觉抛在脑后，既没有认清内心的感受，也没有好好处理它们。那时我强行克服了悲痛，而现在我非常后悔。为了尽快摆脱悲痛，我过早地放弃了部分与姐姐的情感联系。现在我不禁希望自己能再经历一次，哪怕悲痛欲绝，至少我会感觉离她更近一些。

同心圆的支持模式

你生活圈子里的每个人也都要应对悲痛。认识到自己和他人内心的悲痛是很重要的，这样你就知道该如何带着同理心去倾听别人的话。在情感动荡的时期，太多的事情被视为是个人问题，从而引发矛盾，导致情感受伤和不必要的孤立。

假设你最好的朋友失去了丈夫，而你和逝者也很亲近。那么你的主要工作就是成为她哭诉时的依靠，即使你自己内心也充满哀思。不过你可以找那些与逝者关系稍微疏远一点的人倾诉，比如你自己的伴侣，这样你的伴侣就能为你提供支持。心理学家苏珊·西尔克和调解人巴里·戈德曼的同心圆理论提出了一种形象化的方法，来帮助人们理解这种同心圆支持网络。下面是使用方式：

- 画一个圆圈，在里面写下丧亲者的名字。
- 然后再画一个更大的圆圈包住上一个圆圈，并写下受此事件影响仅次于丧亲者的人的名字。
- 继续画更大的圆圈并列出受到的影响渐次减弱的人：朋友、同事、远亲等。

让人舒缓的力量朝着圆心注入，令人痛苦的情绪则朝外流出。其中的关键是，无论你处于同心圆中的哪个位置，你都会得到外圈的支持，并给予内圈支持。根据西尔克和戈德曼的说法，这是所谓的"抱怨链条"。处于中心圆内的人是关注的焦点。你的工作是倾听她的抱怨，并以你认为合适的方式让她感觉更好。比如提供食物、按摩等她需要的东西。她可能会把她的痛苦倾泻在你身上，你的工作是接受这些抱怨并稳住她，而不是试图让她振作起来。负面情绪在同心圆体系中是向前，或者说向外传递的。因此，当你想要哭泣或朝着天空挥舞拳头时，也有一个外圆的人可以为你提供支持。

如何帮助悲痛者

我们告诉自己，不打电话给悲痛者是因为不知道该说什么；我们在内心暗自发誓要去看望对方，却又一再推迟。我们就好像以为悲痛会传染一样。但是你知道吗？哪怕只是打个电话其实就能有所帮助。悲痛者可能并不知道自己需要什么。如果你觉得发一条短信询问"我能为你做什么？"是合适的，那就去问吧。但是如果你选择自己回答这个问题，然后送一顿热饭过去或者在门口留张卡片，可能会更有帮助。因为悲痛者可能根本没有精力去回应这类问题。哪怕悲痛者当下没有准备好接受帮助，也会感受到你的付出，并充满感激。以下是一些关于如何帮助悲痛者的建议。

暖心食物。人在悲痛时经常会忘记吃饭或吃得不好。送一份外卖或一顿家常饭菜是一件很体贴且容易做到的事情。还可以做一张送饭排班表，就像轮班为新生儿的父母送饭一样。这样很多人都可以在排班表上分别标记送饭日期，不会有扎堆的情况出现。

照片。通过在线发送或打印成册的方式分享你所拥有的关于逝者的照片，是一种很好的帮助遗属纪念逝者的方法。

独处时间。对于那些需要全职工作，而且没有带薪丧假的人来说，几乎没有时间去宣泄情绪。你可以提议把朋友的孩子接走照顾，这样她就有独处的时间了。或者你也可以看看公司是否允许你把自己的假期转给悲痛的同事。

最 / 好 / 的 / 告 / 别

悲痛是一个阶段，一种状态，一个自成一方的天地，独立于外在世界的地方。即使我们的情绪沉重到早上几乎无法醒来，那种曾经爱过，并且仍然爱着的甜蜜感也依然还在心中。要找到这种甜蜜感，因为你不会永远有这种感觉。对你来说，这可能是一个非常脆弱的阶段，毫无防护的你会比以往更敏感，或许也更真实。悲痛的过程也是一个改变自我的契机。要好好珍惜。

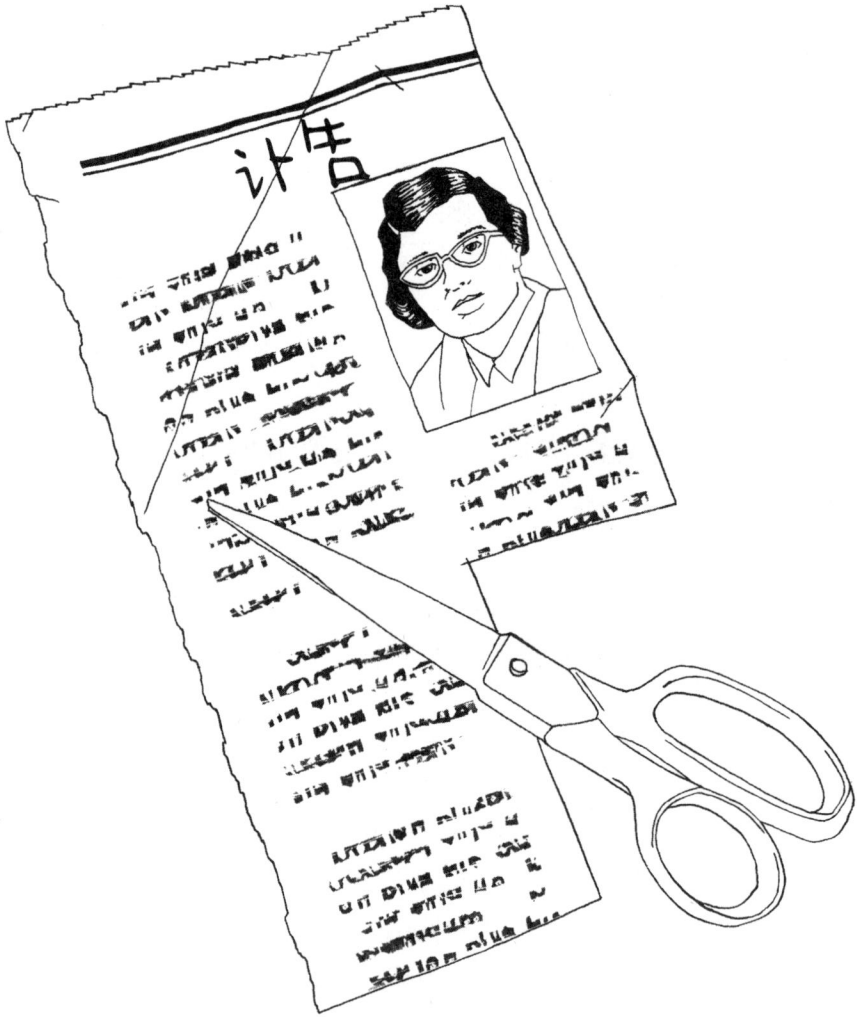

第 22 章

如何撰写讣告和悼词

> 发布死讯和讣告的基本知识；
> 如何写一篇优秀的悼词；
> 悼词容易出现哪些问题。

　　作为一名职业作家，我可以告诉你，期待某人在亲人离世后立即就能为逝者写一篇人生总结是很荒谬的。大多数人连写一封重要的电子邮件都会感到焦虑，更不用说永久性的印刷品了。即使你只在网上发布死讯（现在大多数的死亡通告都会发在网上），也会感觉写好通告绝非易事。悼词也是如此。你要如何将逝者浩如瀚海的一生浓缩为几件趣闻轶事呢？有一些规则和指南可以使写作更容易。花几个小时的时间独自坐下来安静写作可能也是一种解脱。如果你还是觉得无从下笔，甚至一动笔就会泪洒纸面（或键盘），那么可以考虑将这个任务委托给你信任的人来完成。

死亡通告和讣告

　　死亡通告是关于某个人已经离世的印刷公告。通常由家族撰写并自费出版。通告一般很短，主要是为了宣布葬礼将在何时何地举行。

讣告会提供更多关于逝者的人生经历，通常由记者撰写并免费出版。死亡通告和讣告是两种不同的文体，在网上可以互换使用，但我们采访过的专业讣告作者和编辑对两者区分得很清楚。

如果你的亲人在某个城市度过了大半生，而且该市还有一份本地报纸，那么报社可能会指派一名记者采访你并免费公布死讯。当然，不来采访也是有可能的。

如何发布死亡通告

发布死亡通告不是必需的，但如果你想通知大范围的人群，让他们知道葬礼将在何时何地举行，那就得尽快完成。当你去某家报纸的网站上搜索"讣告"，就会找到相应版块的电子邮件或电话联系方式。你可能会发现，该报纸已将提交自费死亡通告的项目外包给了遗产网（Legacy.com）[①]。该网站专门发布有关逝者的消息，上面还有殡仪馆的广告。如果选择直接发布到该网站，只需要在线填写一份表格并上传一张或多张照片。

报纸是保存良好的历史档案，一般会存储在网上和公共图书馆里。后代子孙可以通过历史档案了解逝者以及家族谱系。报纸刊印出来的讣告可以留作家庭纪念品，加以装裱或放入相册。另外，在线讣告更便宜且易于共享，在你提交信息后的第二天就可以发表。

> **小贴士**
>
> 在《纽约时报》等发行量很大的报纸上，能发布讣告的只有公众人物，比如名人、商业巨头、著名运动员、政治家、著名艺术家、科学家、发明家、先驱者或地方上的英雄人物等。判断权通常在编辑手上。

> **小贴士**
>
> 大多数殡仪馆都提供撰写和发布死亡通告的服务。但最好不要默认他们一定能做好。

[①] 全球最大的提供在线讣告和悼念服务的网站，成立于 1998 年。——译者注

什么是好的讣告

这里的"好"指的是讣告反映了逝者生平，以及逝者与讣告作者的关系，并在读者心中建立逝者的形象。我们采访了凯·鲍威尔，她多年来一直是《亚特兰大宪法报》（*Atlanta Journal-Constitution*）讣告版块的编辑。鲍威尔在她的办公桌上放了一块牌子，提醒自己需要承担的责任。那是她从《华盛顿邮报》的讣告编辑理查德·皮尔森那里得到的，上面写着："上帝是我的主编。"以下是鲍威尔关于如何写一篇好讣告的建议。

包含生平细节。逝者的年龄；死亡原因、日期和地点；出生地点和日期；逝者父母、伴侣、子女、孙子女的姓名以及已故的直系亲属；逝者在哪里上学；工作；爱好；心爱的宠物；丧葬服务的地点、日期和时间；纪念捐款方式或一份"代替声明"（见下文）。

内容坦诚。粉饰逝者生平的讣告不仅会歪曲其身份，还会让读者觉得疏远。比如，你的母亲是否有双相情感障碍呢？如果能以共情的方式写下或谈论逝者的性格特征或缺点瑕疵，人们会更容易接受逝者的本来面目，并对遗属产生更多的同情。

带点幽默。鲍威尔曾为一个以给食品贴价签为工作的人编辑了一份讣告。她原本以为讣告会写写他的工作，但讣告作者在与他家人稍作沟通了解之后，发现他有一个收集、饲养、展示臭鼬的爱好。他的宠物还拿过一些奖项。他甚至把最喜欢的臭鼬的照片喷在他的摩托车上。"每个人身上都有一个好故事，"鲍威尔说，"那些让人会心一笑的小事，正是我希望遗属在撰写死亡通告时能够捕捉到的素材。"

加入一些让人意外的细节。读者喜欢那种好像刚开始了解逝者真实身份的感觉。通过描述一些充满魅力、与众不同的怪癖，让逝者的形象栩栩如生："如果她的丈夫睡得早，她就会给孩子们几支可水洗的马克笔在他身上作画。"

提到所有遗属。最好附上所有直系亲属姓名，即便已经断绝关系或来自前一段婚姻。"当我还在报社时，"鲍威尔说，"我常收到诸如'她是个败家子，我们还要加上她的名字吗？'或者'他被剥夺了继承权，我们还要加上他的名字吗？'之类的问题，我的答案是应该加上。"其他一些注意事项：已经离婚的前妻不能称为"遗孀"；一个还没出生的孩子不应该被列为遗属，如果那个孩子没能出生怎么办？但鲍威尔说表达方式是可以变通的，比如"他生前还期待着第五个孙子在六月出生"。

如果你希望吊唁者用别的东西来代替献花，请写出具体说明。例如："请通过某某地址（或某某网站）向某某组织捐款，以代替献花。"最好的"代替声明"的说明会体现逝者的个性。道格·库利科夫斯基的"代替声明"是：买张彩票吧，你可能会很幸运。尤拉·金的"代替声明"是：请朋友们在路过她家时，从她的花园里摘取玉簪花、萱草花、山茶花和其他植物，种到他们自己的院子里。巴德·斯特莱尔的"代替声明"是：他希望你调一杯曼哈顿鸡尾酒，为纪念他而干杯。

多讨论。曾经有一对兄妹，为照顾患有阿尔茨海默病的父亲发生了激烈的争执。父亲去世后，作为作家的哥哥承担了撰写讣告的任务。他全程自说自话，分享了他关于父亲的奇特评价，只简短地提到了他的妹妹。直到讣告发布，妹妹才第一次看到其内容，这也扩大了两人的间隙。他们现在都成了独自受苦的孤儿。一定要和家人多商量，包括那些与你关系不太好，甚至完全没往来的人（例如关系疏远的孩子）。

使用熟悉的语言。虽然专业的讣告作者会避免使用一些修饰过度的委婉语，比如"归寂""与世长辞"或"升天"等，但所写的内容还是需要把好关，才能更贴近逝者和遗属的生活习惯。但对有些人来说，直截了当地写出"他死了"，虽然是事实，也会让人感觉不舒服。

实话实说

在某些情况下，死因可能让人感觉难以启齿，家人可能会非常想掩盖这类敏感的事情，但其实有许多死亡通告对此很坦率，也并没有削弱逝者的个人形象。要想真正尊重逝者的一生，诚实是基本原则。鲍威尔曾经给一位律师写过讣告，提到他是通过给舞蹈俱乐部做代理发财的。他的妻子读到讣告时气疯了，打电话向报社投诉。鲍威尔则向上司辩护自己这样写的理由。每个人都知道，这种情况如果不写上就是一个明显的疏忽。

可以幽默一点吗

你是在纪念一个爱笑的人吗？有趣的讣告也可以成为很好的读物。但是要让语气恰到好处并不容易，如果做得不好，可能会很尴尬。话虽如此，机智幽默可能正好能反映其性格特质。

优秀的悼词是什么样的

悼词是由逝者的家人、朋友或神职人员在追悼会或葬礼上发表的纪念死者生平的致辞。如果追悼会或葬礼结束时，你对逝者有了一个全面的印象，那就说明悼词写得不错。关于悼词的第一条规则是，其内容与致辞人无关。悼词关注的是逝者的一生，并从中提取出最有意义、最值得纪念的细节。撰写讣告的大部分规则也适用悼词。遗属可能会邀请不同身份的人分别致悼词，从不同角度还原逝者形象，为其增光添彩。如果你不是逝者的直系亲属，却被邀请悼词，请记住这是一种莫大的荣幸。史蒂夫·谢弗是一名经常帮人们写悼词的牧师，他提出了以下指导原则：

- 篇幅控制在 1 000 字左右，或 6 ~ 7 分钟的悼词时间。
- 开篇先讲一个关于逝者的故事。讲些轶事可以让逝者的形象栩栩如生。
- 不管想到什么都先写下来，即便之后你会放弃一些草稿。这样就能保存你的想法，确保不会遗漏任何重要细节。
- 如果主持人没有介绍你，请先自我介绍，说明你与逝者的关系。
- 一点幽默。最好的悼词是既庄严肃穆，又能给哀悼者带来一丝轻松感。如果氛围合适，而且逝者家人也有幽默感，也可以稍微加点有趣的转折。
- 风格贴近于私下聊天。这不是正式的演讲，而是为了表达对逝者的欣赏。
- 以对逝者的致敬结束悼词。比如"乔，谢谢你教会我如何成为一个好父亲"。

下面是一位女士为外祖母写的一篇优秀悼词的范例。我们逐段分析了整篇悼词：

从对逝者的回忆开始是个好方法。多用细节描述，如下面关于欢乐杏仁糖果棒的甜蜜回忆，而不是抽象表达，比如"她很善良"或"她充满爱心，乐于照顾别人。"

从我记事起，她就在我身边。她会带我在家附近的小型高尔夫球场遛弯，尽职尽责地为我准备午餐，满足我要吃切达干酪和蛋黄酱三明治的奇怪要求，还会瞒着我妈妈偷偷给我带欢乐杏仁糖果棒。

谈谈那些改变人生的重要时刻。

我和外婆非常亲近，以致我在 23 岁时，就开始担心我是不是应该赶紧结婚，以免她不能活到我结婚那天。后来她活着参加了我的婚礼，也见证了我第一次离婚和第二次结婚。她还等到了我的两个孩子出生，也很爱他们。她从一开始就挺喜欢杰夫的。在我们订婚之前，她就大胆地告诉他说："你最好给她戴上戒指！"还在无意中引用了碧昂丝的歌[①]。

谈谈值得传承的箴言：最能代表逝者的价值观、至理名言和逸闻轶事。

随着年龄的增长，外婆身上最显著的品质是感恩和谦逊。她经常告诉我要为自己而活，不要为她担心。她让我专心工作，关注家庭，有时间的时候再去看她。她很喜欢我们去看她，但从不要求更多。我曾经问她是否应该生第三个孩子，她回答说："亲爱的，为什么要生呢？你已经拥有了完美的家庭。"对外婆来说，最重要的是家庭和信仰。她不在乎物质财富。事实上，她以爱送东西给别人而闻名，只因为"有人更需要帮助"。这种无私助人的精神是她留下的宝贵遗产，而我也将努力为我的孩子们树立榜样。对她来说，与家人共度时光就是最好的礼物。可即便如此，她也从不贪心。

感谢其他帮忙照顾过逝者的家人。

我非常感谢我们的家人，感谢他们关心爱护外婆，在她慢慢变老时，陪伴在她身旁。艾迪每个星期天都会带她去教堂和吃午饭。这让

---

① 指碧昂斯的《单身女士们（戴上戒指）》（*Single Ladies (Put A Ring On It)*）——译者注

她每周都对周末的快乐活动充满了期待。戴夫和艾琳来看她时总是带着一盒她最喜欢的时思糖果，还顺带证实了巴甫洛夫定律[①]，因为他们一进门她就开始流口水。还要感谢我的妈妈，在外婆生命的最后 10 年里，她以孝心和无与伦比的责任感照顾着外婆。我感谢她不仅因为她回报了她的妈妈，还因为她为我们树立了关怀和尊重长辈的榜样。

悼词的结尾可以引用名言、诗歌或文章，也可以使用其他告别方式。

悼词容易出什么问题

没有什么比让牧师背诵一段与逝者没有任何关系的模式化悼词更让人尴尬的了。在某些情况下，神父可能只知道逝者遗属告诉他的一点信息，而且这种信息交流还是在葬礼开始前 30 分钟才完成的。

最 / 好 / 的 / 告 / 别

总结人生并不容易，但这一环节非常重要，且具有双重意义。一是促使写作者唤起记忆，以之纪念逝者，寄托哀思。二是创造了一种共同哀悼的情绪氛围。尽力还原真实的逝者，而不是描绘一个其他人并不认可的理想形象。大家都喜欢听真实的故事。

---

① 巴甫洛夫通过一系列在狗身上的实验研究提出了条件反射的概念。——译者注

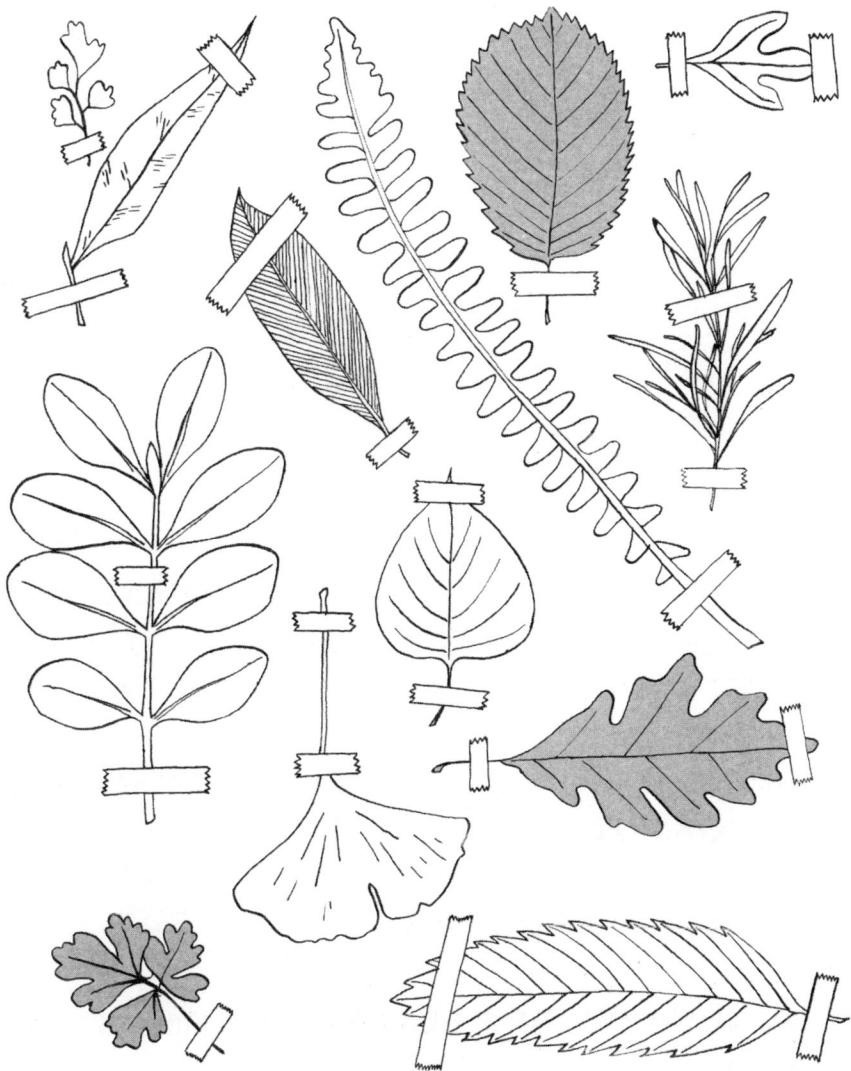

第 23 章

纪念逝者

策划聚会；

如何处理骨灰；

其他纪念死者的方式。

好的纪念活动可以成为亲人之间的情感纽带。当一位家族长辈去世时，家族成员之间中至少有两种可能的反应：要么宿怨难消，永远扎根心头，要么在悲痛中相互安慰，冰释前嫌。即使逝者是导致家人关系紧张的根源，你们也可以想办法团结在一起，把对逝者的爱放在首位。不要总认为你们家比别人家糟糕。正如作家玛丽·卡尔（Mary Karr）的那句妙语："所谓不和谐的家庭指的是任何一个人数在一人以上的家庭。"

纪念活动一般包括葬礼和追悼会两种。

葬礼。通常在殡仪馆、礼拜场所或墓地旁举行，时间不超过 1 小时，现场一般都有遗体。

追悼会。通常在遗体埋葬或火化后举行，因此现场没有遗体。你可以在逝者去世 1 年内的任何时间举行追悼会，甚至可以等到更久之后。时间安排完全取决于你。

安排追悼会

追悼会其实是为生者服务的，所以你可以给自己一点恢复时间，等到觉得有精力的时候再去办。举行葬礼时，一般人都会深陷于悲痛之中。因此，你可以选择在遗体埋葬或火化前举行一次小范围的聚会，然后等过一段时间再邀请更多人参加追悼纪念活动。悲痛咨询师汤姆・昂伯格说："很多人都说，在（亲人去世）之后的 6 个月到 1 年里，他们总感觉精神有点麻木或呆滞。如果晚一点再举行追悼会，他们会更有参与感。"

纪念活动准备清单

无论你是要策划一场小型、私密的纪念活动，还是一场像婚礼一样的大型仪式（包括发邀请函，租赁场地，准备食物、饮料、鲜花，安排致辞及其他活动环节等），都需要寻求帮助，并留出充足的准备时间。如果你还深陷于悲痛之中，可能并不适合计划这些事情，不过也可以做一些无须思考的准备工作来分散注意力。以下是一份准备工作清单。

弄清楚要花多少钱租赁场地，并确保该场地足以容纳所有宾客。 如果你缺钱，可以考虑便宜一点的地方，如公园或其他公共场所。

确定日期和时长。 追悼会可以安排在某一天的任何时间。大多数纪念活动时长都在 2～3 小时。在决定日期和预订场地之前，最好先与逝者的亲朋好友商量一下。不商量就决定可能会让亲友觉得被忽视，甚至导致一些重要的人无法参加活动。

找一个合适的举办场所。 私人住宅或后院、礼拜场所、喜欢的海滩或公园、社交俱乐部或更正式的宴会厅都是不错的选择。还要考虑的是：① 如果你要举办招待会，请询问该场所是否允许饮食，是否禁止饮酒等。② 如果你想引入外部餐饮服务商，要确保得到允许。③ 索要一份租金价格表（椅子、桌子、桌布等）。你必须根据你邀请的人数来估计有多少人会来。除了近亲，住在外地的人大概最多也只有 50% 会来。你不会希望遇到预订了 100 个座位，结果只来了 20 个人的情况，或者是相反的情况，来的人数远超预计，结果有人只能站在后排。④ 确保有足够的地方供参加活动的人停车。⑤ 确保你预订的场地有影音设备，如果你打算播放视频或幻灯片，要事先进行测试。

制作一份邀请名单。 你需要事先通知大家，这件事有时并没有看上去那么简单。逝者的通讯录可能会存储在受密码保护的手机和电脑上。你需要进行一番调查，才能获取你想邀请的人的电子邮件地址、邮政地址（稍后用于感谢信）和电话号码。要记得邀请以下人员：① 近亲。② 朋友。包括逝者的至交好友、"多年老友"，以及只在假日聚会上见面的普通朋友。③ 同事。人们一生中的大部分时间都在工作场合中度过的。④ 同好。一起打麻将的好姐妹。⑤ 服务人员。逝者与会计和护工的关系可能很要好，只是你并不了解。⑥ 医护人员。照顾过逝者的医生、药剂师和护士。

你可以将统计邀请对象的任务分配给逝者在各个圈子里的一两个"联系人"。即使你不喜欢某些与逝者关系密切的人，也应该邀请他们，宽宏大量才是此时该有的态度。

试试使用在线邀请服务，可以在保证私密的情况下获得回复。在活动结束后，还可以通过在线服务发送感谢卡。

任务清单

决定谁来主持，谁将发言，以及在多大程度上控制其发言内容。

收集照片和视频。对于参加活动的人来说，在连续聆听悼词之后，能有视觉上的转移可以缓解不少压力。逝者年轻时的照片、美好时刻的抓拍、去过的地方等都可以用来展示。询问场地管理者能否在墙上钉东西，或者能否提供展板或桌子，用以展示个人艺术品、收藏或纪念物。

制订活动方案。活动方案不是必需的，但是在比较正式的仪式中，确定的方案能方便参会者跟进活动安排。方案内容可能包括逝者的照片，致辞的顺序，场内播放的音乐、经文、祈祷的文本内容（方便人们跟唱），来自逝者家属的感谢信，以及关于接受悼念捐款的提示信息。

订购食物和饮料。招待会可以安排在致悼词的环节之前或之后。逝者是否喜欢甜甜圈呢？有没有最爱的饮品呢？在纪念活动中，提供并介绍逝者最喜欢的食物是表达敬意的绝佳方式。如果你要雇用外部餐饮服务商，请告知对方预计会来多少人，以及工作人员要提前多长时间到场准备拼盘等。你并不需要提供一顿正式大餐，因为悼念活动很容易让人情绪激动，而小吃有助于人们放松情绪。

订购鲜花（如果需要的话）。如果有多个站点（教堂内、接待大厅、入口处）供人们聚集，请订购多束鲜花并告知花店老板具体用途。如果逝者有喜欢的花或颜色，可以趁此机会将其喜好融入环境布置中。

选择音乐。你想要现场音乐还是录制音乐？有没有歌手演唱？用不用三角钢琴？确保场地环境适合你选择的音乐。如果需要的话，还要准备好扩音设备。

购买纪念活动登记簿和笔，以便人们签名登记，并为遗属留言。这可能感觉像是一种有点过时的传统，但日后有机会阅读留言是一件很棒的事情。

个性化时刻

为参会的客人创造难忘的体验可能超出了你的精力或预算范围，但如果你提前很久就开始策划纪念活动，并且得到了很多帮助，那么添加一些个性化元素，可以让这次活动有别于模式化的追悼会，给参与者带来真正的启发。下面有一些参考建议：

- 个性化的种子包。客人可以为逝者种下生前最喜欢的花、蔬菜或树。或者为爱鸟者准备鸟食包（可以在网上购买，也可以用小信封自己制作）。
- 用玻璃罐和照片自制纪念蜡烛。
- 把纸质签名簿换成一个装满光滑石块的篮子供客人签名。之后你可以把签名石收进一个大玻璃罐里，放在壁炉架上、花园里或野外。
- 从逝者家里带一棵盆栽树或另买一株小盆栽，把逝者的照片挂在树枝上，制作一棵生命之树。

珍想到了一种方法来收集关于她丈夫的回忆，以便与年幼的女儿们分享。她没有使用传统的留言簿，而是打印了一堆带有提示的空白明信片：

"我最喜欢的关于萨沙的回忆是＿＿＿＿＿＿＿＿＿。"

她在活动入口处留下了一堆明信片。一年后，她还会陆续收到邮寄回来的明信片。现在她准备用这些明信片为女儿们做一本书。

周年纪念聚会

比尔是一名"自由跑步者"。正如讣告描述的那样，他报名参加了 2006 年旧金山 42 千米马拉松，在跑到第 38 千米时因心力衰竭而倒下，终年 43 岁。我们都是 20 世纪 90 年代开始在《连线》（Wired）杂志工作，也是在那时成了好友。我被邀请参加他们家保持了 10 多年的纪念传统。所有比尔的亲友都会在他逝世周年纪念日那天，在当年马拉松 38 千米处的使命湾会合，完成他未竟的 4 千米。这是一个很简单的致敬活动，但每个人都感觉与比尔，以及其他参与者的关系更加亲近了。

如何处理骨灰

你是否打算把爷爷的骨灰撒在他曾经布置龙虾陷阱的缅因州海岸上呢？请记住以下几点。

托运行李可能会丢失或损坏，因此托运骨灰盒并不是最安全的选择。但是随身携带装骨灰的容器意味着你必须通过机场安检。运输安全管理局的工作人员在碰到无法扫描的骨灰盒时，并不会打开容器并人工检查里面的东西，所以如果你携带的容器会引发警报，你很可能会错过航班。

携带火化证明到检查站。以防你需要证明容器中的粉末确实是火化的骨灰。

想一想你要如何将火化后的遗体骨灰从纸板箱倒入你选择的骨灰盒中。你可以请当地的神职人员或殡仪馆的工作人员提供帮助（大多数人会免费提供帮

小贴士

如果你知道自己要携带骨灰旅行，可以要求火葬场将亲人的骨灰放在一个由纸板、布料、塑料或木头制成的容器中。你也可以选择透明玻璃容器，但这可能不是在飞机颠簸中保证安全的最佳选择。

助）或自己动手。但是你要知道骨灰烧制得特别精细，以至于有些粉末会特别容易飘走。

橄榄球比赛中场休息时，一位现场观赛者偷偷溜到奥克兰市阿拉米达县体育馆的场地里，将父亲的一些骨灰倒在了 15 码线处。他的父亲是一名医生，也是奥克兰突袭者队的铁杆粉丝。尽管他知道自己在做违法的事情，但还是感觉一阵欣喜，因为他知道父亲的一部分将永远留在那个体育场里。

"我对此非常内疚，当时我把骨灰包藏在夹克下面的样子可能看起来像个疯子，"他说，"但我也知道他会认可我的。"殡葬业将这种行为称为"野猫式撒灰"。随着选择火化的人越来越多，这种行为的发生率也在增加。合法抛洒骨灰的方式包括以下 4 种。

在公园里。你可以在城市公园和州立公园抛洒骨灰，但需要先获得管理员的许可。

在公共土地上。这方面的政策其实是"没人问就不必说"。但是你要知道，火化骨灰看起来不像壁炉里的灰烬，而是像水族馆的砾石一样洁白，因此可能相当显眼。

在海上。根据《清洁水法案》（CWA）要求，抛洒骨灰的地方必须距离陆地至少 3 海里，而且你必须在将骨灰撒到海上之前 30 天内向环保局提出申请。如果你奶奶的遗愿是把骨灰撒在密歇根湖上，那你就需要获得负责管辖你抛撒骨灰的水域的州机构 ① 的许可。

---

① 环密歇根湖有 4 个州，分别是印第安纳州、伊利诺伊州、威斯康星州及密歇根州。——译者注

在空中。从天而降的骨灰？只要你不把骨灰装在容器里，然后扔到某人的贵重物品上，那就是合法的。

最 / 好 / 的 / 告 / 别

　　无论以何种方式纪念亲人，请记住，与他人共同缅怀逝者可能是一个让你们重新聚首的机会，特别是在你尽力展现包容胸怀的情况下。与朋友和家人共同追悼逝者的回忆将永远留在你心中。

第 24 章

遗留之物

打扫屋子；

分配遗产和关闭账户需要哪些文件；

停用数字身份。

我们在本书的开头就说过，即便是离世也少不了文书工作。逝者会给遗属留下一系列的文书工作，而完成这项工作所需的时间和精力会多到令人难以置信。你可能面临的任务有：打扫屋子、整理衣柜；关闭账户；通过大量的文书工作（可能还要参加法庭听证会）来解决遗产问题。届时悲痛的情绪将让位于烦恼和愤怒。有的人甚至会深陷于烦冗的文书细节中，以致忘记了悲痛。

所有这些工作确实都是需要完成的，但也不必太着急。哪怕你受到来自亲属的压力，也不必立即分配遗产，甚至不需要在 1 年内完成。所以你完全可以从容一点。在这方面，没有可供参考的时间范围，但通常都是以年为单位的。我花了 2 年时间才关闭了我父亲的账户并卖掉他的房子。在他去世 3 年后，还有一个联名银行账户和一个他名下的保险箱没有处理。

任务列表

☐ **如果需要而且尚未完成的话，与葬礼承办方联系准备墓碑**（也可以在几个月乃至 1 年后再安排）。

☐ **通知邮局。**（这只是为了将逝者的邮件转到有人接收和查阅的地址。暂时不要停止邮件服务，你需要收集账单和杂志等邮件，才能知道要取消哪些服务。）

☐ **注销驾照。**

☐ **取消各种会员资格和订阅服务。**

☐ **联系报税员。** 你应该听过那句老话："唯有死亡和税收确定无疑。"所以你仍然需要向政府支付当年应付的税款。

☐ **检查在线支付服务，账户里面可能有钱。**

☐ **关闭社交媒体账号。**

☐ **如果你（作为遗属）不再需要的话，关闭逝者账户的自动付款项目。**

所需的文件

要完成上述大部分工作，你需要尽可能多地收集逝者名下账户的相关信息。检查钱包里是否有信用卡、会员卡和社会保障卡。你还需要查看邮件以及电子邮件，如果你能访问的话，收集账单并列出所欠债务。

只是和银行打交道可能就需要花费好几个小时的时间，而且还要本人到场签署大量文件。重复乏味的流程会让你压力倍增。最后你还得在工作日请假去办事，把大好时光浪费在等候室里，然后因为你（或柜台后面的人）忘记了某个文件又得再跑一趟。在通过电话联系相关机构时，哪怕你终于绕过了让人火大的自动语音客服，接通了负责遗属福利或账户变更部门的客服，你也会被告知要填写一份表格并将其与相关证明一起邮寄过去，而且几周后你很可能又会收到通知需要填写额外的表格。与之相比，神话里的西西弗斯①过得也算轻松惬意了。

下一步就是跟进业务流程，确保账户关闭、转移、分配等程序正常完成。然而这一步可能会让你重新回到起跑线，又要受到无数手续的盘查拦截。我们不知道为什么这些公司没有一个不那么烦琐的方法，能帮助悲痛的家属顺利了结逝者的俗务。但是在一个没有为死亡做好准备的社会，现实就是如此。以下是关闭逝者账户和分配遗产时所需的文件清单：

死亡证明。 殡仪馆将准备好文件并提交给当地档案局，但我们建议你请殡仪馆再多准备一打证明文件。因为你需要死亡证明来办理很多业务，包括注销信用卡、关闭银行账户、终止保险、取款、将账户转移到你的名下、变更财产所有权（房地产或汽车）、变更公用服务账户名称、停止网络服务、停用社交网络，申请退伍军人丧葬津贴等。

复印 3 ~ 5 份遗嘱（如果有遗嘱的话）。 你需要遗嘱来证明你是执行人（执

> **小贴士**
>
> 我们有责任帮你重新建立正确的预期，以免你认为这种需要反复尝试才能撑杆跳过的政府程序只要打几个电话就能完成。这将成为你的一份兼职工作，至少持续一个月，甚至可能更长。其中许多业务无法通过电话完成，这意味着你必须本人到场出示相关死亡证明，或者将证明原件邮寄过去。

---

① 在希腊神话中，西西弗斯因为触怒宙斯而受到残酷的惩罚。他必须将一块巨石推上山顶，但每次快要成功时，巨石就会滚下山去，让他前功尽弃。因此他的苦行毫无意义，却永无止境。——译者注

行遗嘱的人）或受益人（受益于遗嘱内容的人）。如果遗产进入法院认证环节，那么律师也会需要一份副本。

结婚证和孩子的出生证明（如果是你的伴侣去世的话）。那些向丧偶者或死者子女发放福利的组织（比如退休金发放机构）都需要根据婚姻的顺序和日期（如果有多次婚姻的话）确定谁是继承人，以及子女是否在婚内出生。

保险单。收集所有与保险相关的记录以取消人寿、房产、汽车等保单。

其他杂项。除了人寿保险单，可能还有其他福利，如银行账户的遗属福利、雇主提供的人寿保险、退休金等。所有这些都应包含在生前信托或遗嘱中，以便遗产执行人将资金分配给继承人。如果没有发现，请咨询逝者的雇主和银行，以确保相关资金没被遗忘在账户里。如果你不知道逝者的银行账户开在哪里，你就只能等待相关邮件了。

> **小贴士**
>
> 人们总是忘记更新遗嘱，而且有些东西可能已经卖掉了，但是家人并不知道。

契约和所有权文件。为了将房产转让给遗产受益人，你需要获得房产相关的契约和所有权文件，才能知道在权利人死后，房产是否仍在其名下。

汽车所有权和注册文件。这些文件对于确认车辆的实际拥有人是必要的。"如果我给妈妈买了一辆车，它留在我的名下，当她去世时，人们可能会以为它归属于遗产受益人，"凯·鲍威尔说，"但是它仍然在我的名下，而不是我妈妈遗产的一部分。它是我的车。"

股票或账户信息。你需要知道股票账户在哪里。

银行账户对账单。你的亲人在哪里有银行账户，死亡时的余额是多少？你需要知道何时该为逝者报税。

退伍军人的光荣退伍证书或退伍军人索赔编号。退伍军人死后有很多留给遗属的福利。由美国国防部颁发的退伍军人资料表将提供关于逝者的完整的武装部队服役记录和获奖记录等资料。

最新的个人所得税申报表和全年薪资及纳税表。用于报税。

贷款和分期付款账簿以及相关合同。逝者有多少欠款，欠谁的？有贷款的资产是否还在逝者名下？如果你是遗产执行人，那么在分配任何资产之前，你都需要这些文件来解决债务问题。

社会保障卡（至少要知道社会保障号码）。请致电相关机构报告逝者情况，以免继续支付保费。

医疗保险和医疗保险公司信息。与相关机构核实以确保对逝者的承保已经结束。

信用卡对账单。注销信用卡账户时需要对账单。最简单的方法是致电信用卡的客户服务部门。注意信用卡里的债务，因为注销前需要还清债务。

小贴士

如果你继承了逝者的个人退休账户，该账户也需要遵守与逝者生前相同的税收规则。因此，如果你的父母生前已超过 70.5 岁，并且每年必须完成最小支取额度[1]，那么你也需要这样做（而且你要为该项收入纳税）。如果你不完成最小支取额度，将会被罚款。请咨询银行估算你每年需要提取的金额。

---

[1] 美国个人退休金账户持有人年满 70.5 岁后，必须每年提取一定金额并缴税，不能无限制地放在账户中。——译者注

慰问和回应

你可能会收到各种形式的慰问，从水果篮到长达 10 页的悼文，再到标准的慰问卡或电子邮件等。我们不是礼仪老师，不过在我们看来，这可能是你人生中获得类似慰问的唯一一次经历。也就是说，如果你收到的是一份精美的礼物、一封长信或一组照片，那么回复对方你已经收到并表示感谢就是一个很有礼貌的行为。你可以通过邮件或短信来回复，具体取决于你的精力所及。无论何种方式，对方都会感觉受到尊重。没有人会期望你立即回复，所以你可以从容回复。下面是一些关于如何回应的注意事项。

大多数殡仪馆都会提供感谢信，如果你不喜欢这种的，也可以自己准备带有信封的感谢卡，你可以把它们放在你的桌子上或者你整理邮件的地方，然后写一两行字来感谢他们的帮助或你收到的慰问。下面是一个示例：

（某某家）或（我）感谢您的善意和慰问。我们 / 我在为失去亲人而哀痛的同时，也非常感谢朋友和家人提供支持和（祈祷 / 祝福 / 饭菜）。

如果逝者社交圈很广或者是公众人物，而你要处理一大堆信件、卡片和鲜花，你也可以打印很多份临时感谢信。然后招募那些愿意提供帮助的朋友来写信送信。下面是一份标准的临时感谢信示例：

亲爱的 XXX，感谢您在（逝者姓名）去世之际表达慰问和送上鲜花。（相关人员）将很快给您写一封个人信件。同时，他 / 她非常感谢您在这个困难时刻的体贴和善意。

请使用盒子或其他收纳箱保存好信件和便笺，按收信顺序归档，并在附近

放一叠索引卡和一支鲜艳的记号笔，以便记录是谁送来
了礼物和饭菜。

打扫房子

我和姐姐曾面临一项痛苦的任务：在将父亲的房子
卖掉之前，清空其中的物品。我们咨询了房地产经纪人应该如何处理所有不想
要的东西。他推荐了当地的一位经营房地产清算销售的女士。我们打电话给
她，她解释了整个工作流程：她会先提供免费咨询，确定爸爸的东西是否值得
公开拍卖，再进行整理、宣传和销售，再回收可以回收的物品，把剩下的东西
扔到垃圾场，减去应支付她的费用后会给我们开张支票。

我们在父亲的房子里和她见面，她在房子里转来转去，在那点评家具。她
认为丹麦餐边柜肯定很抢手，还问我们请客吃饭时用的芬兰阿拉比亚牌的瓷器
是不是一整套。她告诉我们，她有一个客户会买下我们父亲的数千本藏书。她
还向我们保证，即使是储藏室里的食品罐头和纸巾也能找到买家。第二天她又
来了一次，给目所能及的物品都标上了价格。然后她开始宣传几周之后进行的
销售活动。

1 天的销售活动就处理完了所有物品，不管有多少价值。就连储藏室里的
维生素、电池、真空袋和食品罐头都卖光了。剩下的只有几摞文件和家庭照
片，还有父亲办公桌上的东西：钢笔、回形针、写满姓名、地址和数字的黑色
小本子。当初花一个下午的时间整理东西让我们伤心欲绝，所以能把大部分东
西都处理掉确实是一种解脱。几周后，我在邮件中收到了拍卖的收据簿，还有
一张 500 美元的支票，大约是全部收益的 60%。有一些清算商收取佣金的比
例很低，但是之后还会收取一次性的大额清算费用。

关闭社交网络账户

据估计，每天有上千个在微博上拥有账号资料的人离世。他们的主页会发生什么变化呢？简单来说就是：没什么变化。在社交媒体上，逝者即将超过生者，很快就会有云端的大型墓园了。如果没有人采取措施删除死者的个人主页，或将它们变成纪念页面，它们只会一直停留在现在时："她是一位退休的图书管理员，目前住在得克萨斯州的奥斯汀。"这给人的感觉更像是惊悚而不是安慰。

社交网络平台还将继续提醒你祝贺四年前突然去世的兄弟生日快乐，并建议你和已故的父亲保持联系，因为你和他有很多共有联系人。当然，这并非出自恶意。这一切都只是由算法驱动的自动操作而已。

最 / 好 / 的 / 告 / 别

了结逝者的俗务不仅是一项旷日持久的工作，还会持续带来伤害。不过除了将遗产分配给受益人（有的亲属可能急需用钱）和报税之外，你不必为了尽快完成这些事情而疲于奔命。请记住，世界上许多文化都有给遗属一整年"恢复时间"的传统，这不是没有原因的。

所有的转角，都伴有珍贵

越是仔细观察生命，你就会越发觉得生命的结束和开始十分相似。所有的生命都会死去，然后变成其他物质。我们的身体是由各种生命体转化而来，在我们死后也将进入生命的循环。不过我们的精神还会继续活在我们认识的人的心里。生命的循环简单明晰、随处可见、不可否认。

话虽如此，即使知道这些也并不能减轻我们的悲痛。我们的生命终会以独特而决绝的方式结束，这是可以肯定的，也是难以接受的事实。

随着结局的确定，生命的重心更多地倾向于如何到达那里。在你所选的路上，所有的转角、风景和路口都是可以发现珍贵事物的地方。你可能渴望更多的时间，也可能希望尽早结束，最有可能的是两种想法兼有。无论有没有他人帮助，你都会找到自己的路。

死亡毫无保留地接受我们本来的样子，接受我们的每一面。无论死亡的存在会帮你专注目标，还是助你放下执念，你都应该拥抱一切：每一个想法和每一种感觉，从无限光荣到无地自容，以及介于两者之间的每一种情况。因为一切终将过去，没有人可以躲避死亡。完全接纳是在死亡面前保留尊严的核心原则。

我们的建议是：参与。既不要认为你能控制一切，也不要认为你什么也掌控不了。你可以珍惜现有的一切，尽力参与到你的照护工作中，参与到你的死亡过程中，参与到你的生活中。

参考文献

考虑到环保的因素，也为了节省纸张、降低图书定价，本书编辑制作了电子版的参考文献。扫码查看本书全部参考文献内容。

面对死亡，感到恐惧是正常的

　　当第一次读到这本书时，我正在北京大学肿瘤医院的睡眠与疼痛门诊担任音乐治疗师和督导师。我的治疗室曾经来过数以百计的癌症患者。他们每个人的情绪困扰不尽相同，处于不同的病程当中。有的人罹患存活率仅 5% 的癌症；有的人虽处于癌症晚期，但是病情可控，可以把癌症当成慢性病，服药生活，生存期也很长。但是在治疗室里，他们的话题都绕不开"死亡"。而对于他们中的大多数人而言，这也是他们人生第一次认真思考"死亡"这个话题。我们中国人是很忌讳谈论"死亡"的，仿佛只是谈论这个话题，都会带来不好的结果，所以在被死亡的阴影笼罩时，人们往往感到无比的恐惧。不过，这本书的作者教会我们，死亡是仅次于出生的、最为深刻的人生经历。

　　面对死亡，感到恐惧是正常的。人们常说，死亡焦虑是人类的终极焦虑。因为死亡意味着个人与世界的分离，我们所拥有的一切物质都将不再属于我们。这是对个体归属感、掌控感和价值感的巨大挑战。2017 年，我的导师在研究生阶段的导师谢里尔·迪莱奥博士（Dr. Cheryl Dileo）在我的母校中央音乐学院创办了工作坊。在工作坊中，她介绍了自己是如何帮助来访者度过生命中的最后时光的。2019 年，美国四季安宁疗护中心（Seasons Hospice）音乐治疗项目负责人拉塞尔·希利亚德博士（Dr. Russell Hilliard）在中国举办了第一次针对职业音乐治疗师的安宁疗护培训。在培训中，他详细讲解了人们在面对死亡时的心理变化过程，手把手教授了安宁疗护的音乐治疗技术和技巧，并且分享了他的一些临床案例以及研究结果。我的工作经历和这两次学习经历，让我决定和我的先生一起，同时接下本书和《重症之后》①的翻译工作。我希望能够和他一起，早早地修习"死亡"这门课。

在本书中，作者会按照时间顺序讲述，当我们逐步走向生命终点的每个阶段时，我们在医疗护理、日常生活、家庭关系，以及身体和心理上都可能会遇到的一些挑战。比如，如何处置我们的物质遗产，如何传递我们的精神遗产，如何提前处理好孩子们不想要的东西，如何选择和提前安排我们想要的医疗照护，如何和我们的爱人、家人告别，如何安排葬礼等。看完本书，你会对死亡有一个具象的认知，而不仅是充满恐惧。

在翻译本书和《重症之后》的过程中，我和我的先生一起经历了我母亲突发脑出血和他父亲突发心肌梗死，虽然我母亲和他父亲都被抢救了回来，但是在听到消息的那一刻，我们都感到被死亡迎面重击，死亡离我们是如此的近，我们心爱的人是如此的脆弱，而他们对我们又是如此的重要。同时，死亡也教会我们要珍惜与他们在一起的时光，更多地用他们能接受的方式去关心和爱护他们。在翻译这两本书之前，我先生的爷爷去世了，我们为没有早一点读到这

---

① 《重症之后》是让读者深入了解危重症救治、反思技术发展的医学人文经典之作。书中，作者丹妮拉·拉玛斯（Daniela Lamas）以克制的笔触，深度记录了危重症治疗鲜为人知的一面——离开 ICU 并不代表一切好转，先进的医疗技术虽然救活了患者，但也造成了生死之间的复杂境况，其中，无论医护人员还是患者及其家属，都时常面对窘迫与希望并存的选择。该书中文简体字版由湛庐引进、天津科学技术出版社出版。——编者注

两本书而惋惜，否则我先生可以在爷爷临终之前，尽力让老人家更舒适一些，也能够更好地和老人家告别。

值得欣喜的是，从《最好的告别》①开始，越来越多讨论"死亡"的书籍相继上市，甚至还有儿童绘本。最近，我们 4 岁多的儿子也开始好奇关于"死亡"的问题，翻译本书和《重症之后》之后，我们似乎可以更为勇敢和真实地向孩子解释什么是"死亡"，当孩子表达对死亡的恐惧时，我们也能有更多的视角来引导孩子。有一天，在我儿子提及死亡时，我妈妈问："你知道死亡是什么吗？"我儿子平静地说："死亡是一件很悲伤的事情，所以现在在一起要快乐一点。"在我听到这个回答的那一刻，我觉得翻译这本书真的很有意义。我们希望，当您看完本书时，也能像我们一样有所收获。当然，您也可以把本书当成工具书，搜索您感兴趣的章节去阅读。当您开始了解"死亡"，对于它的恐惧和焦虑就会有所消减。

本书的翻译，要特别感谢我的先生王新宇，他精益求精的精神永远值得我学习。同时，也非常感谢王赫男老师和季阳老师，还有诸多帮助我们校稿的编辑老师们，因为有你们的努力，本书才能够与广大中国读者结缘。

王索娅

2022.5.4

①《最好的告别》向我们讲述关于衰老与死亡，你必须知道的常识。该书荣获"第九届吴大猷科学普及著作奖"金奖。作者阿图·葛文德（Atul Gawande）是美国白宫最年轻的健康政策顾问、影响奥巴马医改政策的关键人物，他曾受到金融大鳄查理·芒格的大力褒奖，也是《时代周刊》评出的全球 100 位最具影响力人物榜单中唯一的医生。该书中文简体字版由湛庐引进、浙江人民出版社出版。——编者注

未来，属于终身学习者

我这辈子遇到的聪明人（来自各行各业的聪明人）没有不每天阅读的——没有，一个都没有。巴菲特读书之多，我读书之多，可能会让你感到吃惊。孩子们都笑话我。他们觉得我是一本长了两条腿的书。

——查理·芒格

互联网改变了信息连接的方式；指数型技术在迅速颠覆着现有的商业世界；人工智能已经开始抢占人类的工作岗位……

未来，到底需要什么样的人才？

改变命运唯一的策略是你要变成终身学习者。未来世界将不再需要单一的技能型人才，而是需要具备完善的知识结构、极强逻辑思考力和高感知力的复合型人才。优秀的人往往通过阅读建立足够强大的抽象思维能力，获得异于众人的思考和整合能力。未来，将属于终身学习者！而阅读必定和终身学习形影不离。

很多人读书，追求的是干货，寻求的是立刻行之有效的解决方案。其实这是一种留在舒适区的阅读方法。在这个充满不确定性的年代，答案不会简单地出现在书里，因为生活根本就没有标准确切的答案，你也不能期望过去的经验能解决未来的问题。

而真正的阅读，应该在书中与智者同行思考，借他们的视角看到世界的多元性，提出比答案更重要的好问题，在不确定的时代中领先起跑。

湛庐阅读App：与最聪明的人共同进化

有人常常把成本支出的焦点放在书价上，把读完一本书当作阅读的终结。其实不然。

时间是读者付出的最大阅读成本

怎么读是读者面临的最大阅读障碍

"读书破万卷"不仅仅在"万"，更重要的是在"破"！

现在，我们构建了全新的"湛庐阅读"App。它将成为你"破万卷"的新居所。在这里：

- 不用考虑读什么，你可以便捷找到纸书、电子书、有声书和各种声音产品；
- 你可以学会怎么读，你将发现集泛读、通读、精读于一体的阅读解决方案；
- 你会与作者、译者、专家、推荐人和阅读教练相遇，他们是优质思想的发源地；
- 你会与优秀的读者和终身学习者为伍，他们对阅读和学习有着持久的热情和源源不绝的内驱力。

下载湛庐阅读 App，
坚持亲自阅读，
有声书、电子书、阅读服务，
一站获得。

本书阅读资料包

给你便捷、高效、全面的阅读体验

本书参考资料

湛庐独家策划

☑ **参考文献**
为了环保、节约纸张，部分图书的参考文献以电子版方式提供

☑ **主题书单**
编辑精心推荐的延伸阅读书单，助你开启主题式阅读

☑ **图片资料**
提供部分图片的高清彩色原版大图，方便保存和分享

相关阅读服务

终身学习者必备

☑ **电子书**
便捷、高效，方便检索，易于携带，随时更新

☑ **有声书**
保护视力，随时随地，有温度、有情感地听本书

☑ **精读班**
2~4周，最懂这本书的人带你读完、读懂、读透这本好书

☑ **课　程**
课程权威专家给你开书单，带你快速浏览一个领域的知识概貌

☑ **讲　书**
30分钟，大咖给你讲本书，让你挑书不费劲

湛庐编辑为你独家呈现
助你更好获得书里和书外的思想和智慧，**请扫码查收！**

（阅读资料包的内容因书而异，最终以湛庐阅读App页面为准）

著作权合同登记号：图字：01-2022-5185 号

版权所有，侵权必究
本书法律顾问　北京市盈科律师事务所　崔爽律师

图书在版编目（CIP）数据

人生除此无大事 ：一份告别清单，帮助我们和家人从容渡过生命的转场 / (美) B. J. 米勒 (B. J. Miller) ，(美) 肖莎娜·伯杰 (Shoshana Berger) 著 ；王新宇，王索娅译. --北京：中国纺织出版社有限公司，2022.11

书名原文: A beginner's Guide to the End

ISBN 978-7-5180-9868-2

Ⅰ. ①人… Ⅱ. ①B… ②肖… ③王… ④王… Ⅲ. ①死亡哲学 Ⅳ. ①B086

中国版本图书馆CIP数据核字（2022）第202602号

责任编辑：刘桐妍　　责任校对：高　涵　　责任印制：储志伟

中国纺织出版社有限公司出版发行
地址：北京市朝阳区百子湾东里 A407 号楼　邮政编码：100124
销售电话：010—67004422　传真：010—87155801
http://www.c-textilep.com
中国纺织出版社天猫旗舰店
官方微博 http://weibo.com/2119887771
唐山富达印务有限公司印刷　各地新华书店经销
2022年11月第1版第1次印刷
开本：710×965　1/16　印张：22.5　彩插：1
字数：307千字　定价：99.90元

凡购本书，如有缺页、倒页、脱页，由本社图书营销中心调换